■ 高等职业学校 公共课 系列教材

Gaodeng Zhiye Xuexiao
Gonggongke Xilie Jiaocai

高职学生生涯辅导教程

GAOZHI XUESHENG SHENGYA
FUDAO JIAOCHENG

主　编◎白玥婕　冯思宇

副主编◎王宏月　谭周琴　唐　婷

重庆大学出版社

内容提要

本书将职业生涯规划中常用的理论和方法进行了系统的梳理,并将理论与实践相结合,共分为六个章节,包括认识生涯、自我探索、职业认知、了解企业、科学决策、生涯管理。本书旨在结合高职学生的特点,以积极推进就业为导向,通过开展有效的高职学生职业生涯规划辅导,让高职学生更好地认识自我、探索自我、评价自我,以增强高职学生积极探索生涯意识,提高自身的职业鉴别能力,完成从大学生到职场人的转变,从而更好地获取就业择业竞争力,并在工作岗位上充分实现自我价值,成为有用之才。

图书在版编目(CIP)数据

高职学生生涯辅导教程 / 白玥婕,冯思宇主编. --

重庆:重庆大学出版社,2022.8

高等职业学校公共课系列教材

ISBN 978-7-5689-3388-9

Ⅰ. ①高… Ⅱ. ①白… ②冯… Ⅲ. ①大学生—职业

选择—高等职业教育—教材 Ⅳ. ①G717.38

中国版本图书馆 CIP 数据核字(2022)第 120810 号

高等职业学校公共课系列教材

高职学生生涯辅导教程

主 编 白玥婕 冯思宇

副主编 王宏月 谭周琴 唐 婷

策划编辑:顾丽萍

责任编辑:夏 宇 版式设计:顾丽萍

责任校对:刘志刚 责任印制:张 策

*

重庆大学出版社出版发行

出版人:饶帮华

社址:重庆市沙坪坝区大学城西路 21 号

邮编:401331

电话:(023)88617190 88617185(中小学)

传真:(023)88617186 88617166

网址:http://www.cqup.com.cn

邮箱:fxk@ cqup.com.cn(营销中心)

全国新华书店经销

重庆华林天美印务有限公司印刷

*

开本:787mm×1092mm 1/16 印张:14 字数:326 千

2022 年 8 月第 1 版 2022 年 8 月第 1 次印刷

印数:1—4 000

ISBN 978-7-5689-3388-9 定价:39.00 元

前　言

Preface

随着职业教育的改革与发展,国家对职业教育提出了新的要求:加快构建现代职业教育体系,培养更多高素质技术技能人才、能工巧匠、大国工匠。这为高职院校"培养什么人"指明了方向。我们既要注重培养学生的就业能力和职业素养,让学生获得全面发展,又要培养学生具有适应职场变化的能力,能适应新的经济社会发展。编写本书,旨在结合高职学生的特点,以积极推进就业为导向,通过开展有效的高职学生职业生涯规划辅导,让高职学生更好地认识自我、探索自我、评价自我,提高自身的职业鉴别能力,完成从大学生到职场人的转变,从而更好地提升就业择业竞争力,在工作岗位上充分实现自我价值,成为有用之才。

本书将职业生涯规划中常用的理论和方法进行了系统的梳理,将理论与实践相结合,以增强高职学生积极探索生涯意识,帮助他们解决职业发展过程中的困惑问题。本书编写了六个章节,包括认识生涯、自我探索、职业认知、了解企业、科学决策、生涯管理。每一章节都引入了高职学生的实际生涯案例和讨论思考的问题或者生涯活动,目的在于通过教师引导学生进行讨论和思考,让学生找到适合解决自身问题的方法,这样既可以开拓教师的思维,又可以拓展学生的思考空间。

本书编者都来自重庆电子工程职业学院思想政治教育第一线的辅导员,有着比较丰富的教育教学经验,能第一时间捕捉到新生代高职学生的困惑与迷茫。面对学生多元化、个性化的生涯发展需求,力求用生动、简洁、平实的语言融入专业的生涯理论知识,将每一章节的内容与生涯实践充分结合,尽可能地消除理论与实践的壁垒,让教师与学生均有可操作性,既是教程教材也是课堂练习册和习题册。

本书主编白玥婕是全球职业生涯规划师,从事职业教育 15 年,对高职学生有非常全面的了解;主编冯思宇是全球职业生涯规划师、全球生涯教练,拥有丰富的学生生涯规划教育实践经验。本书的编写分工如下:第一章由赵宝鹏、周春霞编写;第二章由冯思宇、程潇乐编写;第三章由李春华、龙秋麟、陈晓艾编写;第四章由白玥婕编写;第五章由唐婷、李唯佳编写;第六章由张兴源、王宏月、谭周琴编写。

本书的写作出版得到了何光明教授、张进春教授的支持与指导,在此表示衷心的感谢!本书也参考了国内外众多同类教材和资料,在此对相关作者一并表示感谢!由于编者理论水平有限,书中难免存在不足之处,恳请广大读者提出宝贵意见。

编　者
2022 年 3 月

Contents ■ 目 录 ■

第一章 认识生涯：寻找人生的灯塔

增强职业教育适应性,加快构建现代职业教育体系,培养更多高素质技术技能人才、能工巧匠、大国工匠。

——习近平

【知识目标】

1.了解生涯、生涯辅导和生涯辅导相关理论。

2.了解生涯辅导的过程及方法。

【能力目标】

1.掌握生涯辅导的基本理论、原则和方法。

2.掌握生涯辅导的基本技能与技术。

3.掌握生涯辅导的内涵及基本内容。

4.了解生涯辅导在现代社会中对社会、个人的重要价值。

【情感态度价值观】

1.引导学生全面、客观地评价自我,树立认识自我、悦纳自我、完善自我的积极意识。

2.唤醒学生生涯规划意识。

[故事与人生]

一位弹奏三弦琴的盲人,渴望在他有生之年能看到这个世界,但是遍访名医,都没有办法。有一日,盲人碰见一位道士,道士对他说:"我有一个保证治好你眼睛的药方,不过,你得弹断一千根弦,才可以打开这张纸,在这之前是不能生效的。"

盲人琴师带着失明的小徒弟,心里怀着一丝希望,游走四方。他们走遍大江南北,以弹琴卖唱为生。冬去春来,年复一年。第一千根琴弦将断的时候,他们落脚在黄土高原。

夜半,弦断。

天明,抓药。

药房师傅接过药方,对着天井透进来的微弱光线,正面、反面瞧了又瞧,说道:"这只是一张白纸,哪有处方?"琴师听了,弦琴落地,茫然一片。当天晚上,他伤心欲绝,细细思索,终而恍然大悟,突然明白了道士"一千根弦"背后的意义,就为着这一个"希望",支持他尽情地弹下去,

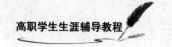

而匆匆 53 年就这么活了过来。他看不见,可是他看见了;许多人看得见,却一直看不见。

这位年迈的盲人琴师,没有把故事的真相告诉徒儿,他将这张白纸慎重地交给了同样渴望看到光明的弟子,对他说:"我这有一张保证治好你眼睛的药方,不过,你得弹断一千根弦才能打开这张纸。现在你可以去收徒弟了,去吧,去游走四方,尽情地弹唱,直到那一千根弦断光,就有了答案了。"

【想一想】

问题 1:盲人琴师在得到道士的药方后是怎么做的?

问题 2:当盲人琴师得知药方上什么也没有的时候,他突然明白了什么?

如果故事中盲人寓意着漫漫人生路"不知道为什么出发"而迷茫困惑、空洞无神、四处漂泊、无法安生、更无法立命的现实生活中的许多人,那么故事中的药方代表着人生的目标,故事中的道士可视为生涯规划师的化身,人生就是一个为自己设定下目标,并带来希望的过程。

问题 1 答案:从道士处得到药方→满怀希望游走四方→夜半弦断药方非方→伤心欲绝苦苦思索→恍然大悟交方与弟子。

问题 2 答案:得到目标→行动→目标成空→痛苦迷茫→思索彻悟。

思考一下:你对自己的生涯有规划吗? 应如何实现?

第一节　认识生涯

一、生涯的含义

生涯对应的英语单词是"career",其最初的含义是战车,引申为"道路",后来发展为人一生的事业历程。生涯通常与人生、生命、生活、生计、职业、命运等词相关,同时又有其独特的丰富内涵,对应人不同的需求层次。生命是自我实现需求,即追求终生的意义和价值;职业是社会认可需求,即事业或职位;工作是安全需求,即营生与生计;生涯是自尊需求,即一生的事业或职业。

著名生涯学者舒伯对生涯的诠释最为人称道和引用,舒伯认为:"生涯是生活中各种事件的演进方向和历程,统合了个人一生中依序发展的各种职业与生活角色,由此表现出个人独特的自我发展形态。"

《辞海》对生涯的解释是生涯有时间向度和内容向度。从时间上看,生涯就是持续的人生;从内容上看,生涯既包括生活,又包括生计。

综上对生涯应该从长度、宽度、厚度三个维度进行理解。

1. 生涯长度

从时间长度思考自己的生命生涯,指生命从开始到结束,两个端点之间的跨度。通常分为成长、探索、建立、维持和衰退五个阶段。

2.生涯宽度

不同生命角色之间的跨度。舒伯认为,每个人的生涯都扮演着子女、学生、休闲者、公民、工作者、夫妻、家长、父母和退休者9种生命角色,生涯便是在这9种生命角色之间铺陈、转换、递进的过程。

3.生涯厚度

生涯厚度是指个体在不同生命角色上投入的深度。同一角色的深度,往往会随着时间的变化而有所变化,不同角色的深度在同一时间也会呈现此消彼长的状态。如职业女性在工作和生活时,呈现角色投入的程度不同。

二、生涯的基本特征

(一)具有明确的方向性

生涯是人一生中各种事态的连续演进方向。人一生中的生涯发展,宛如茫茫大海里破浪前行的航道,尽管不可见,但有方向可循。至于这个方向是沿着哪条路径前进,不同的理论有不同解释,不同文化背景影响下的个体也会有不同的引导者:可能是自我概念,可能是生命意义或价值,可能是追求某种需求的满足,也可能是某些特质如兴趣或能力,甚至是某些紧紧贴近社会的趋势。

(二)具有持续的时间性

生涯的发展是人一生中连续不断的过程。"生涯"比较具体的定义是"一生当中依序发展的各种位置的综合体"。这个定义明确了生涯的基本要素——时间性,它是纵贯一生的发展。从过去、现在到未来,个体的生涯发展踏着接二连三的"位置"在前进:每一个现在的"位置",都受到过去"位置"的影响,也是为未来的"位置"预先做准备,这些"位置"是"依序"发展的,也就是说生涯的发展是循序渐进的。

(三)具有特定的空间性

生涯是以"事业"角色为主轴,这些角色不全是职业,但都与职业活动有直接或间接的关系。以"大学生涯"为例,主要的生涯角色是学生;以"中年女性教师生涯"为例,相关的生涯角色可能包括人妻、人母、人师等。所有生涯皆无法游离于特定环境之外,一定是基于特定空间而存在的。

(四)具有相对独特性

每个人如果以类似的顺序经历着类似的职位或角色,不同的人可能有相似的生涯发展,但每个人的生涯发展又是独一无二的,因为人们在每一个职位或角色上的表现方式都不尽相同。例如,美国前总统约翰逊和福特都是工人阶级出身,都担任过海军指挥官、国会议员、国会秘书

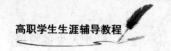

长,直至总统,但是两人在国会与总统任内的表现褒贬不一,各自的生涯经验也有所不同。

(五)具有一定的现象性

当人们开始思考自己的未来时,生涯就开始"如影随形"。"生涯"定义了人如何在工作环境框架内"看"自己——可以从过去的成功或失败"看",可以从现在的能力或才干"看",也可以从未来进一步的计划"看"。因此人生的意义可以在生涯发展过程中得以彰显,得以完成。

(六)具有积极主动性

人是生涯的主动塑造者,"只有在个人寻求它的时候,它才存在",这隐含着人是生涯的主动塑造者这层意义。在个人生涯发展过程中,遗传条件、社会阶级、政策拟定,甚至机会因素,都会影响到个人的生涯发展。现代心理学认为:人不是被动地受环境的制约,而是主动去思考、去计划,进而改变环境、创造环境。生涯可以主动塑造,主要透过生涯转换过程中的生涯决定来完成,这一点在实践中已经得到了确证。

(七)具有较好的参照性

通过分析和研究成功人士的生涯特点,可以从中发现值得借鉴、有价值的经验,在生涯规划上起到较好的引导作用。

[探究与分享]

如何绘制个人的"生涯彩虹图"

著名生涯学者舒伯有一个非常著名的研究成果——生涯彩虹图(图 1.1),它是集合了生活广度、生活空间的生涯发展理论。

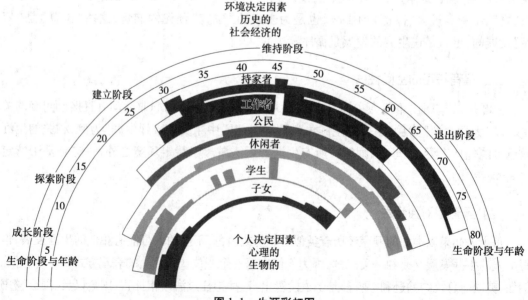

图 1.1　生涯彩虹图

1.横贯一生的彩虹——生活广度。在生涯彩虹图中，横向层面代表的是横跨一生的生活广度。彩虹的外层显示人生主要的发展阶段和大致估算的年龄：成长阶段（相当于儿童期）、探索阶段（相当于青春期）、建立阶段（相当于成人前期）、维持阶段（相当于中年期）以及退出阶段（相当于老年期）。在这五个主要的人生发展阶段，各个阶段还有细分的小阶段，舒伯特别强调各个时期的年龄划分有相当大的弹性，应依据个体的不同情况而定。

2.纵贯上下的彩虹——生活空间。在生涯彩虹图中，纵向层面代表的是纵贯上下的生活空间，由一组职位和角色组成。舒伯认为人一生中必须扮演9种主要角色，依次是：子女、学生、休闲者、公民、工作者、夫妻、家长、父母和退休者。各种角色之间是相互作用的，一个角色的成功，特别是早期角色如果发展得比较好，将会为其他角色提供良好的关系基础。但是，在一个角色上投入过多的精力，而没有平衡协调各角色的关系，则会导致其他角色的失败。在每一个阶段对每一个角色投入程度可以用颜色来表示，颜色面积越多表示该角色投入程度越多，空白越多表示该角色投入程度越少。生涯彩虹图的作用主要是对自身未来的各阶段进行调配，做出各种角色的计划和安排，使每个人成为自己的生涯设计师。

通过对生涯彩虹图的学习，我们来设计自己的生涯彩虹图。

1.准备工作。需要什么工具，请你写下来，如铅笔、橡皮、直尺、圆规、白纸（或已准备好的生涯彩虹框架图画纸）、彩笔一盒等。

2.试着完成自己的生涯彩虹图。

第1步　在一张白纸上按图1.2所示，画出一个完整的生涯彩虹框架图（有已准备好的生涯彩虹框架图画纸，可忽略此步骤）。

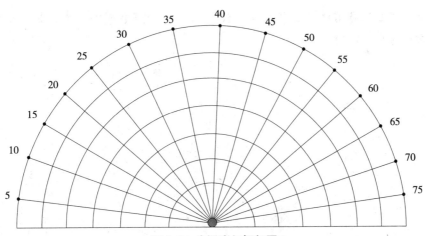

图1.2　生涯彩虹框架图

第2步　思考：你有哪些角色？未来的你会有哪些角色？关于角色的排序，建议按照你认为的角色重要程度进行排序，最重要的角色放在最里面，不重要的角色放在最外面，这样方便调整和改进。

按照重要程度先进行排序：

1.＿＿＿＿＿＿＿＿＿＿＿＿＿＿＿＿＿＿＿＿＿＿＿＿＿＿＿＿＿＿＿＿＿＿＿＿＿

2.＿＿＿＿＿＿＿＿＿＿＿＿＿＿＿＿＿＿＿＿＿＿＿＿＿＿＿＿＿＿＿＿＿＿＿＿＿

3. _____

......

第3步 请为每个角色选择代表的颜色笔(图1.3)。

角色1:____颜色

角色2:____颜色

角色3:____颜色

......

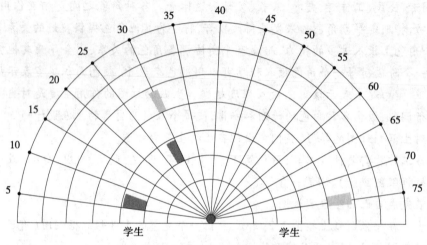

图1.3 为每个角色选择代表的颜色笔

第4步 在已准备好的生涯彩虹框架图上,先用每个角色对应的颜色笔画上角色出现的起止年龄节点(图1.4)。

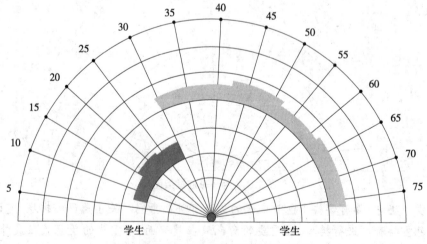

图1.4 画上角色出现的起止年龄节点

第5步 依次给每个角色根据不同年龄段的时间投入情况画出具体的宽度,"宽度"代表你对该角色在不同时期投入的重视程度。

第6步 完成后,请仔细查看生涯彩虹图的内容,简述自己的设想以及感受。

第7步 将自己当下年龄直至未来五年用三角形的方式标注出来(图1.5)。

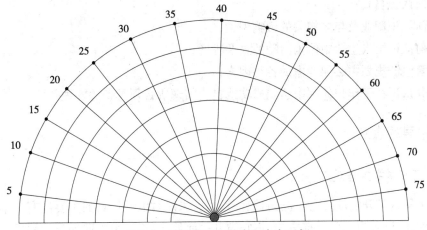

图1.5 画出当下年龄直至未来五年

观察当下以及未来五年角色的变化,这是一种对未来的预见,这个过程本身就会促使我们思考,从现在开始需要如何努力为该阶段做好准备。

第8步 画完生涯彩虹图后,整体感悟是什么?

描述感悟:

_____

_____

_____

【想一想】

画完生涯彩虹图,有什么感受?角色是多了还是少了,为什么?当下最重要的角色是什么?打算在这个重要角色上做哪些投入或者采取什么行动?

第二节 生涯辅导

一、生涯辅导的含义

辅导就是通过交流沟通,潜移默化地改善一个人的内心状态(包括思想意念、情绪感受、行为意欲),最后,受导者可能会出现期望中的行为改变。辅导是助人自助的过程,在这个过程中,一位受过专业训练的辅导师,与受导者建立相互平等、相互信赖的关系,协助受导者认识自己、接纳自己,认识相关他人、接纳相关他人,使自己有机会开始全新的工作和生活。

生涯辅导是指依据一套系统性的辅导计划,通过辅导人员的协助,引导个人探究、评判

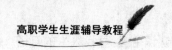

并整合运用与下列有关的知识、经验而开展的活动。这些知识、经验包括：

①如何认识自我；

②如何认识职业及与之相关的影响因素；

③如何认识个人生活中休闲活动的重要程度；

④了解生涯规划中必须考虑的各种因素；

⑤充分认识在工作与休闲中达到成功或自我实现所必须具备的各种条件。

二、生涯辅导的意义

（一）培养学生生涯规划意识

大学生从入学开始就要有生涯的长远考虑，若未能对生涯规划的重要性有所察觉，就容易陷于迷惘，不清楚自己的目标方向，不知道劲往何处使，不仅难以取得最佳效果，也缺乏学习动力，因此生涯辅导的首要任务是协助学生建立生涯意识。学校要协助学生体验生涯及生涯规划的意义和作用，认识到个体在生涯发展的不同阶段具有不同的角色和任务，思考大学学习对未来职业和生活发展的重要影响，意识到生涯发展具有不确定性，协助他们适应大学生活和学习，触发他们思考大学期间以及未来的发展。在生涯规划意识培养的过程中，要注意生涯理论的介绍，并让学生结合不同的理论初步解释自身可能存在的生涯困惑，唤醒学生为自己的成长负责的生涯规划意识。

（二）帮助学生加深自我认知

自我认知是解决生涯问题和制订生涯决策的起点，生涯辅导要协助学生全面剖析自己、了解自己，树立正确的自我意识。自我认知主要包括兴趣、能力、性格和价值观，运用自我评价和他人评价相结合的方式，做好自身的全面了解，充分分析自己的兴趣、能力、性格和价值观，了解不同个体之间的差异和不同心理品质的差异。在学生自我认知的过程中，应该帮助学生了解兴趣、能力、性格和价值观对个体生涯发展的影响，分析自身的优势与不足，了解相应学科、专业和职业所需的心理品质及要求，引导学生全面、客观地评价自我，树立认识自我、悦纳自我、完善自我的积极意识。生涯辅导的落脚点是让学生意识到为自己的生涯选择承担责任，关于专业、职业的信息数不胜数，而个体只有对自我足够了解，足够清楚自己喜欢什么、不喜欢什么，才能缩小获取职业信息的范围，根据自己的兴趣和特长选择职业也是对这一目标的体现。

（三）协助学生探索大学、专业和职业

生涯问题的决策既要求加强自我认知，也需要对大学、专业和职业等领域进行探索。在探索工作世界的过程中，要帮助个体认识到教育对个人职业选择的影响，认识大学或其他途径的终身学习对个人生涯发展的意义和作用。

帮助学生初步了解国内外大学与专业的设置情况，认识到目前的科目选择、专业选择和

未来职业三者存在的关联,协助他们了解多元化的求学路径,选择适合自己的成才路径。

帮助学生认识到社会发展、家庭和过往经历对个人职业选择的影响,协助学生了解国内及特定区域发展的特点与趋势,了解不同职业对个人素质的要求,初步形成对社会职业的感性认识,在职业选择时能综合自身和环境因素思考大学与专业的选择。

在协助学生探索大学、专业和职业的同时,也要帮助学生意识到当前的工作世界一直都在发展变化,要时刻保持获取职业信息的习惯,应对工作世界的变动。

(四)促使学生做好生涯管理

引导学生结合不同学科的特点做好学业规划,掌握一些行之有效的学习策略,帮助他们提升学习的自我效能感。另外,还可以对学生加强时间管理的指导,克服学习倦怠与拖延,高效利用时间达成学习目标,增强信息搜索能力。

生涯目标需要行动来达成,因此在生涯辅导中也要做好学生生涯管理的指导。在生涯辅导中要引导学生树立远大的职业理想和抱负,并能够结合短期目标、中期目标和长期目标制订合理的计划和确保达成的途径。有了目标后,还需要行动去落实,要多结合大学三年的目标任务制订各年级阶段性目标,设定各个目标完成时间,引导学生提升各项能力,循序渐进地推动生涯发展。

在实施行动和达成目标的过程中,要指导学生掌握元认知技能,能及时解决生涯行动中的困惑。生涯的长远发展也需要提升学生休闲管理能力,保持健康的生活方式,提高自我调节能力,掌握有效应对生涯发展变化的技巧。

三、生涯辅导的主要内容

生涯辅导的内容主要包括以下五个方面:

(一)科学了解自我的状况和厘清个人的价值观

生涯规划和决策都必须是对个人充分、深入了解之后做出的,所以生涯辅导也会协助学生了解自我,包括个体的能力、能力倾向、兴趣、个性、个人的职业价值观、个人的生涯发展状况、个人的期望和价值取向等。

(二)明确了解外部世界信息的通道

生涯辅导帮助学生获取了解外部世界信息的途径和渠道,让学生了解社会职业要求、岗位胜任特征、工作环境、薪酬条件、机会及发展前途。

(三)培养生涯规划和决策能力

生涯发展包括一连串的生涯规划和决策过程,生涯辅导应当引导学生学会规划人生,在面临各种选择时,精准把握核心问题,搜集并运用资料做出最好的决策,并提高生涯规划和决策的能力。

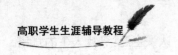

(四)做出合理的选择

生涯辅导协助学生了解生活中各种可能的选择,并结合个性特点、个人所追求的生涯目标,同时结合社会和职业发展的需要,比较各种选择之间的利弊,最后做出合理的选择。

(五)开发自身的潜能

生涯辅导不仅协助学生发现并挖掘个人的潜能,给予个人充分的发展机会,以发展个人的潜能,而且还协助个人适应快速变化的社会和职业环境,考虑比较灵活和弹性的方式,以达到个人的生涯发展目标。

四、生涯辅导的服务方式

在生涯辅导过程中,要依据个体的实际情况有选择地确定适宜的目标。生涯辅导的实施主要通过生涯教育与生涯咨询两大途径,概括地说包括以下六个方面:

(一)开展生涯辅导活动

让学生参与各种生涯设计活动,启发他们对自身生涯的意识和对工作及社会环境的认识。学生通过自我了解、自我规划,思考自己的生涯规划,发展他们的潜能。

(二)开设生涯发展课程

生涯发展课程是通过课程形式实施生涯教育活动,以促进学生的生涯发展和生涯成熟。

(三)实施心理测验

采用各种心理测验及自我评定等方法,了解个体的能力倾向、兴趣和个性倾向等方面的心理特质,评估个体对工作的价值观和生涯成熟状况,并以此为依据预测和诊断学生的生涯发展状况。

(四)建立生涯辅导资料系统

生涯辅导资料是帮助个人增进生涯意识、探索自身生涯发展不可或缺的内容。一个人的生涯规划与生涯决定不能只基于心理测验的结果,还要依据个人的健康状况、学习环境、家庭历史、家庭经济状况、社会背景等各种情况,此外还要对职业与社会环境有较详细的理解,才能做出合理的选择。

(五)举办生涯辅导周活动

生涯辅导周是指安排一定时间(通常 5~7 天),动用学校的各种资源,集中开展形式多样的生涯辅导活动。如在校园中展示有关生涯知识的海报,开展生涯演讲、征文、辩论等活动,引起全校师生对生涯辅导的重视和参与,达到生涯辅导的目的。

(六)实施个别与团体咨询

个别或团体咨询是借助专业的咨询方法和技术,为在生涯认知、准备、规划、决定、升学与择业等方面有困扰的学生提供有针对性的服务,以满足学生个性化需求。

五、如何获得科学的生涯辅导

获得科学的生涯辅导,包括课程、活动、测评、辅导四种途径。

①课程:包括就业指导课、生涯教育主题班会课、综合实践课等。

②活动:以生涯教育为主题的各种活动,如生涯体验活动、职业人物访谈、辩论赛、校友大讲堂等。

③测评:以量化的形式对学生进行一系列评估,也可以建立学生生涯档案。

④辅导:包括参加生涯的个体辅导和团体辅导。

[探究与分享]

我的人生我规划　鱼骨图上的生命线

小时候吃鱼,总喜欢顺着鱼骨剔刮鱼肉,最后剩下带刺的鱼骨,干净得像件艺术品。从某种意义上说,由鱼骨衍生出的产物不仅可以成为可观赏的艺术品,也能被广泛运用于生涯辅导中的自我探索、解决问题中的决策分析、组织管理过程中的原因分析等方面。

鱼骨图就是后者的典型代表之一,最早由日本管理大师石川馨先生发明,因而也叫石川图(图1.6)。

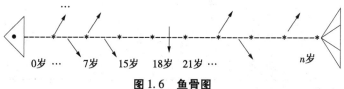

图1.6　鱼骨图

在生涯辅导中,鱼骨图常被用作叙事取向生涯理论的自我探索工具。叙事,可以让我们在心理历程的解构中作出对自己历史性的理解,它讲究在对自身历史性的回顾中重写自己,进而重构自我认识。

1.绘画我的生命线

请备一支红色水笔和一支黑色水笔(红色水笔用来记录积极的事,黑色水笔用来记录消极的事)。

(1)出生、死亡时间及其年龄

请你在鱼头起点写上出生日期和0岁,根据自己的健康状况、家族的健康状况和你所生活的地区的平均寿命来预测自己和世界说再见的日期及年龄,并标注在鱼尾上。

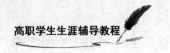

(2)当下时间与年龄

请在图1.6的生命鱼骨上标出年龄段,找出当下你的位置,用一个自己喜欢的标记在生命线上标明,写上今天的日期和年龄。

(3)过往重大影响事件

仔细回顾往事,以生命线上的时间为初始点,标出过去影响你最大或令你最难忘的5件事以及对应的时间点,用鱼刺表示。积极事件朝上,消极事件朝下,并以鱼刺的长短表示事件对自己影响的大小。

(4)未来目标事件与可能遇到的困难

在生命线上标出今后你想做的目标事件(至少5件)和可能遇到的困难,再找到相对应的时间点,用鱼刺标明。积极事件朝上,消极事件朝下;能够由自己全权决定的事件朝上,需要别人参与或全部由别人定夺的事件朝下,并以鱼刺的长短表示意愿的强弱。

2. 完成学习目标卡

(1)确认现阶段重要目标

把生命线上离你当下最近三年的目标提取出来,衡量它是否是你现阶段最重要的目标。如果是,我们就来分析你的这个目标,发挥它的巨大的动力作用。如果不是,则要考虑调整和修改这个目标,使之成为现阶段最重要的目标。这个目标必须是你自己确实想要达成的,一定是明确而具体、可量化、可衡量、可行、能够实现的。

(2)目标卡填写

把生命线上离你当下最近三年的目标提取出来,将它写在另一张纸上的右半部分,具体如表1.1所示。

表1.1　目标卡

有利条件	障碍	我的三年近期目标
目标达成后你会怎么样?		

右边:我的三年近期目标(越关注自己的进步你的表现会越好)。

左边:实现目标的有利条件。

中间:可能阻碍自己实现目标的三个障碍。

底部:目标达成后你会怎么样(运用更活泼的词有助于指导你的努力)。

3.分享

完成目标卡后,思考以下问题并小组(两人一组)分享,最后全班分享。

①你把生命的终点预设到什么时候?

②曾经发生的哪一个(或哪几个)事件对你影响较大? 你如何评价过去的自己?

③你对现在的自己满意吗? 有哪些方面可以继续保持? 哪些方面需要改进?

④跨越障碍训练。

A.两两组合,分甲乙方,甲先询问乙的目标是什么,然后问乙打算怎样实现自己的目标,在乙做出回答后,利用乙自己所写的障碍开始对乙进行质疑,说乙不可能实现目标。

B.乙要大声告诉甲自己的目标,面对甲的每一次质疑要利用自己所写的有利条件做出强有力的回答,坚信自己。

C.当甲无法再质疑时宣告乙跨越障碍成功。

要求:只能质疑,不许挖苦、讽刺、打击;对抗时,甲乙双方可以组成后援智囊团,必要时请求援助。通过这个训练,希望大家在实现目标的过程中如果遇到困难或者挫折,能回想起今天面对质疑时的勇敢回答。

(学生分享时间……)

生命不是掌握在别人的手里,而是掌握在自己的手里。无论你的生命线是长是短,每一笔都由你自己绘制,没有人可以替代。生命路上,可以有梦,更要脚踏实地。过去是重要的,但它已逝去;未来是重要的,我们可以畅想;最重要的是当下。未来想拥有的,需要当下的我们去规划。请记住我们当下的目标,一步一步前行,终会实现。

4.写出心愿卡

写出对自己的期待(近期目标)和鼓励。下列两种方式任选一种:

①张贴在心愿树上;

②完成心愿盒。

第三节　生涯发展理论

生涯发展理论经历了漫长的发展过程,本节从特质与类型取向、发展取向、工作适应、社会认知取向四个方面介绍生涯发展理论,以上各种生涯发展理论备受学者的研究和实践,具有重要的指导意义。特质与类型取向的生涯理论包括帕森斯的特质因素理论、霍兰德的职业兴趣理论,重点强调人与职业的匹配;发展取向的生涯理论以舒伯的生涯彩虹理论为代表,重点强调职业生涯的动态发展性;明尼苏达工作适应理论强调人与环境的匹配;社会认知取向的生涯理论以认知信息加工理论为主,着重研究生涯决策的历程和生涯决策形态,并对综合历程、形态及情境因素进行研究。

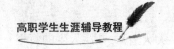

一、帕森斯的特质因素理论

特质因素理论也称人—职匹配理论,是最早的职业辅导理论,由美国波士顿大学教授弗兰克·帕森斯提出。他认为,每个人都有独特的人格模式,每种人格模式的个人都有与其相适应的职业类型。所谓"特质",是指个人的人格特征,包括能力倾向、兴趣、价值观和人格等,这些都可以通过心理测试工具加以测评。所谓"因素",是指在工作上要取得成功所必须具备的条件或资格,这些可以通过对工作的分析来加深理解。

(一)步骤

帕森斯认为,个体要做出最合适的职业选择,应遵循以下三个步骤:

第一步是自我认识,即评价求职者的生理和心理特点。通过心理测量及其他测评手段,获得求职者的身体状况、能力特点、兴趣爱好、气质与性格等方面的个人资料,并通过会谈、调查等方式获得求职者的家庭背景、学业成绩、工作经历等情况,并对这些资料进行评价。

第二步是了解职业,即对"因素"进行分析,指导者向求职者提供与职业有关的信息:①职业性质、工资待遇、工作条件以及晋升的可能性;②求职门槛,如学历要求、所需的专业训练、身体要求、年龄、各种能力,以及心理素质等方面的要求;③为准备就业而设置的教育课程计划,以及提供这种训练的教育机构、学习年限、入学资格和费用等;④就业机会。

第三步是人—职匹配,指导者在了解求职者的特性和职业的各项指标的基础上,帮助求职者进行比较分析,选择一种既契合个人特点又有可能得到并能取得成功的职业。

(二)类型

帕森斯将人—职匹配分为两种类型:

1.因素匹配

例如,需要有专门技术或专业知识的职业,则需掌握该种技术或专业知识的求职者与之匹配;而脏、累、苦、劳动条件较差的职业,则需有吃苦耐劳精神、体格健壮的劳动者与之匹配。

2.特质匹配

例如,具有敏感、易动感情、不守常规、个性强、理想主义等人格特性的人,宜从事具有审美性、能表达自我情感的艺术创作类型的职业。

(三)理论评价

特质因素理论为人们的职业设计提供了最基本的原则,科学而理性,符合逻辑推理,指导方法具体,便于学习与操作。与此同时,特质因素理论注重职业资料的重要性,它所主张的向个体提供职业资料的确能加强职业指导的功能。但是,特质因素理论过于依赖心理测试工具的使用,这一点遭到了人们的质疑:一是心理测试工具本身存在信度与效度的问题;二是该理论忽略了人的情感与意志等方面的需求。

[知识链接]

帕森斯简介

帕森斯是康奈尔大学工程专业毕业生,标准的工科专业出身。毕业后,在铁路上找了一份专业对口的工作,当一名铁路工程师。但是,帕森斯本人对工科并不感兴趣,他对人文社科类感兴趣,特别热衷于社会改革。后来,帕森斯换过好几份工作,去工业学校教授历史、法文和数学;然后还考了律师资格证,做过一段时间的律师,甚至去大学当过法律老师。帕森斯本人的职业经历非常丰富。正因为他本人非常热衷于政府改革,也清楚了解政府的想法和需求——怎样帮助社会上的许多人实现就业,这就成为一个社会改革的问题。

1908 年 1 月,帕森斯在波士顿成立了波士顿职业局,专门帮助求职者快速找到工作。首先,把社会上所有的招工信息收集起来;然后,分析求职者的特质;最后,人与职业相匹配。

[探究与分享]

1. 简述帕森斯生涯指导三部曲。

2. 为了进一步了解自己,请完成成就、能力、人格测验。

二、霍兰德的职业兴趣理论

约翰·霍兰德是美国约翰·霍普金斯大学心理学教授,美国著名的职业指导专家。1959 年,他提出了具有广泛社会影响的职业兴趣理论,认为人的人格类型、兴趣与职业密切相关。兴趣是人们活动的巨大动力,凡是具有职业兴趣的职业,都可以提高人们的积极性,促使人们积极地、愉快地从事该职业,且职业兴趣与人格之间存在很高的相关性。

(一)六种类型内容

霍兰德认为人格可分为现实型、研究型、艺术型、社会型、企业型和常规型六种类型(表1.2)。

表 1.2　霍兰德职业兴趣类型

类型	喜欢的活动	典型职业	能力特性
现实型（R）	愿意从事实物性的工作、体力活动,喜欢户外活动或操作机器,而不喜欢在办公室工作	园艺师、汽车修理工、工程师、军官、兽医、足球教练员	能够执行在处理物体、机械、工具、运动配件、植物或动物等方面需要机械能力、体力或协调力的活动
研究型（I）	喜欢阅读和讨论有关科学性的论题,喜欢独立工作,对未知问题的挑战充满兴趣	实验室工作人员、心理学家、工程设计师、大学教授	能够执行需要具备观察、评估、评量和理论或分析技能的活动,以便解决问题

续表

类型	喜欢的活动	典型职业	能力特性
艺术型（A）	喜欢文学、音乐、艺术和表演等具有创造性、变化性的工作,重视作品的原创性和创意	作家、音乐家、漫画家、室内装潢设计师	能够执行需要艺术、创意、表达和直觉等技能的活动,以利用文字、动作、声音、颜色或具体的方式来传达美感、思想和情感
社会型（S）	热情关心他人的幸福,愿意帮助他人成长或解决困难,为他人提供服务	教师、牧师、心理咨询师、护士	能够执行需要和人群一起工作的活动,以便告知、启迪、协助、训练、发展或治疗他们
企业型（E）	通过领导、劝说他人或推销自己的观念、产品而达到个人或组织的目标,希望成就一番事业	律师、政治运动领袖、营销商	能够执行需要说服、管理、监督和领导等技能的活动,以便获取某一机构的、政治的、社会的或经济的利益
常规型（C）	愿意听从指令,喜欢有组织、有计划的工作	文秘、会计、税务员	能够执行需要注意细节、精确度和一些文书技能的活动,以便记录、编档,以及根据特别指示的程序来组织数据和文字

（二）六种类型的内在关系

霍兰德所划分的六大人格类型,并非并列的、有明晰边界的,他以六边形表示出六大人格类型的关系(图1.7)。

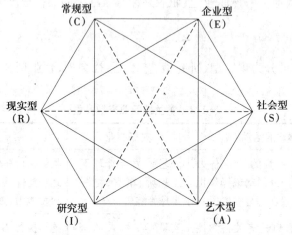

图1.7 六种人格类型之间的相关性

从图1.7中可以看出,每一种人格类型与其他类型之间存在不同程度的关系,大体可描述为三类:

①相邻关系,如 RI、IR、IA、AI、AS、SA、SE、ES、EC、CE、RC 及 CR。属于这种关系的两种

人格类型的个体之间共同点较多,现实型(R)、研究型(I)的人都不太偏好人际交往,这两种职业环境中的人与其他人也都较少机会接触。

②相隔关系,如 RA、RE、IC、IS、AR、AE、SI、SC、EA、ER、CI 及 CS。属于这种关系的两种人格类型的个体之间共同点较相邻关系少。

③相对关系,在六边形上处于对角位置的人格类型之间即为相对关系,如 RS、IE、AC、SR、EI 及 CA。属于相对关系的人格类型共同点少。因此,一个人同时对处于相对关系的两种职业环境都感兴趣的情况较为少见。

(三)霍兰德职业兴趣类型测试

请根据你对自己类型的判断填写表1.3。

表 1.3　霍兰德职业兴趣类型

喜欢的活动	能力特性	类型	期望职业

霍兰德职业兴趣理论主要从兴趣角度出发去探索职业指导问题。他明确提出了职业兴趣的人格观,使人们对职业兴趣的认识有了质的变化。霍兰德职业兴趣理论反映了他长期专注职业指导的实践经历,实现了职业环境的研究与职业兴趣个体差异的研究有机地结合起来的创新和突破。

[知识链接]

霍兰德简介

霍兰德,美国心理学家,约翰·霍普金斯大学名誉教授。他是职业生涯发展模式的创造者,提出了著名的霍兰德职业兴趣理论(也称霍兰德代码)。

他于 1959 年提出了具有广泛社会影响的职业兴趣理论。这一理论首先根据劳动者的心理素质和择业倾向,将劳动者划分为 6 种基本类型,相应地,职业也划分为 6 种类型。霍兰德职业兴趣理论的实质在于劳动者与职业的相互适应。

霍兰德出生和成长在美国内布拉斯加州的奥马哈市。他的父亲在 20 岁时从英国移居到美国,是一个广告主管,母亲是一位小学老师。霍兰德是他们的 4 个孩子之一。

1938 年,霍兰德毕业于内布拉斯加州奥马哈市中心高中,1942 年从内布拉斯加大学毕业,取得了学士学位(同时修了法语和数学)。毕业后他入伍参加了第二次世界大战,在军队中担任过面试官、测试考官、律师助理、劳工、中队员、心理学助理和韦克斯勒考试管理员。他也能够从社会工作者、心理学家那里得到培训。这些经验让他认识到,尽管人们各自的信

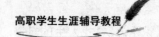
念都无限复杂,但大多数人仍可被归类为几种普通的心理类型。这一切经历都使他渴望成为一名心理学家。从军队退役后,他在明尼苏达大学读研究生,并先后于1947年和1952年从明尼苏达大学获得了硕士和博士学位。

霍兰德在明尼苏达大学是一名成绩平平的学生。他为自己的博士学位论文找不到感兴趣的选题而苦恼。最后他终于写出了一篇论文,探讨了"对艺术和个性的猜测"。尽管论文有其直观的实验设计,但这个主题并没有很好地得到老师、同学的认可,他最终获得了博士学位和10套二手绘画材料。

霍兰德博士毕业后的首份工作是在西方储备大学和退伍军人管理精神病医院工作(1953—1956年),后来又在国家优异奖学金公司(1957—1963年)和美国大学考试计划工作(1963—1969年)。

霍兰德于1969年加入约翰·霍普金斯大学的社会学系,在职期间他发表了一些关于个人和职业选择的最重要的研究。1980年,他从约翰·霍普金斯大学退休,但继续进行相关研究,直到2008年去世。

[探究与分享]

王某,重庆某大学电子商务专业大专生,2018年6月毕业。性格外向,喜欢与人打交道,喜欢音乐,擅长演讲,爱好管理,崇尚成就的体验,在校期间喜欢参加各项活动和比赛,曾任院学生会副主席。临近毕业,他通过线上线下各种渠道投了很多简历,多次面试,但都没有通过,很沮丧也很迷茫。在职业兴趣探索中,他的霍兰德代码是ASC和ASE型,其中A值最高,S值次之。

当老师和他看到这个结果时都十分惊讶,他的惊讶在于A值最高,完全出乎他的意料,是他的艺术细胞比较明显?还是艺术天赋潜能尚未被挖掘出来?老师的惊讶在于他的C值为什么比较高。从霍兰德理论来看,A和C值相关性并不大,但他的霍兰德代码却是ASC。

如果你是王某的职业指导师,你会给他怎样的建议?

三、舒伯的生涯彩虹理论

1953年,舒伯在《美国心理学家》发表文章,提出了"生涯"的概念,打破了特质因素论一统天下的局面,是职业到生涯的标志。舒伯的职业生涯发展理论涵盖了生涯发展阶段、生涯角色、生涯模式、生涯成熟等理念。贯穿这些理念最核心的主轴是自我概念。舒伯认为,职业选择的历程,即是自我概念实践的历程。他主张人有一种驱动力,不断将理解到的自己融入工作中,在工作中实践自我。

(一)生涯发展阶段

舒伯根据自己对生涯发展形态的研究结果,将生涯发展阶段划分为成长、探索、建立、维持与退出五个阶段,其中有三个阶段与金斯伯格的分类相近,只是年龄与内容稍有不同,舒伯增加了维持和退出阶段的生涯发展(表1.4)。

表1.4 舒伯的职业生涯发展阶段

阶段	年龄	特征	描述
成长阶段	出生至14岁	形成自我概念,形成和发展能力、态度、兴趣、需要,并开始对工作形成大致的理解	①前职业期,没有表现出职业兴趣或试图做职业选择; ②幻想期,对职业的想法主要是幻想; ③兴趣期,对职业的考虑主要出于个人好恶; ④能力期,开始考虑能力和职业要求
探索阶段	15~24岁	开始在课堂、工作实践中尝试,并有意识地收集相关的信息,尝试性地开始选择、发展相关技能	①尝试期,个人的需求、兴趣、能力、价值观成为职业选择的基础; ②过渡期,进入人才市场或寻求深造机会时,会对工作世界的雇佣机会作现实考虑; ③试验期,找到并试验某种工作,相信它有可能会是自己将要从事的职业,但还没有最后决定
建立阶段	25~44岁	开始通过工作实践接触和获得各种技能	①稳定期(或第二次试验期),在此期间可能有一两次职业变动,但职业选择的决心已更为坚定(有些人可能会逐渐清楚地认识到工作可以由一系列不相关的职业组成); ②前进期,随着职业模式的逐渐清晰,极力为自己谋求一份稳定的工作,对许多人来说,这是一个创造和成长的时期
维持阶段	45~65岁	不断调节并在工作中得到发展的过程	—
退出阶段	65岁以上	产出开始减少,准备退休	—

(二)生涯角色

1976—1979年,舒伯在英国进行了为期4年的跨文化研究,之后他提出了一个外延更为丰富的新观念——融合了生活广度、生活空间的生涯发展观。这个生涯发展观除了保留原有的发展阶段理论外,还加入了角色理论,并将生涯发展阶段与角色彼此间相互影响的情况,绘制成一个多重角色生涯发展的综合图形。这个融合了生活广度、生活空间的生涯发展图形,被舒伯命名为"生涯彩虹图"。

根据舒伯的看法,一个人一生中扮演的多种角色,就像彩虹同时具有多种色带。他将显著角色的概念引入生涯彩虹图。他认为,角色除与年龄及社会期望有关,还与个人所涉的时间及情绪程度有关,因此每一阶段都有显著角色。

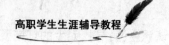

（三）生涯模式

生涯模式受个人因素的影响,这些因素包括从事职业的阶层水平、经过尝试和稳定地进入工作世界的经历、频率和持久性等。然而,以上因素均受到个人父母的社会经济地位、心理能力、教育、技巧、人格特质(包括需求、价值、兴趣与自我概念)、生涯成熟及生涯机会的影响。以上角色概念随着发展阶段的更迭,其组合也会有所不同。不同的角色组合会形成不同的生涯模式。根据舒伯的分析,男性与女性各有不同的生涯模式。一般而言,男性有4种模式,而女性则有7种模式。

1. 男性的生涯模式

①稳定生涯型,即毕业后就进入职场,未经太多探索直接进入长期稳定的生涯发展历程。

②传统生涯型,即经过一段时间的努力尝试后逐渐稳定。

③不稳定生涯型,即在稳定期与不稳定期之间摆荡。

④多重尝试型,即不断地尝试新的工作,常做重大改变,少有长期稳定。

2. 女性的生涯模式

①稳定家庭主妇型,即从学校毕业后因婚姻直接走入家庭。

②传统生涯型,即毕业后经过全力投入职场打拼一段时间,然后因婚姻走入家庭。

③稳定职业女性型,即毕业后直接进入职场一直工作到退休。

④双轨生涯型,即工作后结婚,但并未放弃工作,事业和家庭并重。

⑤间断生涯型,即工作一段时间后成为家庭主妇,一段时间后再复出工作。

⑥不稳定生涯型,即时而工作,时而回归家庭,呈现不稳定生涯发展状态。

⑦多重尝试型,即不断地在工作上做重大改变,与工作性质无关。

（四）理论评价

舒伯的生涯彩虹理论综合了差异心理学、发展心理学、自我心理学以及有关职业行为发展方向的研究结果,建构了一套完整的生涯发展理论。该理论强调全方位发展,重视自我概念和生涯成熟度,注意求职者的差异,强调发展的连续性和阶段性。由于社会的快速变迁,终身学习观念的提出以及人的寿命的增加,生涯发展理论中关于中年期、老年期的角色与任务有待进一步研究,否则影响理论的完整。此外,生涯发展理论忽略了经济、社会因素对生涯发展方向的影响,且学习的因素与职业发展历程的关系尚需进一步研究。

［探究与分享］

1. 生涯自传

请回顾自己的发展历程,回忆生活中哪些人物或事件对你产生了重要的影响,记录下你的态度和感受。描述各个阶段你所扮演的角色和个人目标间的差异。

2.抉择日记

请记录人生历程中自己所做的每一次决定并分析。

四、明尼苏达工作适应理论

明尼苏达工作适应理论是戴维斯与罗圭斯特等人在20世纪60年代提出的,起源于一项旨在探索如何帮助残障人士适应工作的研究,经不断修正,逐步发展至适用于一般人群。

该理论强调人与环境的契合,认为选择职业或生涯发展固然重要,但就业后的适应问题更值得注意;只有当工作环境能满足个人的需求(内在满意),个人也能满足工作技能的要求(外在满意)时,个人在该工作领域才能得到持久发展(图1.8、图1.9)。

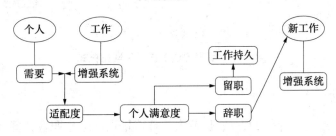

图1.8 个人的需求(内在满意)

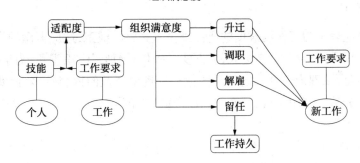

图1.9 工作技能的要求(外在满意)

(一)主要观点

①工作适应论认为人们一方面满足工作的要求,另一方面也从工作中获得满足,维持这一过程就是工作适应。

②个人与环境之间存在着互动关系,符合与否是互动过程的产物。相似的人在相似的工作环境中,也可能有不同的行事风格,在互动速度、互动步调、互动韵律和持续度这四个维度上有所不同。

(二)明尼苏达工作适应理论模式

其中,个人特质包含能力和价值观两个方面,"明尼苏达重要性问卷"提出的价值观包括

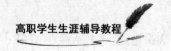

以下六个方面:安全、舒适、发展、利他、成就、自主性。工作环境有两个方面:一方面是个人能力与工作要求的关系,编有"职业能力倾向系统量表",另一方面是个人需要与工作能否满足之间的关系,编有"职业增强系统量表"(图1.10)。

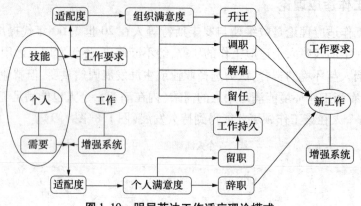

图1.10　明尼苏达工作适应理论模式

(三)理论应用

采用职业探索或问卷评估的方法,促使人与环境培训的最佳职业选择、调整人—环境的不匹配情况及技能训练。

(四)理论评价

明尼苏达适应理论为工作满意度的研究提供了完整的框架,适应概念的提出,突破了特质因素论的静态局限;开发了众多量表,方便实务操作;增加了组织视角,为组织与员工互动提供了依据。但是,该理论也有一定的局限性。如理论涉及的内容较多,但实证研究不多;工作能力分析部分缺乏实用工具;跨文化和性别议题的研究较少。

[案例分享]

①背景:王女士,大学本科毕业。就职于某通信公司,担任营销代表,工作三年,职位没变动,曾几度想辞职。

②运用明尼苏达工作适应理论做职业指导的对话节选:

咨询师:从之前的自我探索和你对自己的经验和感受来看,希望自己在工作中令人满意还是个人满意呢?

来询者:我希望自己有幸福感,自己感觉满意。

咨询师:好,下面我们来看看,如果你的需求总能被职业回报所满足,你就会选择留职,反之,你就有可能选择辞职。想一想,这是不是你的辞职原因所在?

来询者:(沉默许久)自己觉得好像不是那么回事。

咨询师:在需求方面,我想问一下,你是不清晰自己的需求呢? 还是知道需求而无法得到呢?

来询者:哦!我知道了,我是不清晰自己的需求。但是经过前面的价值观探索,我有感
　　　　觉了。

咨询师:另外,如果你的能力与职业要求的适配度越高,也就是说你所在的组织越满意,
　　　　给你的平台就越大,相应的回报就更多,你就会觉得更幸福,两者是相互的。

[探究与分享]

背景:某一煤矿公司因工作需要,每年需招聘大量的高校应届毕业生,但是近年来企业
员工的流失率比较高。

如何运用明尼苏达工作适应理论与该企业的 HR 进行沟通?

五、认知信息加工理论

认知信息加工理论源于 20 世纪 90 年代初美国佛罗里达州立大学,由桑普森、皮特森和
里尔顿提出。该理论认为,生涯选择源于认知过程和情感过程的交互作用,它是一种相当复
杂的决策活动。生涯成熟取决于个人决策能力,而这一能力又取决于个人的知识和认知操
作的有效性。综上,认知信息加工理论重点关注的是人们如何决策。

(一)认知信息加工理论的假设

①生涯选择以认知与情感的交互作用为基础,进行生涯选择是一种问题解决活动。
②生涯问题解决者的能力取决于知识和认知操作,生涯问题解决是一项记忆负担。
③繁重的任务:生涯决策要求有动机。
④生涯发展包括知识结构的持续发展和变化生涯认同取决于自我认知。
⑤生涯成熟取决于个人解决生涯问题的能力。
⑥生涯咨询的最后目标是促进来询者信息加工技能的发展。
⑦生涯咨询的最终目的是增加来询者作为生涯问题解决者和决策制订者的能力。

(二)认知信息加工理论的核心

1.信息加工金字塔模型

信息加工金字塔模型分为三层,人们广泛收集自我知识和职业知识,对应金字塔的第一
层;然后经过信息加工,形成决策方案,对应金字塔的第二层;第三层是对整个决策过程的反
思,相当于第三只眼在审视自己整个决策过程的思维模式(图 1.11)。

最底层是知识领域,包括自我知识和职业知识。自我知识包含我是谁(角色、价值观),
我能够做什么(专业学习和实践技能),我为什么要做(兴趣),什么时候做(时间规划),怎样
去做(自我知识增进);职业知识包含职业种类、职业行业、职业培训、职业选择、岗位情况和
休闲活动。

中间层是决策技能领域,即通用信息加工技能(CASVE 循环),包括沟通—分析—综
合—评估—执行。

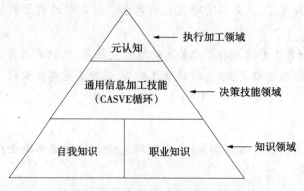

图 1.11　信息加工金字塔模型

最高层是执行加工领域的元认知,是个人对自己认知过程及结果的知识、体验、调节和控制。具体包括自我言语、自我觉察、控制与监督。

2. CASVE 循环

第一步:沟通(communication)。包括内部沟通和外部沟通,能让你意识到理想条件和现实情境之间不容忽视的差距。就职业计划而言,你所接收到的信息可能是对你的职业计划不确定的焦虑感(内部沟通),在你毕业后,父母或朋友可能会问你一些有关职业方面的问题(外部沟通)。结果你意识到自己有做出职业选择的需要。

第二步:分析(analysis)。能从研究和观察中获得的信息,可以增长你关于自身兴趣、技能、价值观的知识以及职业、研究领域、工作组织等方面的知识。

第三步:综合(synthesis)。把能收集到的有关你自身和职业的所有信息放在一起并扩展开来,然后再逐步缩小自由选择的范围以消除决策过程开始时的差距。

第四步:评估(valuation)。包括使用最佳的判断对保留下来的选择予以排序和对职业、工作或大学专业作出选择。

第五步:执行(execution)。CASVE 体系的最后一个步骤,意味着对你的想法付诸积极行动并解决在沟通阶段所确定的职业问题(图 1.12)。

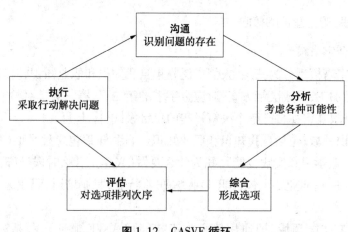

图 1.12　CASVE 循环

完成这个过程有赖于每一个步骤的成功。研究表明,在任一步骤出现问题,都会减缓或影响整个体系的运作。其中,有三个步骤是比较关键的。一是沟通步骤,我们会被眼前的问题所难倒,会感到沮丧、焦虑、害怕和消沉。多数情况下,我们又想不出解决问题的方法,因此也就无法摆脱这些感受而进入分析或综合步骤。二是评估步骤,会出现困惑。在缩小了选择范围后,还是无法做出选择。这种情况发生时,人就会有挫折感,变得焦虑、消沉,并且发现自己又重新回到了最初的步骤。三是执行步骤,这也是最困难的步骤。因为:①我们不能把实施拆分成若干小的行动步骤;②我们不知道先做什么;③我们被巨大的、不明确的任务所吓倒,把外在的负面影响看得太重以至于把任何尝试都视为无意义。因此,认真地完成每一个步骤是非常重要的,能帮助我们一步一步地解决生涯问题和决策。

(三)认知信息加工理论的应用

金字塔模型可以作为了解生涯开展的一个框架,决策技能的五阶段循环有助于学习制订生涯决策的技能。在学生咨询中,可以针对金字塔模型中的每一个方面,灵活运用相应的咨询策略和方法。

使用该理论进行咨询包括以下几个步骤:①与来访者建立关系和收集信息;②确定来访者是否对问题解决和职业决策做好准备的初步评估;③确定问题和分析原因;④与来访者共同形成咨询目标;⑤帮助来访者形成个人学习计划(与来访者一起列出一系列可供其使用的活动和资源);⑥要求来访者执行为其量身定制的个性化方案。

(四)认知信息加工理论的评价

该理论强调职业生涯咨询是一个持续的学习过程,它区别于其他理论的最主要方面在于着重强调认知信息加工(CIP)的重要性。信息加工金字塔模型为咨询师提供了帮助来访者的理论框架,决策制订的五阶段循环模型有助于来访者的问题解决,生涯决策能力的获得可视为一种学习策略。该模型不同于其他理论的地方还在于其强调了元认知在生涯问题解决中的作用,促进元认知的开展也是该模型用于咨询所强调的重要方面。

第二章　自我探索：发现未知的自己

> 每个人都有他隐藏的精华，和任何别人的精华不同，它使人具有自己的气味。
>
> ——罗曼·罗兰

【知识目标】

1. 理解性格、兴趣、能力、价值观与职业生涯发展之间的关系。

2. 了解探索职业性格、兴趣、能力、价值观的基本方法，初步掌握将性格、兴趣、能力、价值观与职业相结合的途径。

【能力目标】

熟练运用 MBTI 职业性格探索方法、霍兰德职业兴趣类型理论、多元智能理论。

【情感态度价值观】

了解自己的性格、兴趣、能力、价值观特征，并思考它们对职业的影响。

第一节　性格探索

[故事与人生]

李一是某高校市场营销专业大一学生，经过一学期的学习，他发现自己对所学专业越来越感兴趣，并且成绩也不错，但他依然有困惑。他觉得自己在性格上是很内向的，但营销专业要求从业人员比较外向，自己的性格会不会影响今后的职业发展。

小雪是个很聪明的学生，从小到大，学习对于她来说都不是难事。上大学后，她仍然成绩优异，每年都拿奖学金。但是，她也有犯难的时候。让她为难的不是成绩，而是她的性格。现在她已是大二学生，对专升本还是找工作一直犹豫不决，以她的成绩专升本应该不成问题，但又希望早点踏入社会；如果找到工作，她担心自己不善言辞、内向的性格会影响未来的发展。是否再读几年书，趁机把性格改变一下？

【想一想】

假如你是李一和小雪,你如何思考/如何抉择? 为什么?

结合以上故事,我们经过广泛的调研认为:李一和小雪的困惑在大学生中比较有代表性。一是他们不清楚从性格的角度考虑自己适合学什么专业、做什么工作;二是他们对自己的性格有这样或那样的不满,担心性格影响未来发展;三是思考性格能否改变,应如何改变。

如何解决这些困惑的前提是清晰地了解自己的性格,明确性格和职业之间的关系。

一、性格与职业发展的关系

(一)性格的含义

性格是指人的行为方式中较稳定的个性心理特征,是个性的核心部分,主要表现一个人与他人的差异,是个人平常表现出的稳定态度和一系列行为方式的综合。

性格具有独特性和稳定性。一个人的性格是在遗传、环境、教育、文化等因素交互作用下塑造而成的,每个人都有自己独特的性格特点,最能表现一个人与他人的差异。人的性格在长期生活经历中一旦形成,就相对稳定("江山易改,本性难移")。

性格没有对错、好坏之分,每一种性格类型都有其相对的优缺点。有一句名言:播下一个行为,收获一种习惯;播下一种习惯,收获一种性格;播下一种性格,收获一种命运。明了自己的性格,可以发现自己适合做什么,可以更好地发展自己。这也是人们常说的"性格决定命运"。

(二)职业性格的含义

职业性格是人们在长期特定的职业生活中所形成的与职业有关的、稳定的心理特征。例如对待工作踏实认真、待人接物热情周到、行事果断等。

职业性格并非绝对不可变,环境、经历、人际关系中的重要事件都会在一定程度上改变从业者的职业性格。在职业发展过程中,成熟的从业者可以通过自我调节不断完善自己的职业性格。

(三)个人性格与个人职业发展的关系

不同的职业对从业者的性格要求不同。比如服务行业、技术行业的从业者,如果性格和所在的职业环境相匹配,那么在完成工作时往往能够更加轻松、得心应手,通常能够取得不错的业绩;如果性格和工作环境、工作要求格格不入,则容易在工作时产生较大的心理冲突和资源消耗。

个人性格与个人职业发展是一种彼此约束又相互促进的关系,性格决定了你和他人沟通的方式、讲话的方法、工作的风格;反过来,职业的本质特点又会影响个人的性格状态与类型。我们认为,每个职业都需要与其对应的个人性格相匹配,主要表现在以下三个方面:

①职业对性格有特定的要求。比如：各类公众服务人员，必须具有亲切、热情、周到、体贴他人的性格，才能做好服务工作；作为一位工程技术人员，必须具有严谨认真、一丝不苟、精益求精、善于合作的性格。

②职业对性格具有反作用。服务行业的工作人员，如果性格是孤僻的、冷漠的、不稳重的，为了能胜任本职工作，就需要按职业要求培养和改变自己的性格，只有这样才能更好地从事本职工作。

③职业与性格的匹配。性格与职业是相互影响的，我们在选择职业时，非常重要的一点是考虑职业与性格的匹配度。职业心理学的研究表明，不同的职业需要具备不同性格的从业者，某一类职业工作能够体现共同的职业性格，性格与职业的匹配度越高，工作效率越高，关系也更稳定，自身发展也更快。

健全的职业性格是适应工作环境、顺利完成工作任务的重要基础。在就业之前探索自己的职业性格，并寻找与自身性格相适应的工作和环境，将为职业生涯的发展创造良好的开端。

这里有个例子：李某是一名非常活泼、外向的女生。毕业时，迫于就业形势，她没有考虑自己的性格特点，匆匆选择了一家知名杂志社从事编辑工作。半年下来，日复一日的枯燥工作让她感到十分疲倦；之后，她做了专业的性格和职业能力倾向测试，咨询师给她的建议是从事与市场策划相关的工作。后来，她抓住一个机会，去了一家合资的广告公司从事客服工作，这个工作特别适合她，在短时期内她的业绩一跃成为公司客服代表之首。工作 5 年后，她又成功跳槽到一家跨国 4A 广告公司担任中国区经理。

从这个例子我们可以看出，性格决定一个人职业的成败。那么，我们可以问问自己，我们喜欢与物打交道，还是喜欢与人打交道；喜欢挑战性的工作，还是喜欢安稳的工作。不管是哪种都要考虑性格与职业的匹配，那么，性格与职业是怎么进行匹配的呢？

二、探索职业性格的方法

（一）MBTI 法分析个人职业性格

1. MBTI 职业性格测验

MBTI 职业性格测验是当今世界上应用最广泛的性格测试工具，主要应用于教育、职场、商业等各个领域。MBTI 是 Myers-Briggs Type Indicator（迈尔斯-布里格斯类型指标）的简称，是以卡尔·荣格的人格分类理论为基础，后经美国心理学家伊莎贝尔·布里格斯·迈尔斯和他的母亲凯瑟琳·库克·布里格斯研究并加以发展的 16 种人格类型指标（ISTJ、ISFJ、INFJ、INTJ、ISTP、ISFP、INFP、INTP、ESTP、ESFP、ENFP、ENTP、ESTJ、ESFJ、ENFJ、ENTJ）。

我们可以看出以上 16 种人格类型有一定的规律，第一个字母是 I 或 E，第二个字母是 S 或 N，第三个字母是 T 或 F，第四个字母是 J 或 P。其实 MBTI 人格理论的 16 种人格类型是从注意力方向、认知方式、判断方式、行为方式四个维度进行性格分析，每个维度的两极代表两种不同的偏好或倾向，总共构成八个方面，这些方面显示了人与人之间的性格差异（表2.1）。

表 2.1 类型指标介绍

维度	类型	相对应类型的英文缩写	类型	相对应类型的英文缩写
注意力方向	外向型（extravert）	E	内向型（introvert）	I
认知方式	感觉型（sensing）	S	直觉型（intuition）	N
判断方式	思考型（thinking）	T	情感型（feeling）	F
行为方式	判断型（judging）	J	感知型（perceiving）	P

（1）"注意力方向"维度

E—I 维度，将注意力集中在何处，倾向于从哪里获得能量。

外向型:倾向于从与他人的人际交往中获得能量，喜欢外出，比较合群，兴趣广泛（不能长期坚持），不怕打扰，喜爱自由沟通，先说后想。

内向型:倾向于从自我世界获得能量，喜欢安静和独自思考，行事谨慎，独立、负责、细致周到，不蛮干，兴趣专注，先想后说。

（2）"认知方式"维度

S—N 维度，获取信息的方式。

感觉型:倾向于通过五官感受世界来获取精确的信息，注重真实的存在，观察力敏锐，重视细节，喜欢具体明确，脚踏实地，能忍耐。

直觉型:倾向于通过第六感洞察世界，更注重事件的象征意义和潜在意义，相信自己的灵感，凭直觉很快得出结论，富于想象力和创造性。

（3）"判断方式"维度

T—F 维度，如何做决定。

思考型:倾向于用分析、逻辑的客观方式决策，将自己从情境中抽离出来，对事件从正反两方面进行客观分析。喜欢规则，工作中较少表现出情感，也不喜欢他人感情用事。

情感型:会站在他人的立场试图理解他人的感受，在此基础上考虑决策对他人的影响。追求和谐、宽容、喜欢调解，喜欢工作场景中的情感。

（4）"行为方式"维度

J—P 维度，关注人们如何与外部世界打交道。

判断型:喜欢将事情管理得井井有条，喜欢有计划、有秩序、结构化的生活方式;做决定果断，反应迅速;他们从完成任务的过程中获得能量。

感知型:以一种灵活、开放的方式生活，更愿意去体验和理解生活而不是控制它;喜欢探索和开放结局，喜欢收集新信息而不是简单下结论。

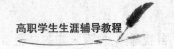

2. MBTI 职业类型分析及职业匹配

根据自身的 MBTI 类型,有助于了解自己的职业倾向。MBTI 与职业的关系如图 2.1 所示。

INTP 建筑师	INTJ 策划者		INFP 化解者	INFJ 劝告者
ENTP 发明家	ENTJ 陆军元帅	NT	ENFP 奋斗家	ENFJ 教导者	NF
ISFP 创作者	ISTP 手艺者		ISTJ 检查者	ISFJ 保护者
ESFP 表演者	ESTP 创业者	SP	ESTJ 监督者	ESFJ 供应者	SJ

图 2.1　MBTI 与职业的关系

在图 2.1 中,将 16 种 MBTI 人格类型归纳为四种,其中 NT 和 NF 都习惯用直觉来解读世界,但是 NT 喜欢用客观分析来做判断,而 NF 在意主观感受且力求和谐。SJ 和 SP 都习惯用感觉来观察生活,SJ 喜欢井然有序、规范化的世界,而 SP 追求留有余地、宽松自由的生活方式。

(1)NT:直觉+理性＝概念主义者

概念主义者是四种类型中最独立的一类人。他们工作原则性强,标准高,对自己和对别人的要求都很严格。他们不会被别人的冷遇和批评所干扰,喜欢以自己的方式做事。他们是独立的、理性的、有能力的人。

[拓展阅读]

比尔·盖茨

比尔·盖茨 13 岁时,就对学校的新电脑产生了浓厚的兴趣。他翘掉数学课,偷偷溜到机房,沉浸在电脑编程的世界里。就在这一年,他第一次编出能让人和电脑一同游戏的小软件。机器对于他来说仿佛是有魔力的。每个学生的上机时间都是有限的,他就和几个同学在电脑里植入 Bug(漏洞),让上机次数变成无限。当学校管理人员发现他的才华之后,他就开始为学校编写程序,给学生安排班级。他还偷偷修改程序,把自己安排到女生最多的班级去。后来,他以极其优异的成绩从中学毕业,进入哈佛大学。他编写的算法解决了一个多年来难以解决的编程问题,运算速度纪录保持了 30 多年。在哈佛大学读书期间,他一直没有非常明确的专业计划,把大部分时间都投入研究电脑。再后来,他在大三时看到了软件行业的广阔前景,说服父母支持自己辍学创业,并在一年后发布震惊当时 IT 界的《致爱好者的公开信》,提出软件的知识产权保护。从此,比尔·盖茨在复杂的软件世界里如鱼得水,并长期位居世界富人榜前列。同时,一个伟大的公司开始崛起,这就是我们熟知的微软。

比尔·盖茨是一位典型的 NT 概念主义者。NT 类型的其他知名人士还有爱因斯坦、奥巴马、丘吉尔、林肯、马克思、马克·扎克伯格、王菲、王石等。

（2）NF：直觉+感性=理想主义者

理想主义者感兴趣的是事物的意义、关系和可能性，并基于其个人的价值观念做出决定，他们做人的原则是真实地面对自己。

［拓展阅读］

乔布斯

乔布斯是一位让大家又爱又恨的天才。他在公司里经常莫名其妙地愤怒，甚至董事会成员中有一位从不插手任何其他事务，专门负责处理乔布斯的人际关系。他的员工很委屈，只要产品达不到他的期望值，就会被劈头盖脸地大骂一通。员工要是碰巧和他坐了同一台电梯都会提心吊胆。他不愿意改变自己的形象，无论是去公司上班还是和总统吃饭，他永远都穿一身黑毛衣和牛仔裤。硅谷是创业者云集的地方，可他和大部分创业者都玩不到一块儿，比较孤僻。

但是，毫无疑问，他是苹果公司的"教主"。每一次苹果产品发布会都由他亲自演示，每一则苹果新闻都能激起公众的强烈反响。如果其他公司和品牌的市场宣传算优秀的话，苹果的市场宣传和公关造势则是卓越的。每一次苹果新产品上市，都有人提前一晚通宵在苹果店门前排队等候。甚至很多年轻人都在自己身上文上苹果的标志，以示对苹果的忠诚。他对产品的完美和简洁的追求永无止境。他甚至会走进一个部门，一声不吭地拿起笔在白板上画出一个方框，说这个产品要这么简洁方便，把需要处理的东西拽进框内，一切就搞定了，不需要其他多余的复杂程序。毋庸置疑，没有乔布斯，就没有苹果的今天。

乔布斯是一位典型的 NF 理想主义者。NF 类型的其他知名人士还有甘地、马丁·路德·金、克林顿、弗吉尼亚·沃尔夫、托尼·布莱尔、李国庆、徐静蕾等。

（3）SJ：感觉+判断=保守主义者

保守主义者适合充当保护者、管理员、稳压器、监护人的角色。大约50%有SJ偏好的人为政府部门及军事部门的职务所吸引，并且表现出卓越的成就。其中执政过美国的41位总统中有20位是SJ偏好的人。

［拓展阅读］

柳比歇夫

苏联有一个小地方的普通教授，他的名字叫作亚历山大·亚历山德罗维奇·柳比歇夫。他并不像其他学者、科学家那么有名，但是当他去世后，连最亲近的人都没有想到他留下的遗产有那么庞大。他生前发表了70多部学术著作，其中有分散分析、生物分类学、昆虫学方面的经典著作。各种各样的论文和专著，他一共写了500多印张。500印张，等于1.25万张打字稿。即使以专业作家论，这也是一个庞大的数字。他留下的著作，探讨了地蚤的分类、科学史、农业、遗传学、植物保护、哲学、昆虫学、动物学、进化论、无神论。此外，他还写过回忆录，追忆许多科学家，谈到他一生的各个阶段以及彼尔姆大学。

他的知识面有多广，是很难量化的。谈起英国的君主制度，他能够说出任何一个英国国王临朝秉政的细节；说到宗教，不管是《古兰经》《犹太传经》，还是罗马教廷的源流、马丁·路德的学说、毕达哥拉斯学派的思想，他都如数家珍。他懂复变数理论、农业经济、罗·费歇的社会达尔文主义、古希腊、古罗马。写信或者特意来向他请教的，有教师、囚犯、科学院院士、艺术理论家、新闻记者、农学家等。

他博学精深，但又是每一个狭隘领域的专家。单单地蚤分类这一项，工作量就颇为可观，到1955年，柳比歇夫已收集了35箱地蚤标本，共1.3万只。其中5000只公地蚤做了器官切片，总计300种。这些地蚤都要鉴定、测量、做切片、制作标本。他收集的材料比动物研究所还多5倍。他对跳甲属的分类研究了一生。

是什么造就了他如此不可思议的成就？

翻开柳比歇夫的日记，一切变得明晰。他的人生可以一天一天、一小时一小时地再现复制。他从1916年开始记日记，一天也没有间断过。在革命岁月里，在战争年代中，住院也罢，在出门考察途中的火车上也罢，儿子阵亡了也罢，他始终坚持不懈。但是，日记的格式无论哪一年都是一模一样、千篇一律。柳比歇夫就是SJ类型的典型代表。

SJ类型的其他知名人士还有赖斯、乔治·华盛顿、维多利亚、特雷莎修女、乔治·布什、兰斯·阿姆斯特朗等。

（4）SP：感觉+知觉＝经验主义者

经验主义者喜欢自由、变化和行动性的工作，喜欢那些快速而效果明显、结果明确的工作。无论做什么必须感到高度的快乐，这样才能感到满意。约60%有SP偏好的人喜欢艺术、娱乐、体育和文学，他们被称为天才的艺术家。

［拓展阅读］

海明威

"迷惘的一代"的代表作家海明威曾经说："不要害怕尝试每一件事情，有时候我想，我们只是用了一半的生命活在这个世界上，而意大利人却是在尽最大的努力生活着。"在海明威62年的生命中，他一直努力尝试做好每一件事。他曾在佛罗里达州和古巴享受静美的田园生活，也曾奔波于第一次世界大战和第二次世界大战前线。他把自己的游艇改装成巡逻艇侦察德国潜艇的情报；他当过救护车的司机，把巧克力和香烟送上战场前线；他曾因双腿严重受伤在医院躺了6个月；他练过拳击；在帕姆普鲁纳与公牛赛跑；在西林盖提平原上捕猎过狮子和野牛；在美国爱达荷州捕捞过鳟鱼和马林鱼；滑过雪，玩过帆船；从伦敦的车祸、西珊瑚岛的暴风雨和非洲的两次空难中数次死里逃生。他不仅是一名杰出的小说家，写出了影响几代人的故事，获得了诺贝尔文学奖，给世人留下了《永别了，武器》《老人与海》《丧钟为谁而鸣》等不朽之作，开拓了一代文风；他还是一名勇敢的战地记者，将数百篇报道和新闻送达后方。他笔下的人物常有的形象是"硬汉"，在面对外界的巨大压力和厄运的打击时，仍然坚强不屈，勇往直前，甚至视死如归。他们可能最后还是失败了，但是却保持了人的尊严和勇气，有着胜利者的风度。他的作品洋溢着对生活的热爱，和对年轻人迷惘和痛苦的安抚。他说过这样一句话："一个人并不是生来要被打败的，你尽可以把他消灭掉，但你打败不了他。"海明威就是一名 SP 艺术创造者。

SP 类型的其他知名人士还有唐纳德·特朗普、麦当娜、肯尼迪、戴安娜王妃、贝克汉姆、李小龙等。

通过以上四种基本类型性格分析后，可以发现同一基本类型的人有哪些共同特质，而不同基本类型的人之间有哪些显著差异。

（二）探索职业性格的其他方法

"不识庐山真面目，只缘身在此山中。"我们眼中的"自己"，常和别人眼中的"自己"有一定的差距。例如：小 A 一向觉得自己内向，待人不够热情，但她在同学的反馈中看到了"亲和""热情"这样的描述。小 A 在惊讶之余开始反思和重新审视自己，并和同学进行了沟通。她发现，自己并不像自己认为的那样内向与不热情，只是过于担心自己成为那样的人而已。明白了这点，小 A 在与人打交道时轻松了许多，也更加自信了。所以，对自己性格的了解不应局限于 MBTI 或其他的性格测评。当疑惑你的 MBTI 类型描述有些与你不符时，或许可以借助以下方法去分析自己的职业性格特征。

1. 人格测验——大五人格测验

大五人格测验是人格测评的一个测评量表，是目前公认的、比较全面的人格分析模型。大五人格（OCEAN）也称人格的海洋，是心理学家运用词汇学的方法对卡特尔的 16PF 人格电量进行再分析，发现大约有五种特质可以涵盖人格描述的所有方面。它们分别是：

①开放性（openness）：具有想象、审美、情感丰富、创造等特点。

②责任心（conscientiousness）：条理、尽职、自律、谨慎、克制。

③外倾性（extraversion）：热情、社交、果断、活跃、冒险、乐观。

④宜人性（agreeableness）：信任、利他、依从、谦虚、移情。

⑤神经质或情绪稳定性（neuroticism）：具有平衡焦虑、敌对、压抑、自我意识、冲动、脆弱等情绪特质，即具有保持情绪稳定的能力。

2. 他人眼中的我

有时我们对自己的感觉并不客观准确。主动寻求他人的反馈，从多个角度获取与自我相关的信息，可以帮助你调整对自己的认识，并帮助你发现其他的性格优势。

小测试：写出你的五个性格特点，再请你的家人、朋友、熟悉的同学也列出你的五个性格特点。对照他们对你的印象和你自己的评价，并就差异进行讨论（表2.2）。

表2.2　我眼中的我 VS 别人眼中的我

活动1	我眼中的我
请写出你认为最符合自己性格特征的五个性格特点：	
活动2	别人眼中的我
我们认识了眼中的自己，那么，在别人眼中的我们是什么样的呢？不妨听听别人的看法。采访你的家人、朋友、熟悉的同学，请他们列出你的五个性格特点，最后形成一篇报道。	

报道模板：

今天，我采访了×××、×××，他们认为我_____，他们眼中的我与我眼中的我是（一样/不一样）的。我的感受是_____，今后我会_____。

报道人：×××××

启示：无论别人认识的你与你认识的自己是否一致，都要勇敢地倾听别人对自己的评价，人无完人，即使听到的是缺点也没有关系，我们可以不断地改进自己，使自己越来越好。

三、实现性格与职业相结合的途径

（一）接纳自己的性格特点

性格本身没有好坏优劣之分，没有一种性格能完美到绝对适合某份工作。努力在工作中最大限度地发扬自己性格中的职业适应部分，获得最大匹配度。

（二）在择业时寻找和自身性格相匹配的工作

理论和实践相结合地进行自我探索，不必追求绝对的、全方位的匹配。

（三）扬长避短

性格并非不能改变，我们可以在工作中不断完善自己的职业性格。一是寻找机会发挥性格优势，在适合自己的工作岗位上做得更好；二是注意回避性格局限，有意识地在实践活动中培养和完善某些职业性格。

（四）利用工作之外的资源来获得平衡

如果你的个性难以在现实工作中得到释放，不妨考虑用工作之外的其他角色来予以补偿，做一些"很像你"的事。

[探究与分享]

1.通过本节的学习,我还是不确定自己的性格到底是什么类型,怎么办?

答:自我性格的了解的确不太容易,因为在人的成长过程中受环境影响很大。当环境称许某种行为或学习、工作要求某人具有某些特质时,人就会慢慢适应和学习,但并不意味着一个人的性格发生了改变,这只是让一个人真正的性格隐藏得更深而已。所以,在性格判断过程中,需要敏锐地察觉自己的第一反应,尽量还原一个更加真实的自我才能更好地把握自己对未来工作的期待。正因为对性格了解的不易,所以需要一个过程,即使通过活动或测评得到一个结果,也需要去慢慢反思和品评哪些是符合自己的,哪些是符合度并不那么高的,毕竟测评或活动没有百分百准确的。须知,只有自己才真正知道自己的性格类型。此外,通过本节内容的学习,最重要的是帮助你了解自己的性格有哪些特点,据此用自己擅长的方式去做事和完成工作,而不是一定要把自己划归于何种性格类型。所以,不必拘泥于自己的性格类型,关键是你的性格特点是什么。

在生涯规划中,自我探索是综合的,所以在性格方面一时有疑惑没关系,可以在后续结合兴趣等方面来综合考虑自己未来的职业发展方向。也许当你不再将性格作为唯一的决定因素时,反而能更轻松地探索清楚,而后续在兴趣等方面的探索还可能对你了解自己的性格有所帮助。

2.我和班里好几个同学都是同一种性格类型,可是我觉得大家并不完全一样,MBTI只有16种类型,测出来的结果准吗?

答:人和人是不可能完全一样的。MBTI研究是共性研究,它将人的性格分为16种类型。但是,任何一种测评都远远不及人的复杂程度,它无法详尽地描述一个人非常个性的部分,而面对面的个体生涯咨询正好是测评的良好补充。所以,如果你在自我探索后依然感觉难以进行生涯决策,那么还可通过个体咨询方式来完成生涯探索。

实践活动1

登录职业天空官网,完成其中职业性格部分的测评,确认自己的MBTI类型。

实践活动2

你该如何决策

某军校规定,学员被发现吸烟三次就勒令退学。假如你是这所军校主管学生工作的老师,有一名学生已经两次被发现抽烟,你和他认真地谈了一次话,告诫他如果再有一次将被开除。现在这名学生在临近毕业时吸烟被抓。你会怎么办?为什么?

请同学们阐述自己的决定和想法。认真倾听每位同学的想法,判断哪些同学属于思考型,哪些同学属于情感型。

在上述活动中,有下列几种典型回答:

"开除他。我已经和他谈过事情的严重性,但他一犯再犯,制度就是制度,一定要开除,否则再出现类似的事情就没法管了,这样做对其他学生也是一种公平。"

"我会再找他谈话。问他再次抽烟的原因是什么。考虑到他马上毕业了,这时候开除他有点可惜,对其前途的影响比较大,所以我会再约谈他抽烟的严重性,并告诫他类似的事情不得再犯。最后,还是觉得不开除他为上。"

"开除他。虽然他马上要毕业了,现在开除他对他的影响很大,如果这次没给他教训,让他有了侥幸心理,下次他遇到类似的事情还可能犯错,这就容易养成对自己行为不负责的习惯,不利于他的成长,所以宁可痛一时,强于痛一辈子。但在开除前我会和他深入交流这里面的原因,希望他能吸取教训。"

从上面三种回答中我们可以看出,第一种和第三种回答的结果相同,但思考的角度却有很大区别。第一种回答更看重制度,追求制度上的公平;第三种回答则从人的成长和价值角度出发。第二种回答更多的是从对学生产生的影响出发考虑问题,所以尽管结果不尽相同,但不难看出第一种通常是思考型人的回答,第二种和第三种是情感型人的回答。

做决策时,思考型的人以事为主,情感型的人以人为主。假如某公司员工小李作为某方面专业人士为公司做出了很多贡献,公司恰好有个不错的项目,能负责该项目的个人将有很大的成长。小李向公司表达了自己希望负责该项目的愿望,但公司将项目交给了一位刚入职不久但专业上胜过小李的新员工。公司只考虑到更高的专业水平可能带来更高的质量,而根本未考虑小李为公司曾经做出的贡献。如果小李是思考型的人,他可能会因失去这个机会感到遗憾,但他也认同公司的做法,毕竟这样可能会把项目做得更好;如果小李是情感型的人,他可能会感到公司对员工冷酷无情,不考虑员工感受,从而对公司产生疏离感。由此可见,思考型的人重在解决问题,而情感型的人更关注感受、建立关系。

在工作中,情感型的人很看重所做事情的价值是否符合自己的价值观,喜欢追求心灵层面的东西,他们更喜欢和谐的工作环境,并乐意为人民服务;思考型的人讲究逻辑性,他们更喜欢分析、解决问题,尤其喜欢与概念数字或者具体事务打交道,找到客观标准和原则是他们的乐趣所在。

实践活动3

你会去吗?

假设现在是周五下午,本周日要举行大学英语六级考试,这也是你参加这个考试的最后一次机会,而你感觉自己还有不少知识点没准备好,因此打算在今晚和周六好好复习一下。但是,你忽然接到从外地来北京的一个朋友的电话。你们已经很久没见面了,他约你今晚见面,周六早上就离开。你会去吗?为什么?

请同学们分享自己的想法。认真倾听每位同学的想法,判断哪些同学属于判断型,哪些同学属于知觉型。

在以上活动中,可能会有两种典型答案:

"当然去，好朋友难得一见。周六还有一天时间可以复习，并且这种考试，临时抱佛脚式的复习不见得有多大成效。"

"不会去。即使复习好了也不会去，因为那样找不到考试的感觉了。朋友虽然很重要，以后肯定还有机会见面的，可是考试只有最后一次机会了。"

显然，前者是知觉型人的回答，他们喜欢在体验中生活，同时身处不同的事件中；后者是判断型人的回答，他们不喜欢意外的变化，集中精力、按部就班地处理好一件事让他们感觉良好。判断型的人乐于制订和执行计划，井井有条的生活是他们乐于追求的。你甚至可以看到判断型人的房间、办公桌都收拾得整齐有序。而知觉型的人则痛恨计划，他们希望所做的事情最好不要有完成期限，他们的注意力常常很快发生转移，他们最感兴趣的是最初解决问题的时候以及创新思路的阶段。他们喜欢在具有挑战性的问题面前寻找自己的灵感。此后，往往很快失去兴趣，缺少一种完成任务的自制力。

在工作中，知觉型的人可能会接很多的事情却难以完成，但往往能够很灵活、善于抓住机会。对于他们来说，适应和理解新的环境或情境远比管理它来得有趣；而判断型的人常拘泥于计划和秩序，如果计划被打乱会非常烦躁，在他们眼中，系统性工作和秩序是最重要的。

第二节　兴趣探索

［故事与人生］

孙一像许多大学生一样，在高考填报志愿选择专业时是懵懵懂懂的，不知道该选什么专业好。别人告诉她"选自己喜欢的"，她却发现自己并不了解自己真正喜欢什么。她听从父母的意见，选择了"女孩子比较适合"的外语专业。她对自己所学的专业谈不上非常喜欢，但也不是特别烦。她很在意别人的看法，如她所学的专业是否有前途，其他专业很不错等。每当这时候，她都会陷入困惑和迷茫，疑惑所学的专业是否适合自己，不知道什么样的职业才是自己最喜欢的。

赵子明则为兴趣太多而苦恼。他的兴趣十分广泛，学过武术、绘画、唱歌、打乒乓球，收集过邮票，研究过昆虫、兵器乃至鞋子，可就是新鲜一时，过不了多久就扔一边了。面对职业选择时，他想知道：什么才是自己真正的兴趣？

李疏影喜欢文学，成为作家是她的梦想，可父母认为IT精英才有前途。她现在是某大学计算机专业大二学生，成天郁郁寡欢。她觉得无论自己怎么努力，都没法喜欢数学、计算机等理论性很强的学科，学起来有些吃力。想换专业又很难，她对自己也有些失去信心了。

上述三位学生的经历在当今的大学生中并不少见，有的人觉得自己的兴趣十分模糊，有的人兴趣又过于广泛，还有的人兴趣明确却因种种原因选择了与自己兴趣不相符的专业。他们都感到十分苦恼，想知道怎样才能将自己的兴趣与未来的职业结合起来。

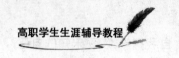

你有没有困惑？困惑是什么？

以上例子告诉我们，如何正确地认识自己，了解自己的兴趣，并将其与自己的专业和职业相结合，这是解决困惑的根本之道。

一、兴趣与职业生涯发展的关系

(一)兴趣的含义

兴趣是人对客观事物的选择性态度，是人们对需要的情绪表现，是一个人认识和掌握某种事物，并经常参与该活动的心理倾向。

每个人都会对他感兴趣的事物给予优先注意和积极的探索，并心驰神往。兴趣不只是对事物的表面关心，任何一种兴趣都是基于获得这方面的知识或参与这种活动而使人体验到的情绪上的满足。例如，一个人对唱歌感兴趣，他就会积极主动地寻找机会参加各种歌唱活动，而且在唱歌时感到愉悦、放松。

人的兴趣是多种多样的，在各种实践活动中可能形成各种兴趣，概括起来可分为两大类：

①物质兴趣和精神兴趣。物质兴趣是指人们对舒适的物质生活(如衣、食、住、行方面)的兴趣和追求，精神兴趣是指人们对精神生活(如学习、研究、文学艺术、知识)的兴趣和追求。

②直接兴趣和间接兴趣。直接兴趣是指对活动过程的兴趣，间接兴趣是指对活动结果的兴趣。只有把直接兴趣和间接兴趣有机地结合起来，才能充分发挥一个人的积极性和创造性，才能持之以恒，目标明确，取得成功。

人的兴趣具有以下特征：

①兴趣的广阔性。兴趣的广阔性是就兴趣范围大小而言的。有些人兴趣广泛，琴棋书画样样都乐于探求；有的人兴趣单一，范围狭窄。

②兴趣的中心性。兴趣的中心性是指兴趣的深度。尽管有的人兴趣很广泛，但总是只对其中的一些最感兴趣，也愿意投入较多的时间和精力，取得的成果往往也较丰富。

③兴趣的稳定性。兴趣的稳定性是指兴趣持续时间的长短。兴趣须稳定而持久才能促使人去深入钻研问题，获得系统的知识，取得良好的工作成绩。

④兴趣的效能性。兴趣的效能性是指兴趣对活动产生的效果。如学生对体育活动感兴趣，就能增强体质；如学生对打游戏太感兴趣，就会影响学习效果。因此，要实现兴趣效能的最大化，就应选择积极有效的兴趣，促进人积极主动地学习和工作并产生明显的效果。

(二)职业兴趣的含义

职业兴趣就是一个人乐于从事某种工作的稳定、积极而持久的心理倾向。例如，有些事情让你废寝忘食，虽然工作量很大，却感觉不到疲劳；有些事情能深深地吸引你，激发你的热情,让你充满创造力;有些事情虽然过程十分艰辛,但就算没有报酬你也愿意干。如果你在某些事情上有过上述体验,那么它就是你的职业兴趣所在。职业兴趣将增加个人的工作满意度、职业稳定性和职业成就感。

通常,形成稳定的职业兴趣,需经历"有趣—乐趣—志趣"三个阶段:

①有趣。有趣是职业兴趣产生的第一阶段,表现为人们的兴趣易起易落,十分短暂,往往转瞬即逝。例如,有的人今天觉得儿童可爱,就想成为一名教师;明天在商场看到琳琅满目的商品,就想成为设计师。

②乐趣。乐趣是职业兴趣产生的第二阶段,表现为人们的兴趣会向专一、深入的方向发展。例如,一个人对编程有兴趣,就会主动学习编程的专业知识,还会动手实践,向专家交流请教。

③志趣。志趣是职业兴趣产生的第三阶段,表现为志趣具有社会性、自觉性和方向性的特点,主动把社会责任感、国家和民族的理想融入自己的事业中。

(三)职业兴趣在职业活动中的作用

①职业兴趣是进行职业选择的重要依据。职业兴趣是指人对某一专业或工作所持的积极态度,是职业选择首先要考虑的因素。通常情况下,求职者会选择自己感兴趣的职业。

②职业兴趣可以增强职业适应性。在工作中难免会遇到挫折和困难,在自己感兴趣的工作岗位上就会更加有勇气和决心面对挫折,解决困难。

③职业兴趣影响职业稳定性。兴趣的本质特征决定了它能影响一个人的工作满意度和稳定性。一般来说,从事自己不感兴趣的职业很难让人感到满意,由此导致工作的不稳定。

④职业兴趣是工作的强大驱动力。职业兴趣是一种具有浓厚情感的志趣活动,它可以使人集中精力去获得知识,深入钻研,创造性地工作和学习。美国著名华人学者丁肇中教授曾经深有感触地说:"任何科学研究,最重要的是要看对自己所从事的工作有没有兴趣,换句话说,也就是有没有事业心,这不能有任何强迫,比如搞物理实验,因为我有兴趣,我可以两天两夜甚至三天三夜在实验室里,守在仪器旁,我急切地希望发现我所要探索的东西。"正是兴趣和事业心推动了丁教授从事科研工作,并使他获得了巨大的成功。

(四)兴趣与职业生涯的关系

兴趣可以带来工作中的幸福感,浓厚的职业兴趣能使人自觉、主动地投入工作,去发现和探索,最大限度地调动个人潜能。

职业兴趣是职业生涯成功的重要推动力,有浓厚职业兴趣的人更可能长期专注于某一方面,持续努力,最终获得职业生涯的成功。

(五)培养良好职业兴趣的途径

任何人的任何兴趣都不是与生俱来的,而是以一定的素质为前提,在生活实践过程中逐渐发生和发展起来的。职业兴趣可以在专业学习和社会实践活动中培养。主要有以下几种途径:

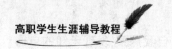

1.了解并产生职业兴趣

如果一个人缺乏某种职业知识,或者根本不了解这种职业,那么他就不可能对这种职业感兴趣。因此,一个人只有广泛了解相关职业知识,参加有关的职业活动,才可能真正显示和发现自己的职业兴趣所在。因此,在就业前要拓宽职业的认识面,认识的职业种类越多,对职业的性质了解得越细致,你的职业兴趣就会越广泛。职业兴趣越广泛,你的择业动机就越强,择业余地也会越宽泛。

2.增强社会责任感,培养职业兴趣

在现实社会中,有时就业环境和自身素质会决定你必须干自己不喜欢的工作,这时你就需要培养自己的职业兴趣,即所谓"干一行,爱一行"。事实上,在就业时,多数人都不能挑选到自己的理想职业。当你还不能选择到自己满意的职业时,就必须尽快调整职业期望值,适应就业环境,在不理想的职位上培养职业兴趣,干出一番理想的事业。

3.在工作中培养职业兴趣

现实生活中,并不是所有人一开始就能对工作产生职业兴趣。因此,要在工作中逐步培养职业兴趣,其方法是先就业,后择业。不少职业,你刚开始从事时,可能对之毫无兴趣,但是随着从业时间的增加和职业技能的提高,加之对职业生涯意义的全面了解,特别是当你能够在这些职位上取得一定成绩时,你的职业兴趣就会大大增加。只要专心地、深入地从事某种职业,你会发现它有一种使你倾心的魅力。

4.才干助长职业兴趣

才干,一般是指你最拿手、最擅长的某些知识或技能。在通常情况下,才干与兴趣呈互推效应,即兴趣产生才干,才干助长兴趣;同时才干能产生兴趣,兴趣又会增强才干。所以,在初次择业时,应以自己所拥有的才干,即擅长的知识和技能去选择职业。根据自己的才干适应职业的状况择业,往往更趋于"职得其人、人适其职"的最佳状态。

总的来说,职业兴趣在职业选择过程中发挥着重要作用。当代青年大学生在学习过程中,应根据自身生理、心理特点及智力、能力水平,结合自己所学的专业,紧跟时代及社会的步伐,积极地培养和发展自己的职业兴趣,使自己在未来的职业岗位上有所成就。

二、探索职业兴趣的方法

(一)霍兰德职业兴趣类型理论

1.霍兰德职业兴趣理论简介

霍兰德认为,职业选择是人格的一种表现,某类职业往往会吸引具有相似职业兴趣的人。霍兰德将职业兴趣分为六种类型,分别用六个字母表示,即:

①现实型(realistic,简称R)。

②研究型(investigative,简称I)。

③艺术型(artistic,简称A)。

④社会型(social,简称S)。

⑤企业型(enterprising,简称 E)。

⑥常规型(conventional,简称 C)。

2.霍兰德职业兴趣理论测试

探究活动

职业兴趣大探索——兴趣岛

你很幸运地得到了一个"海岛七日游"的机会,然而你乘坐的轮船在旅途中发生了意外,这时轮船正好处于六座岛屿的中间,你可以选择其中的某个岛屿靠岸;一旦靠岸你需要在岛上等待很长时间(至少半年)才能离开(图2.2)。

图2.2　兴趣岛

请勿考虑其他因素,仅凭个人兴趣挑选出你最想前往的三座岛屿(表2.3)。

A 岛——美丽浪漫岛

岛上到处是美术馆、音乐厅,弥漫着浓厚的文化艺术气息。岛民们保留着传统的舞蹈、音乐与绘画。许多文艺界人士都喜欢到这里开派对,寻求灵感。

C 岛——现代井然岛

岛上处处耸立着的现代建筑,标志着这是一个进步的、都市形态的岛屿。岛上的户政管理、地政管理及金融管理都十分完善。岛民们个性冷静保守,处事有条不紊,善于组织规划。

E 岛——显赫富庶岛

该岛经济高度发达,高级饭店、俱乐部、高尔夫球场随处可见。岛民性格热情豪爽,善于企业经营和贸易活动。岛上往来者多是企业家、经理人、政治家、律师等。这些商界名流与上等阶层人士在岛上享受着高品质的生活。

I 岛——深思冥想岛

这个岛平畴绿野,人少僻静,适合夜观星象。岛上有很多天文馆、科技博物馆、科学图书馆。岛民们最喜欢"猫"在自己的小房子里,天天钻研学问,沉思冥想,探究真知。哲学家、科学家和心理学家们在这里约会,讨论学术,交流思想。

R 岛——自然原始岛

这是生态自然优良的绿色之岛。岛上不仅保留有热带雨林等原始生态系统,而且建立了相当规模的植物园、动物园、水族馆。岛民以手工制造见长,他们自己种植花果,栽培蔬菜,修缮房屋,打造器物,制作工具。

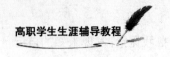

S 岛——温暖友善岛

这个岛的岛民们性情温和,乐于助人,人际关系十分融洽。大家互助合作,重视教育后代。每个社区能自成一个密切互动的服务网络,处处充满着人文关怀气息。

表2.3 六大类型岛屿

类型	喜欢的活动	重视	典型职业
A 岛 (艺术型)	喜欢自我表达,喜欢文学、音乐、艺术和表演等具有创造性、变化性的工作,重视作品的原则性和创意	有创意的想法、自我表达、自由、美	作家、编辑、音乐家、摄影师、厨师、漫画家、导演、室内装潢设计师
C 岛 (常规型)	喜欢固定的、有秩序的工作或活动,希望确切地知道工作的要求和标准,愿意在一个大的机构中处于从属地位,对文字、数据和事物进行细致有序的系统处理,以达到特定的标准	准确、有条理、节俭、盈利	文字编辑、会计师、银行家、办事员、税务员、计算机操作员
E 岛 (企业型)	喜欢领导和支配别人,通过领导、劝说他人或推销自己的观念、产品,达到个人或组织的目标,希望成就一番事业	经济和社会地位上的成功、忠诚、冒险精神、责任	律师、政治运动领袖、营销商、市场部经理、电视制片人、保险代理
I 岛 (研究型)	喜欢探索和理解事物,学习研究那些需要分析、思考的抽象问题,喜欢阅读和讨论有关科学性的论题,喜欢独立工作,对未知问题的挑战充满兴趣	知识、学习、成就、独立	实验室工作人员、生物学家、化学家、心理学家、工程设计师、大学教授
R 岛 (现实型)	用手、工具、机器制造或修理东西。愿意从事物性的工作、体力活动,喜欢户外活动或操作机器,并不喜欢在办公室办公	具体实际的事务、诚实、有常识	园艺师、木匠、汽车修理工、工程师、军官、外科医生、足球教练员
S 岛 (社会型)	喜欢与人合作,热情关心他人的幸福,愿意帮助别人成长或解决困难、为他人提供服务	服务社会与他人、公正、理解、平等、理想	教师、社会工作者、牧师、心理咨询师、护士

总结:这六个岛屿其实象征着霍兰德的六种职业兴趣类型,你挑选出的三个最中意的小岛名称就对应着你的霍兰德代码,通过这个小游戏,你就可以很方便地对自己的兴趣类型做出初步判断。

(二)探索职业兴趣的其他方法

1. 白日梦

请摆脱任何现实的束缚,自由地列出三个你非常感兴趣的职业。这些工作吸引你的是什么?

2. 畅游幸福时光

请在放松状态下回忆三个幸福时刻。你曾经在何时感到特别愉快和满足,仿佛忘了时空也忘了自己? 请仔细回想当时的场景和细节,分析是什么令你感到如此幸福。

3. 总结你的爱好(它们属于哪个领域?)

①你平时最喜欢看什么书?

②休闲时光你最喜欢看网上的哪类信息?

③如果仅仅出于兴趣的考虑,你最想学什么? 其中吸引你的是什么?

④上学时你最喜欢的科目是什么? 为什么喜欢它们?

4. 询问朋友的观察

你的好朋友会如何描述你的兴趣? 他觉得你在什么事情上最能迸发热情? 你认同他的说法吗?

(三)探索职业兴趣的注意事项

1. 不要盲目迷信和滥用测评结果

职业兴趣测评提供的只是方向性的指导,而真实的工作情境是非常复杂多变的,同一职业的具体工作环境和内容也有很大差异。

2. 不要盲目迷信和滥用测评结果

不要将兴趣测评结果当成结论;我们目前对某个专业或职业缺乏兴趣可能和缺少相关领域的实际经验有关;过早地用兴趣类型给自己贴标签,可能限制个人的职业探索和发展。

三、从识别兴趣到职业选择——寻找符合职业兴趣的工作

(一)在专业领域内寻求适配

1. 拓展思路找适配

几乎每种兴趣都可以和特定的专业结合起来,超越常规的结合还可以形成独特优势。

2. 从现有工作中找到感兴趣的部分

再理想的工作也可能有平淡的、不感兴趣的部分;反之,再普通的工作,如果你用心寻找,也能发现令你感兴趣的部分。

3. 深化职业兴趣,提升职业技能

尝试在做好本职工作的基础上,深化职业兴趣,把它发展成一项职业技能,成为复合型人才,等待合适的时机出现。

(二)在工作之外满足兴趣

①将兴趣转化为第二职业。

②把兴趣作为业余时间内纯粹享受的爱好。

[探究与分享]

1. 我好像没有什么兴趣,不知道自己到底喜欢什么,怎么办?

答:每个人都会有自己的喜好。也许你是压抑得太久了,太习惯听从别人的意见,遵循社会通行的"对"和"好"的标准,忽略了自己内心的真实感受。你需要学习尊重自己的独特性,学会聆听自己的心声,不必太在意别人的看法。慢慢地,你会发现原来自己也是有观点和感受的。

另外,也有可能是沉重的课业负担使你还未来得及发展和培养自己的兴趣。你需要在实践中探索。切记:大学不再只是知识的学习,更重要的是它提供了一个良好的环境使你成长、成熟。多参加学校的社团活动和社会实践活动,有助于你了解自己,更清楚地认识自己的爱好和特长。

2. 我的兴趣太多,该怎么选择?

答:首先需要澄清你是真的对这些事物都有持久的热情还是只有三分钟的热度。如果是前者,那你可能是一位多才多艺的人。祝贺你,因为这样的人有着非比寻常的才能与创造力。如达·芬奇,他既是著名的画家,又是数学家、发明家。你需要考虑的是如何管理好你的时间,以尽可能多地发挥你的才能。

如果你只是像猴子掰苞谷一样不断地对新事物产生兴趣,随后又感到厌倦,有可能是你还没有找到能真正激发你热情的东西,你需要更多地尝试。或者,也可能有心理方面的原因,使你难以对任何事物产生持久的兴趣。建议你找一位心理咨询师谈谈。

3. 我现在所学的专业不是我的兴趣所在,除了专升本、换专业,还有别的出路吗?

答:当然有! 其实,现在许多职业对专业的限制都没有那么多。同一种专业可以从事多种不同的职业,而从事同一种职业的人也可能来自不同的专业。相对于专业知识技能,很多用人单位在招聘时还更看重个人的综合素质。而专业知识技能,也不见得非要通过大学本科学习才能获得。社会上各种各样的培训班、学历班、认证等都可以帮助我们获得工作所需的专业技能。许多大型公司还会为新员工提供专业知识技能培训,因此跨专业找工作并非不可能。

同时,复合型人才越来越吃香。几乎每一种兴趣都可以与某种职业联系起来。你可以考虑一下你的专业和个人兴趣能否结合起来,甚至形成你独一无二的优势。比如,一位喜欢文字写作却学了计算机专业的同学可以考虑从事电脑杂志编辑工作,喜欢戏剧表演却学了会计专业的同学也许可以在某个剧院担任会计,等等。

4. 做不符合自己兴趣的事情就不能成功吗?

答:虽然任何事情都不是绝对的,但一个人做自己不感兴趣的事情,必然会感到勉强、厌烦、心理上有抵触情绪,至少会觉得比较费劲,持这种态度去工作是很难成功的。想想看,我们一生中和一天中最好的时间往往都是花在工作上,而这段时间我们却感到不愉快,这岂不是极大的浪费?许多调查研究表明,兴趣与个人的职业满意度、职业稳定性和职业成就感有直接联系。因此,我们主张在选择职业时既要考虑现实可能性,也要考虑满足自己的职业兴趣,把它们适度地结合起来。

实践活动

如何用霍兰德职业兴趣量表测量自己的职业兴趣

1.王美娟在课堂上阅读了霍兰德职业兴趣类型表,她觉得最符合自己的描述依次如下:

(1)艺术型(A):"喜欢自我表达,喜欢文学、音乐、艺术和表演等具有创造性、变化性的工作,重视有创意的想法,追求自由和美。"她从小语文成绩比较好,写作能力强,四年级开始学英语后更是爱上了英语。中学时因出色的文笔,击败了众多的竞争对手,当上了学校通讯社的记者。平时喜欢听音乐、读小说和散文、看话剧;喜欢美的东西,不愿意用附近超市难看的购物袋,每次都自己带购物袋购物。

(2)社会型(S):"喜欢与人合作,热情关心他人的幸福,愿意帮助别人成长或解决困难、为他人提供服务,寻求公正、理解、平等和理想。"她是一位喜欢与人打交道的学生,喜欢从事和助人相关的志愿工作,参加了学校的红十字会和心理社团。她曾经通宵帮同学校对论文,虽然很累,但觉得这就是做朋友的责任。她愿意花时间倾听朋友谈话,开解同学,大家都说她善解人意。

(3)企业型(E):"喜欢领导和支配别人,通过领导、劝说他人或推销自己的观念、产品而达到个人或组织的目的。"从小她就是院子里小孩们的"头儿",领着大家一起玩儿。上学后也先后担任过小队长、班长等各种职务。喜欢自己决定自己的事情并付诸行动,希望并且相信自己总有一天能成就一番事业,渴望成功。

王美娟感到她在其他几种类型上兴趣都相对较低。比如,她从来没有兴趣修理自行车和钟表(实用型);对电脑编程等也缺乏兴趣(常规型);上中学时理科一直较弱,对学术研究型问题常常感到束手无策(研究型)。

2.王美娟在课下完成了"兴趣探索练习"中的问题,答案如下:

(1)当作家一直是王美娟的梦想,喜欢写作,喜欢用自己的文字与他人交流思想和感情;她也想当导游,因为那样可以遇到不同的人,见识各地的风土人情,她觉得特别有意思;上学期给同校电子系学生当英语老师的经历又使她产生了当老师的想法,她喜欢自己设计的课程并加以讲授,也喜欢看到学生们在自己的帮助下提高了英语口语水平,而且当老师让她很有权威感,觉得受人尊重;学习了国贸专业后,她又想当国际贸易谈判代表,通过自己的语言才华为国家争取利益。

(2)王美娟从小担任过很多职务,诸如小队长、班长,可以说比较有领导才能,善于说服别人,但她最喜欢的是担任红十字会办公室主任。当她向同学们介绍有关造血干细胞知识,呼吁同学们献出爱心,且有人愿意填写志愿书捐献造血干细胞时,她感到自己是幸福的,自己所做的工作是有意义的。做班长她感觉有时太累了,而且压力大,需要处理的人际关系太复杂。

(3)让王美娟敬佩的人很多,如撒切尔夫人、比尔·盖茨、张朝阳等。她尤为佩服中国加

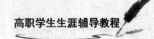

入世贸组织的首席谈判代表龙永图,被他坚毅的性格所折服。她认为龙永图不仅是成功者,更是自己命运的主宰者,有勇气和恒心为自己的理想奋斗。王美娟觉得自己和他一样有着一颗永远奔腾向上的心,但又觉得自己缺少持之以恒的精神和百折不挠的勇气。再比如奥黛丽·赫本,王美娟喜欢她纯洁美好的心灵和天使般乐于奉献的博爱精神。当看到晚年的赫本怀抱瘦弱的孤儿时,她被赫本眼中的爱深深地感染了。

(4)至于休闲娱乐,王美娟喜欢看电影和话剧,喜欢它们创造的梦一般的世界,也喜欢听音乐。她常看一些关于电影和歌坛的杂志,感觉那是很耀眼、有梦想的东西。她还喜欢自己动手做色香味俱全的美食。看电视,她喜欢看旅游频道的《玩转地球》,其中的异域风情令她非常向往;她也喜欢看《对话》《人物》之类的栏目,因为从中可以看到知名人物的生活,了解他们的想法。她对电脑不是很精通,不常上网,喜欢浏览浪漫的、有爱情故事或人生哲理的网站。业余时间她最想学的是唱歌和跳舞,虽然有难度,但可以尝试,因为唱歌、跳舞让她觉得有朝气和活力。

(5)在学英语和写作时,王美娟会非常专注,经常忘了时间。语言文字的优美对于她来说有着深深的吸引力。

当王美娟回答完"兴趣探索练习"中的问题后,她发现答案中有很多重合之处;自己明显喜欢与各种各样的人打交道,喜欢说服和帮助别人,对艺术类尤其是文字表达类的东西感兴趣。

【点评】

霍兰德职业兴趣量表可以让受试者对自身个人特质有更加科学和全面的了解,从而帮助受试者将个人特质与未来工作世界相结合。

第三节　能力探索

一、能力和职业能力

(一)能力的含义

能力是个体将所学知识、技能和态度在特定的活动或情境中进行类化迁移与整合所形成的能完成一定任务的素质。简单地讲,能力就是能否完成一件事的证明,而速度和质量是它的评价标准。著名的职业生涯规划师古典将能力进行了拆分,将其分为知识、技能和才干。

1.知识

知识就是你所懂得的东西,需要通过有意识的、专门的学习和记忆才能获得,常常与我们的专业学习或工作内容相关。广度和深度是它的评价标准。知识不可迁移,需要专门学习才能掌握。

2.技能

技能是我们能操作和完成工作的技术。这种技术可能来自生活的方方面面,特别是工作之外得以发展,却可以被迁移运用到工作中。熟练程度是它的评价标准。

3.才干

才干是我们"自动化"地使用的技能、品质和特质。才干有的是天赋,有的经长期习得。才干对达到职业最优有很大的贡献,但单一的才干无法被识别,必须与知识、技能相结合。才干没有评价标准。

(二)职业能力的含义

职业能力是人们从事某种职业必须具备的并在该职业活动中表现出的多种能力的综合。人的职业能力是多种能力叠加和复合而成的。

由于职业能力是多种能力的综合,因此我们可以把职业能力分为一般职业能力、专业能力和综合职业能力。

理解职业能力概念时需注意:①一定的职业能力是胜任职业岗位职责的必要条件;②教育培训和职业实践是职业能力发展的前提;③职业能力与职业发展和职业创造密切相关。

二、能力的分类

(一)能力倾向与技能

按照其获取方式,能力可分为能力倾向和技能。

能力倾向是指与生俱来的特殊才能,有可能因未被开发而荒废。技能是指经过后天学习和练习培养而形成的能力。

因此,个人的能力水平通常是能力倾向和技能两方面的结果。

(二)一般能力和特殊能力

一般能力是指人从事一切活动所必须具备的一些基本能力的综合,即智力、观察力、注意力、记忆力、思维力、想象力等,核心是思维力。特殊能力是指完成专业活动所需要的能力的综合,是一般能力在职业活动中的延伸,是在职业实践中得到体现的能力。一般能力和特殊能力有机地联系在一起,一般能力是特殊能力的组成部分,而在活动中发展相应的特殊能力的同时,也发展了一般能力。

(三)模仿能力和创造能力

从能力表现出来的创造性成分的多少,可以将能力分为模仿能力和创造能力。

模仿能力也称再造能力,是指人们通过观察他人活动和行为,然后以相同的方式做出反应的能力。模仿能力所表现出的创造性成分较低,但是,它却是个体早期获得知识、经验的重要手段。

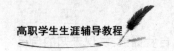

创造能力是指产生新的思想和新的产品的能力,所创造出的新思想和新产品应该具有"首创性"(即第一次发现)、"独特性"(即同已有的东西不一样)和"社会价值"。

(四)认知能力、操作能力和社交能力

根据能力应用的不同方面,可将能力分为认知能力、操作能力和社交能力。

1. 认知能力

认知能力是指人脑对信息进行加工、储存和提取的能力。通常我们所说的感知力、观察力、记忆力、想象力、注意力等就属于认知能力。

2. 操作能力

操作能力是指人们操纵自己的肢体来完成各种各样的活动的能力。操作能力是在技能的基础上发展起来的,同时又是顺利地完成各种各样操作活动的重要条件。通常所说的体育运动能力、舞蹈能力、实验能力等都属于操作能力。

3. 社交能力

社交能力是指人们在社会交往活动中所表现出来的能力。例如,处理人际关系的能力、人际协调能力、组织管理能力、领导能力等都属于社交能力。社交能力的高低,可以反映一个人社会性成熟的程度。

> **注意**:认知能力是操作能力的基础,因为认识不深入,人们就无法进行各种操作活动;反之,操作能力又会促使认知能力深化,因为操作能力不发展,人的认识能力也不可能得到很好的发展。

三、职业能力的构成

人的职业能力是多种能力叠加和复合而成的。由于职业能力是多种能力的综合,因此我们可以把职业能力分为一般职业能力、专业能力和综合职业能力。

(一)一般职业能力

一般职业能力是指学习能力、文字与语言运用能力、数学运算能力、空间判断能力、形体知觉能力、颜色分辨能力、手的灵巧度、手眼协调能力等。

此外,任何职业岗位的工作都需要与人打交道,因此人际交往能力、与他人良好协作的团队合作能力、生活与工作环境的适应能力以及面对失败和挫折的心理承受能力也是与职业能力相关的、不可缺少的能力。

(二)专业能力

专业能力是指从事某一职业的能力。企业在员工招聘时最重视的是求职者是否具备胜任岗位工作的专业能力。从事某一职业领域工作的专业知识与技能应当通过专门教育和培训获得。

（三）综合职业能力

主要是指以下四个方面的关键能力：

1. 跨职业的专业能力

一是运用数学与测量方法的能力，因为许多职业岗位都离不开数学运算和逻辑分析。例如产品设计、工业识图、营销、管理等涉及的职业都需要数学运算。如果是开办中小企业或自谋职业更离不开市场预测、价格比率、收支预算、使用消耗等方面的计算。二是计算机应用能力，能够使用计算机处理和解决各种问题。三是对于某些职业来说，还要有运用外语解决技术问题和进行交流的能力。这些都是跨职业的重要能力。

2. 方法能力

一是信息收集和筛选能力，人类进入信息化社会，离开信息寸步难行，信息不准或错误都会导致决策失误。二是要掌握制订工作计划和独立策划与实施的能力，并且具有能根据客观变化的情况不断修正计划和安排部署的能力。三是掌握学习技巧，具备正确的自我评价能力和接受他人评价的承受力，能总结提高和有创见地从成功和失误中吸取经验教训的能力。

3. 社会能力

社会能力是指人的团队合作能力、人际交往能力、协作共事的能力。在工作中联络协调，协同其他人员共同完成计划或做好工作；对他人公正宽容，体谅合作者；正确裁定事物的判断力与自律能力等，这是胜任岗位职责和在职业中开拓进取的重要条件。

4. 个人能力

在当前，随着经济体制改革的健全发展和法制的增强，人的社会责任心和可靠性越来越受重视，具有崇高职业道德和社会责任感的人越来越受到全社会的尊重和赞赏，敬业爱岗、工作负责、态度认真、全身心地投入工作的人，更容易被他人所肯定。

四、能力发展的阶段

能力的修炼依靠"学知识、用技能、攒才干"，其发展分为三个阶段。

1. 第一阶段：学习知识

从"无知无能"到"有知无能"，在对某一领域的知识毫不了解的情况下，通过学习可以获得该领域的知识。

2. 第二阶段：固化技能

从"有知无能"到"有知有能"，在获得相关领域的知识后，通过练习可以固化该领域的技能。

3. 第三阶段：内化才干

从"有知有能"到"具有才干"，掌握该领域的知识与技能后，通过长期反复的实践内化为该领域的才干。

五、能力的管理、培养与提升

每个人都会有很多能力，可是这些能力如何管理才能有利于职业发展呢？能力根据高

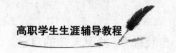

低及喜欢与否可分为优势、退路、潜能和盲区,应有针对性地进行管理、培养与提升。

(一)优势

这部分能力是你现在拥有的核心能力。一方面,你需要不断聚焦精进,确保它具有竞争性;另一方面,你需要"刻意使用",要主动宣传、刻意传播,让这个能力形成你的"个人品牌"。这样,你的优势将源源不断地给你带来各种机会与资源。例如,姚明的优势主要是身高和打篮球的技术,所以他努力成长为 NBA 巨星;郭敬明的优势是写作,所以他凭借自己的文采成为作家。

(二)退路

这部分能力是你过去用得不错的能力,是在生存阶段被迫锻炼出来的。一方面,你需要抽点时间回顾练习,保证自己仍然能够掌握它们;另一方面,可以对这部分能力重新进行定位,看是否能进一步深入发展,或者与你感兴趣的能力组合使用,发挥优势,带动发展。

(三)潜能

这部分能力是你希望未来具有很优秀的能力,但需要加大投入、刻意学习。人的精力是有限的,在同一段时间内,同时学习的能力尽量别超过 3 个,越聚焦效果越好,越容易形成你的品牌。例如,你对设计很感兴趣,但是现在自身能力不足,那么,你需要先接纳自己现在的状态,然后投入时间和精力去学习,并且经常练习这个技能,以达到熟能生巧的程度。

(四)盲区

能力的盲区就是自己能力的不足之处。这部分能力是你需要认真面对的,要正视自己的不足。你的能力盲区有可能就是别人的优势能力,可以通过与他人的合作,或者把与这些能力相关的任务授权给其他人完成,以避免它带给你的劣势。

六、能力测评理论与方法

职业能力倾向是指与个体成功地从事某种工作有关的能力因素,是一些对于不同职业的成功在一定程度上有所贡献的心理因素。不同职业对于能力的要求不同,个体能力也存在较大差异。对能力进行适当评价可以帮助我们结合职业兴趣,选择适合自己的、能够展示自己才华的职业。

美国著名发展心理学家、哈佛大学教授霍华德·加德纳博士提出了多元智能理论。加德纳从研究脑部受创伤的病人发现他们在学习能力上的差异,从而提出该理论。20 多年来该理论已经广泛应用于欧美国家和亚洲许多国家的幼儿教育上,并且获得了极大的成功。他认为,人类的智能是多元的而非单一的,主要由语言智能、数学逻辑智能、空间智能、身体运动智能、音乐智能、人际智能、自我认知智能、自然认知智能 8 项组成。每个人都拥有不同的智能优势组合。

在多元智能理论的指导下,可以帮助人们通过较为科学的方法做出职业决策(表2.4)。

表2.4 多元智能内容表

智能类型	含义	职业举例
语言智能	有效地运用口头语言或文字表达自己的思想并理解他人,灵活掌握语音、语义、语法,具备有言语思维、言语表达和欣赏语言深层内涵的能力并运用自如的能力	政治活动家、主持人、律师、演说家、编辑、作家、记者、教师等
数学逻辑智能	有效地计算、测量、推理、归纳、分类,并进行复杂数学运算的能力。这项智能包括对逻辑的方式和关系、陈述和主张、功能及其他相关的抽象概念的敏感性	科学家、会计师、统计学家、工程师、电脑软件研发人员等
空间智能	准确感知视觉空间及周围一切事物,并且能把所感觉到的形象以图画的形式表现出来的能力。这项智能包括对色彩、线条、形状、形式、空间关系的敏感性	室内设计师、建筑师、摄影师、画家、飞行员等
身体运动智能	善于运用整个身体来表达思想和情感,灵巧地运用双手制作或操作物体的能力。这项智能包括特殊的身体技巧,如平衡、协调、敏捷、力量、弹性和速度以及由触觉所引起的能力	运动员、演员、舞蹈家、外科医生、宝石匠、机械师等
音乐智能	能够敏锐地感知音调、旋律、节奏、音色等能力。这项智能对节奏、音调、旋律或音色的敏感性强,与生俱来就拥有音乐天赋,具有较高的表演、创作及思考音乐的能力	歌唱家、作曲家、指挥家、音乐评论家、调琴师等
人际智能	能很好地理解别人和与人交往的能力。这项智能善于察觉他人的情绪、情感,体会他人的感觉感受,辨别不同人际关系的暗示以及对这些暗示做出适当反应的能力	政治家、外交家、领导者、心理咨询师、公关人员、推销员等
自我认知智能	自我认识和有自知之明并据此做出适当行为的能力。这项智能能够认识自己的长处和短处,意识到自己的内在爱好、情绪、意向、脾气和自尊,喜欢独立思考的能力	哲学家、政治家、思想家、心理学家等
自然认知智能	善于观察自然界中的各种事物,对物体进行辨认和分类的能力。这项智能有着强烈的好奇心和求知欲,有着敏锐的观察能力,能了解各种事物的细微差别	天文学家、生物学家、地质学家、考古学家、环境设计师等

七、能力与职业生涯发展的关系

①个体的能力与工作要求相匹配时,其潜力最容易得到发挥。

②当个体从事力所不能及的工作时,容易焦虑,甚至产生挫败感。

③当个体的能力远远超过从事工作的要求时,会感到乏味,无法体会到成就感。

[探究与分享]

1. 成就卡

写出生活中令你有成就感的至少两个具体事件,然后对其进行分析,找出你使用了哪些

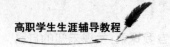
技能。在撰写成就事件时,每一个故事都应当包含以下要素(表2.5):

①你想达到的目标:需要完成的事情。

②面临的障碍、限制、困难。

③你的具体行动步骤:你是如何克服障碍、达到目标的。

④对结果的描述:你取得了什么成就。

⑤对结果的量化评估:可以证明你的成就的任何衡量方法或数量。

表2.5 成就卡事件

序号	事件
在成长过程中,我们都曾经做过一些值得称道的事,事件不论大小,每次回忆起来都会让我们很有成就感,带给我们鼓励和充满力量的感觉,这些事件被称为"成就事件"。接下来,就让我们翻开成就回忆录,一起去找到自己的成就事件,完成成就事件卡。	
1	
2	
3	
4	
5	
⋮	

2. 识别你的技能

在技能方面,我们需要在各种技能中,识别哪些是你做得最好的,以及找到哪些是你使用最愉快的。

下面我们将帮助你识别自己的技能。首先请参照下面的几组词表,把你在工作或学习及日常生活中用到的那些技能找出来,这里列出的都是可迁移的通用技能,可以在任何环境、任何工作中使用,你也可以把这几个表复印一份,不但以后用得上,而且还方便拿给朋友看。

在使用过的技能上标注你喜欢的标记,如打个"√"。比如你用过"制作"这种技能(做冷菜、捏泥人),就在技能贴图"物品使用技能"中"制作"项下面的方框里打"√"。

选择好后,请再分别选出你最擅长和最愿意使用的10种技能。同时请回顾一下你在过去是如何使用这些技能的。

请在相应的技能名称上分别做好标记。建议你用至少三种颜色的彩笔按能做、擅长和最喜欢的顺序分别标记,这样会更突出,便于操作(表2.6—表2.8)。

表2.6　物品使用技能

肢体使用技能	材料使用技能（黏土、木头、布料、金属、石头）	物品使用技能（包括食品、工具、器具）	设备、机械、车辆使用技能	楼宇、房屋建设技能	动植物培育技能
动手能力（打手势、按摩）	加工、缝制、纺织、锻造	清洗、清洁、清理、筹备	组装	建设重建	花草养护
手指灵巧（如操作键盘）	切、雕、凿	处理、举起、存放	操作、控制、启动	仿建	饲养、训练动物
手眼配合	精加工、塑造、塑形、雕塑	制作、生产、大量生产、烹饪	维护、清理、修理	—	照料、喂养
全身运动或身体协调能力	制成、喷绘、翻新、修复	维护、保养、修理	拆解、组装	—	—
灵敏、速度、耐力、力量	高精度手工制作	熟练使用工具	—	—	—

表2.7　信息使用技能

收集与创造	管理		存储与检索	应用
	分步骤进行	整体统筹		
编辑、查找、研究	复制或比较相似性与差异性	改变、转化（如计算机编辑、开发与改进）	保存记录（如录像、影片、录入电脑）	人际交往能力
通过走访或观察收集信息	计算、数字运算、算账	视像化、描绘、绘画、编剧、制作视频、开发软件	存储、归档（文件柜、视频、音频、电脑）	物品使用技能
通过研究或观察事物收集信息	分析、分解	合成、将不同部分合为一体	信息、数据检索	—
具有敏锐的听觉、嗅觉、味觉、视觉	组织、分类、系统化、划分优先次序	解决问题、洞察本质	帮助他人查找或检索信息	—
想象力丰富、善于发明创造	为达成某一目标，制订策略、步骤	决策、评估、估价、评价	灵敏、速度、力量、耐力	—

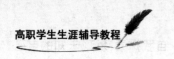

表2.8　人际交往技能

与个人(一对一)		与群体、组织、大众(一对多)		
听从指导,为他人提供服务、协助	诊断、治疗、治愈	有效地与群体沟通	玩游戏、组织群体活动	管理、监督、经营(企业、基金会等)
对话与电话沟通	关联,将两个不同的人关联起来	口语表达、书面表达	传授知识、培训,策划学习活动	坚持到底、使命必达、创造力
书面沟通(报告、电邮等)	评测、评估、筛查、挑选	电视、电影中当众演讲	引导集体讨论、调节气氛	领导者、开拓者
私人教练、家教	劝说、激励、招募、兜售	表演性、娱乐性、创新性	说服、辩论、激励、兜售	发起、建立、创建
咨询、辅导、指导、教授	代表他人、解读他人思想或翻译	"手势表演"、哑剧、歌唱、乐器演奏	为群体提供专业咨询	中间协调、解决冲突

　　表2.9列举了290项通用技能词汇,用来帮助你进一步梳理通用技能情况。请根据你的实际情况,圈出你所拥有的功能性技能,在这个技能的后面试着用"什么"和"谁"来回答。如果需要,可以使用字典。如果某项技能使你回想起你的成就,在你的成就表中写下这项成就的名字。

表2.9　通用技能词汇表

改造	组织	修复	培训	即兴表演	创造
建设	洞察	适应	制图	联系	发现
管理	选择	控制	拆除	做广告	分类
烹调	展示	劝告	打扫	协调	证明
开玩笑	攀登	复制	草拟	分析	训练
达到	照顾	巩固	指导	执行	运送
纠正	绘制	预测	收集	联络	申请
着色	咨询	驾驶	评价	交流	计数
编辑	安排	比较	编制	授予	声称
装配	比赛	培养	鼓励	排版	决定
忍耐	评估	完成	定义	加强	调和
协助	构成	代表	提高	参加	领会
运送	娱乐	审核	计算	证明	建立

权衡	集中	设计	估计	讨价还价	概念化
详述	美化	探测	膨胀	预算	面对
发展	解释	购买	联结	发明	探索
计算	保存	诊断	表达	促进	领导
产生	分享	喂养	学习	编程	运送
感受	搬运	提升	演出	填充	倾听
校对	简化	融资	装载	保护	唱歌
调整	定位	提供	绘图	装配	维修
证明	交际	追随	制造	宣扬	分类
预见	管理	推/拉	演讲	伪造	操纵
提问	拼写	构成	最大化	阅读	驾驶
阐述	测量	推理	激励	募捐	调停
推荐	精简	收集	会见	调解	研究
测量	记忆	记录	建议	给予	指导
招聘	总结	统治	最小化	减少	监督
研磨	示范	仲裁	支持	种植	现代化
恢复	审视	引导	修改	讲述	合成
处理	教导	回忆	系统化	收获	激发
回忆	列表	前进	移动	呈递	遵守指示
治愈	航行	修理	交谈	帮助	商讨
报告	传授/指导	识别	养育	描绘	趋向
举例	观察	加工	测验	想象	获得
塑造	适时	执行	操作	解决	贸易
找回	翻译	增加	战胜	回顾	旅行
影响	包装	修改	治疗	通知	绘画
改写	解决问题	发起	参加	冒险	教导
革新	感觉	航行	打字	检查	坚持
打磨	理解	鼓舞	说服	节省	统一
安装	摄影	安排	更新	互动	倡导

续表

拍摄	升级	解释	放置	雕塑	使用
面试	计划	挑选	描述	介绍	发明
销售	证实	发明	玩耍	理解	设想
记录	精确化	招待	做志愿者	调查	准备
建立	洗涤	判断	展示	安顿	纺织
保存	印刷	缝纫	工作	写作	喂养

以上是从一般的工作和职业角度帮助大家理解的技能性词汇。下面我们从人力资源描述职务时所涉及的常用动词的视角来做了解。

①针对制度、方案、计划等文件：编制、制订、拟定、起草、审定、审核、审查、转呈、转交、提交、呈报、下达、备案、存档、提出、意见。

②针对信息、资料：调查、研究、整理、分析、归纳、总结、提供、汇报、反馈、转达、通知、发布、维护、管理。

③关于某项工作(上级)：主持、组织、指导、安排、协调、指示、监督、管理、分配、控制、牵头负责、审批、审定、签发、批准、评估。

④思考行动：研究、分析、评估、发展、建议、倡导、参与、推荐、计划。

⑤直接行动：组织、实行、执行、指导、带领、控制、监管、采用、生产、参加、阐明、解释、提供、协助。

⑥上级行为：许可、批准、定义、确定、指导、确立、规划、监督、决定。

⑦管理行为：达到、评估、控制、协调、确保、鉴定、保持、监督。

⑧专家行为：分析、协助、促使、联络、建议、推荐、支持、评估。

⑨下级行为：检查、核对、收集、获得、提交、制作。

⑩其他：维持、保持、建立、开发、准备、处理、招待、接待、安排、汇报、计划、经营、确定、概念化、合作、协作、主持、获得、核对、检查、联系、设计、带领、指导、评估、测试、执笔、起草、拟定、引导、传递、翻译、组织、控制、操作、保证、预防、解决、推荐、介绍、支付、计算、修订、承担、支持、谈判、商议、面谈、拒绝、否决、监视、预测、比较、删除、运用。

在职业规划中，成就事件的分析有很重要的意义。大多数时候，我们都能通过最具成就感的事件看出你的兴趣点、擅长领域、天赋、主要技能等多种重要信息。

现在，我们一起回顾并把它们写下来，至少写 5 个，然后观察你在其中使用了哪些技能、体现了你什么样的天赋(如果下面的空间不够，你可以另备纸张做详细记录)。这些成就事件可以是工作或学习上的，也可以是课外活动或者家庭生活中的，比如同学聚会，一次美好而难忘的旅游等。它们不必是惊天动地的大事，只要符合以下两条标准，就可以视为"成就"：

①你喜欢做这件事时体验到的感受。

②你为完成它所带来的结果感到自豪。

如果你获得了他人的认可和表扬那就更好了,不过这并不重要。在撰写成就事件时,每一个事件都应当包含以下要素:

①你想实现的目标,即需要完成的事情。

②你面临的障碍、限制或困难。

③你的具体行动步骤,即你是如何克服障碍、达成目标的。

④对结果的描述,即你取得了什么成就,最好能够量化评估(用某种方法衡量或以数据说明)。

成就事件1:

成就事件2:

成就事件3:

有条件的,请和两三个同伴一起结合本章所学内容及上面的图表逐一进行分析讨论,其中你都使用了一些什么样的技能。你会发现,自己每次都会用到很多不同的技能,有的在"物品使用技能"方面,有的在"信息使用技能"方面,有的在"人际交往能力"方面。

下面,我们再从熟练度和喜好度(个人意愿度)两个维度进行组合分析。这样做,可以帮助你区分哪些技能是你在工作中最愿意强调的,哪些是你避免或者试图最小化的。你需要把你的技能识别结果与其他的自我评估结果进行整合,以明确你的职业定位。

显而易见,技能的熟练度越高,求职越顺利;而意愿度越高,该技能的成长潜力越大。表2.10中位于左上角的技能就是你的最佳技能。

表2.10　最佳技能识别卡

	非常熟练	能胜任	缺乏/未掌握
非常喜欢			
喜欢			

续表

非常熟练	能胜任	缺乏/未掌握
不喜欢		

识别出了天赋和最佳技能,再结合职业的适应性及成长性就很容易判断适合自己的较可行的职业发展方向了。比如,管理者的主要技能为信息传达、分配、监控、计划、解决问题、授权、影响他人、认可、奖励、支持、指导、建立关系、团队建设;财务的主要技能为运用财务系统的知识、使用分析技巧、有效使用计算机、建立关系、影响他人、有效沟通、平衡工作重点;律师的主要技能为写作能力、口头交流、处理细节、分析性逻辑性的思维能力、思维敏捷、处事得体、善解他人、聆听技巧、协商、独立工作、承受压力。

3.为你的技能增色(自我管理能力)

人的个性特征是一种特殊的能力表现,它可以让你的技能表现得更加出色。这些特质一般以形容词或副词的形式出现,如友好的、谨慎的、爽快的、机敏的、活跃的、认真地、生动地、负责任地等。它们可以体现出一个人的自我管理能力。这些能力或素质的获得同样需要练习,并且可以从非工作领域转换到工作领域。事实上,用人单位解雇一个人更多的是因为员工缺乏必要的自我管理能力而不是因为缺乏专业技能。

实际上,越优秀的公司,越看重个人的综合素质,这种综合素质的核心内容是"自我管理能力"。其实,就像人一样,每个职位都有它自身的"主题特征",即职位本身所具有的特质,当一个人达到该职位的基本要求,而其身上所具备的"主题特征"又与职位相吻合,就能充分发挥个人价值,更高效地完成任务。如今,不少外企在校园招聘时都已不再区分学生的专业背景,就是因为良好的自我管理能力能够帮助个体更好地适应周围环境、应对工作中出现的问题,因此自我管理能力也称"适应性能力"。

将这些特征性词汇与知识或技能性语言有机地结合,可以有效地强化人们在某些方面的技能,使其显得更有说服力。如李老师是个"很努力的"人,他系统学习过职业规划方面的知识,接受过职业规划"咨询与辅导"技能的系统训练,并获得了中国职业规划师执业资格。他观察力"敏锐",很擅长给人提供职业规划咨询,他的话很"有说服力",很懂得"关心"来访客户,常常给人一种非常"自信"的感觉。通过这么简单的描述,人们就会知道李老师的"咨询和辅导"能力很强,是个很棒的职业规划师。

请根据你的分析(可使用"自我管理特质清单"),在如表2.11所示的个人特质分析表中写下你拥有的特质和表现得最为显著的特质,这些都是你与众不同的职场资本。

表2.11 个人特质分析表

你拥有的特质	
你最显著的特质	
你最喜欢的特质	

第四节 价值观探索

一、价值观与职业价值观

（一）价值观的含义

价值观是指个人对客观事物(包括人、物、事)及对自己的行为结果的意义、作用、效果和重要性的总体评价。价值观决定、调节、制约个性倾向中低层次的需要、动机、愿望等,它是人的动机和行为模式的统帅。

人的价值观建立在需求的基础上,一旦确定则反过来影响人进一步的需求活动。人们对各种事物,如学习、劳动、享受、贡献、成就等,在心目中存在主次之分,对这些事物的排序构成一个人的价值观体系。

通常不同的人有不同的价值观,即使是两个具有相同价值观的人,同一个事物在他们生活里的重要程度也会有所不同。

价值观没有对错,只有真实与否,如两兄弟,哥哥追求安稳,弟弟追求挑战,他们的价值观并没有谁对、谁错之分,这些都是来自他们自己的感受。

价值观在一定时期内相对稳定,它会随着你的需求和视角的变化而变化。

（二）职业价值观的含义

价值观在职业生涯上的作用表现为职业价值观。职业价值观就是人们希望通过工作来实现自己的人生价值,是人们选择职业的重要因素。理想、信念、世界观对于职业的影响都集中体现在职业价值观上。

舒伯认为,职业价值观是指人生目标和人生态度在职业选择方面的具体表现,也就是一个人对职业的认识和态度以及他对职业目标的追求和向往。价值观在人们的生涯发展中往往起着极其重要的决定性作用。一个人越清楚自己的价值观,越了解自己在工作和生活中想要寻求什么、什么对自己来说是最重要的,他的生涯发展目标也就越清晰。

二、价值观的特征

（一）价值观是因人而异的

由于每个人的先天条件和后天环境不同,人生经历也不尽相同,每个人的价值观的形成会受到不同的影响,因此,每个人都有自己的价值观和价值观体系。在同样的客观条件下,具有不同价值观和价值观体系的人,其动机模式不同,产生的行为也不同。

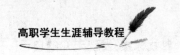
（二）价值观是相对稳定的

价值观是人们思想认识的深层基础,它形成了人们的世界观和人生观。它是随着人们认知能力的发展,在环境、教育的影响下逐步培养而成的。人们的价值观一旦形成,便是相对稳定的,具有持久性。

（三）价值观在特定环境下又是可以改变的

由于环境的改变、经验的积累、知识的增长,人们的价值观有可能发生变化。

三、价值观的重要性

价值观对人们自身行为的定向和调节起着非常重要的作用。价值观决定人的自我认识,它直接影响和决定一个人的理想、信念、生活目标和追求方向的性质。

价值观的重要性主要体现在它对动机的导向作用。人们行为的动机受价值观的支配和制约。在同样的客观条件下,具有不同价值观的人,其动机模式不同,产生的行为也不相同。动机的目的、方向受价值观的支配,只有那些经过价值判断被认为是可取的,才能转换为行为的动机,并以此为目标引导人们的行为。

正确的价值观,引导人们做出正确的人生选择,取得成功,得到社会的认可;反之,错误的价值观,就会诱导人们做出错误的人生选择,使人误入歧途,走向失败。

四、价值观的类型

美国心理学家洛特克在《人类价值观的本质》一书中提出 13 种价值观:成就感、道德感和使命感、美感、挑战性、健康、收入与财富、独立性、家庭人际关系、欢乐、权力、安全感、自我成长和协助他人(表 2.12)。

表 2.12 洛特克的 13 种价值观

价值观	具体内容
成就感	希望提升社会地位,得到社会认可,追求成功,重视他人对自己的评价
道德感和使命感	重视自己工作在社会发展中的作用,将个人职业生涯发展与社会发展目标紧密结合,愿意为社会和他人贡献一份力量
美感	能多角度地欣赏周围的人和事物的美,有机会展现美和创造美
挑战性	能运用自己的聪明才智解决困难,能突破传统方式,用创新方法处理事务
健康	能让自己免于危险、过度劳累、免于焦虑、紧张和恐惧,平心静气地处理事务,追求身体的健康和心里的安逸
收入与财富	所从事的工作能明显、有效地增加自己的收入,将薪酬作为选择工作的重要依据。工作的目的或动力主要来源于对收入和财富的追求,并以此改善生活质量,显示自己的身份和地位

续表

价值观	具体内容
独立性	在工作中能有弹性,不想受太多的约束,可以充分掌握自己的时间和行动,自由度高,不想与太多人发生工作关系,既不想治人也不想治于人
家庭人际关系	重视自己所从事的工作对家庭的影响,关心、体贴家人和他人,愿意协助他人解决困难,重视人际关系的和谐
欢乐	享受人生,结交新朋友,追求专业活动中的欢乐感
权力	有较高的权力欲望,希望能够影响或控制他人,使他人照着自己的意思去行动;认为有较高的权力地位会受到他人尊重,从中可以得到较强的成就感和满足感
安全感	能满足基本需求,工作稳定,有安全感,发生突如其来的职业变动的可能性小,不必担心经常出现裁员或辞退现象,免于经常奔波找工作
自我成长	工作能够有利于知识、能力的提升,有利于人生经验的积累,有利于职务的晋升
协助他人	重视自己的付出有助于所在团体的发展

对职业价值观种类的划分有多种方式,基于舒伯的价值观分类法将人的职业价值观分为13种类型(表2.13)。

表2.13 舒伯的13种职业价值观

职业价值观	具体内容
利他主义	总是为他人着想,把直接为大众的幸福和利益服务作为自己的追求
审美主义	不断地追求美的东西,得到美感的享受
智力刺激	不断进行智力开发、动脑思考、学习和探索新事物,解决新问题
成就动机	不断创新,不断取得成就,不断得到领导和同事的赞扬或不断实现自己想要做的事
自主独立	能够充分发挥自己的独立性和主动性,按自己的方式、想法去做,不受他人干扰
社会地位	所从事的工作在人们的心目中有较高的社会地位,从而使自己得到他人的重视与尊敬
权力控制	获得对他人或某事的管理权,能指挥和调遣一定范围内的人或事物
经济报酬	获得优厚的报酬,使自己有足够的财力去获得自己想要的东西,使生活过得较为富足
社会交往	能和各种人交往,建立比较广泛的社会关系网,甚至能结识知名人士
安全稳定	在工作中要有一个安逸的局面,不会因经济环境、行业更迭、领导调换等而经常提心吊胆、心烦意乱
轻松舒适	只将工作作为一种消遣、休息或享受的形式,追求比较舒适、轻松、自在、优越的工作条件和环境
人际关系	希望一起工作的大多数同事和领导为人随和,大家相处愉快、自然
追求新意	希望工作内容经常变换,不断有新挑战,使工作和生活显得丰富多彩,不单调枯燥

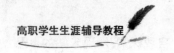

我国学者将职业价值观分为 12 类,如表 2.14 所示。

表 2.14 我国学者的 12 类职业价值观

职业价值观	具体内容
收入财富	工作能够明显有效地改变自己的财务状况,将薪酬作为选择工作的重要依据。工作的目的或动力主要来源于对收入和财富的追求,并以此改善生活质量,显示自己的身份和地位
兴趣特长	以自己的兴趣和特长作为选择职业最重要的因素,能够扬长避短、趋利避害、择我所爱、爱我所选,可以从工作中得到乐趣、得到成就感。在很多时候,会拒绝做自己不喜欢、不擅长的工作
权力地位	有较高的权力欲望,希望能够影响或控制他人,使他人照着自己的意思去行动;认为有较高的权力地位会受到他人的尊重,从中可以得到较强的成就感和满足感
自由独立	在工作中能有弹性,不想受太多的约束,可以充分掌握自己的时间和行动,自由度高,不想与太多人发生工作关系,既不想治人也不想治于人
自我成长	工作能够提供培训和锻炼的机会,使自己的经验与阅历在一定时间内得以丰富和提高
自我实现	工作能够提供平台和机会,使自己的专业和能力得以全面运用和施展,实现自身价值
人际关系	将工作单位的人际关系看得非常重要,渴望在一个和谐、友好甚至被关爱的环境中工作
身心健康	工作能够免于危险、过度劳累,免于焦虑、紧张和恐惧,使自己的身心健康不受影响
环境舒适	工作环境舒适宜人
工作稳定	工作相对稳定,不必担心经常出现裁员或辞退现象,免于经常奔波找工作
社会需要	能够根据组织和社会的需要响应某一号召,为集体和社会做出贡献
追求新意	希望工作内容经常变换,使工作和生活显得丰富多彩,不单调枯燥

我们在进行霍兰德职业兴趣测试时,也有涉及职业价值观,在这个量表中,我们把职业价值观精简为 9 种类别:①工资待遇高、福利好;②工作环境(物质方面)舒适;③人际关系良好;④工作稳定有保障;⑤能提供较好的受教育机会;⑥有较高的社会地位;⑦工作节奏宽松、外部压力少;⑧能充分发挥自己的能力特长;⑨社会需要与社会贡献大。

为更好地理解职业价值观,我们可以把不同职业价值观的内容加以归纳,根据它们所体现的主要方面,确定自己职业价值观中主要的因素是什么。我们可以把这些因素总结为三类:

①发展因素。所有与个人发展相关的职业要素,包括兴趣爱好、机会均等、公平竞争、有挑战性、能发挥自身才能、工作自主性大、能提供培训平台、晋升机会多、专业对口、发展空间大等。

②保健因素。所有与福利待遇和生活相关的职业要素,包括工资高、福利好、保险全、职位稳定、工作环境舒适、交通便捷、生活方便等。

③声望因素。所有与职业声望、地位相关的职业要素,包括单位知名度、单位规模和权力范畴、行政级别和社会地位等。

职业价值观是一个复杂的多维度的心理因素,对职业的选择和衡量需要综合考虑多种因素,但各因素的作用大小是不同的。从当前的实际来看,白领阶层的职业价值观越来越重视发展因素,对保健因素和声望因素的重视程度则因人而异,差别较大。

五、树立正确的价值观和职业价值观

(一)职业价值观对职业生涯的影响

价值观在生涯发展中发挥着极其重要的决定性作用,甚至会超过兴趣和性格对人的影响。

职业价值观对人们职业行为的定向和调节发挥着非常重要的作用,具体体现在以下几个方面:

①职业价值观对择业动机具有导向作用。个体职业行为的动机受职业价值观的支配和制约。

②职业价值观反映了个体对职业的认知和需求状况。职业价值观是个体对职业及职业行为结果的评价和看法。它从某个方面反映了个体的人生观和价值观,反映了个体认知世界的状况和差异。

③职业价值观是判定职业生涯发展状况和人才配置的重要依据。价值观反映了个人对好坏对错的判断,是对自己职业生涯成功与否及其发展状况的评价依据,同时也是企业配置人力资源的重要依据。

总而言之,对职业价值观的澄清是职业生涯规划的基础。认识到个人思想中根深蒂固的价值,是理解具备何种特征的工作才能带来满足感的第一步。如果所从事的工作与个体的职业价值观相符,工作就会变得有意义,生活也会变得更充实。

(二)不断修炼自己的价值观

如何形成稳定的价值观系统,保证自己的生命朝着同一个方向前进显得尤为重要,这时就需要不断修炼自己的价值观。

1.持续确认

"读万卷书,不如行万里路。"许多时候,书本上的描述远远不能传达事物的本来面貌,只有自己亲身经历过,才能体会到其中的真正滋味。不去多多尝试体验,永远不会知道自己内心所想所需;而每一次的遇见,都需要进行确认:这真的是我想要的生活吗?持续地确认,才会避免选择错误的道路。

2.自我激活

现代社会变化迅速,如何在这纷繁复杂的世间始终保持初心就成了一门学问。也许你会觉得这个价值观不是自己想要的,但是却反复出现在你的各种经验中。这时候,你需要自我激活,欣然接纳自己这种暂时状态。人在不同阶段,会因外在环境的不同而有不同的价值观偏好,这是正常现象。学会悦纳自己,进行积极的自我激活,在调整中找到自己一生追求

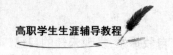

的价值观。

3.公开主张

如果只有你知道自己的价值观,而周围的人不知道,他们可能会在无意中触犯你的价值观。为了更好地实现自己的价值观,需要向周围的人公开主张自己的价值观。公开的主张有助于改造出利于坚持价值观的环境。

4.不断践行

这是最困难的阶段,可能会有各种已知、未知的阻力干扰你进行价值观的修炼。我们必须咬牙坚持,不断践行自己的价值观,从而实现自己的梦想。

(三)树立正确的职业价值观

职业价值观是人们对职业与劳动岗位总的看法,正确的职业价值观主要表现在为社会做贡献及实现个人人生价值两个方面。

社会上的每一种职业,都是为社会做贡献的整体事业的一部分。不同的职业岗位,确实存在着社会声誉、经济报酬、福利待遇、劳动条件、发展机会等种种差异。人们生活环境、生活道路、思想水平、兴趣、性格、能力等多方面的不同,在择业时往往表现出不同的职业价值观。但是,正确的职业价值观首先应建立在为社会尽职尽责,实现真正的人生价值上。"职业无高低贵贱之分""三百六十行,行行出状元"。任何职业都不会埋没人才,不会束缚人的创造力,关键在于如何对待自己的职业,在平凡的岗位上做出不平凡的业绩。

①处理好社会主义核心价值观和职业价值观的关系。要始终以社会主义核心价值观作为职业选择的大前提,以社会主义核心价值观为指导,树立正确的职业价值观。

②处理好职业价值观与金钱的关系。理性看待金钱的作用,正确理解自我成长和自我实现与金钱的关系。

③处理好职业价值观的排序与取舍问题。"鱼与熊掌不可兼得",要对自己的职业价值观进行排序,找出你认为最重要、次重要的方面。

④处理好个人与社会的关系。人不能脱离社会独自存在,个人只有在工作中为社会做出贡献才能实现自己的职业价值。

[探究与分享]

Ⅰ.平衡人生——人生杂货铺

人生就像一间杂货铺,生命就是你的全部资本,琳琅满目的货品,哪些是你最想得到的?哪些是可有可无的?哪些又是你负担不了的?你想从这间杂货铺里获得什么?当你走出杂货铺时,会不会因为选错或放弃了一些东西而感到遗憾呢?

在你的一生中,是否感觉到生活缺乏重心,总是很茫然?是否因终日奔波而忽略了什么?是否在忙忙碌碌中时常感到不安与无助?有的人年轻时为了赚钱忽视了健康,年老后又不得不花钱买健康;有的人为了追求享乐放弃了个人成长,等到人生过半才发现碌碌无为。你的人生获得了什么，又失去了什么？

1.游戏工具简介

人生目标就是人生的目的和方向，人生目标平衡游戏测试将人生的八大目标变成人生杂货铺里的健康、事业、家庭、财富、人际关系、奉献、休闲、个人成长这八类货物。你可以置身于自己的人生杂货铺，手持生命的货币，懂得分清目标的主次，做出人生目标的平衡与选择。

2.“人生杂货铺”游戏体验的说明

体验目的：通过游戏平衡人生的健康、事业、家庭、财富、人际关系、奉献、休闲、个人成长等目标。

有一天，你走进了一个奇特的杂货铺，里面陈列着琳琅满目的商品，让你目不暇接。经仔细辨认，你发现它们分别属于健康、事业、家庭、财富、人际关系、奉献、休闲、个人成长八大类。

假设你有100万元。接下来，你要购买以上哪些类型的商品，准备如何分配手里的资金使之效益最大化？（最小单位为1万元）来，试一试，要用心选择哦！

（1）你觉得人生中什么最重要？

（2）这100万元游戏币是你的全部生命，你的购买方案是什么？

（3）为什么你在×××领域投入这么多？

（4）还有什么是你觉得重要，但在杂货铺里买不到的？

（5）体验这个游戏后，你有什么感受？

3.目标可以改变态度，态度能够改变人生，只有人生的各方面目标得到均衡发展，才能收获真正的幸福和精彩的人生。

Ⅱ.给你的价值观排序

通过以上梳理，我们不妨对13种职业价值观进行小结，请在上述价值观中找出你认为最重要、次重要、次不重要和最不重要的项目。

最重要	
次重要	
次不重要	
最不重要	

第三章 职业认知：了解多元的世界

真正的自由属于那些自食其力的人，并且在自己的工作中有所作为的人。

——罗·科林伍德

【知识目标】

1. 了解职业世界。
2. 了解职业信息获取的途径、方法与步骤。

【能力目标】

掌握获取职业信息的策略与方法，并能够结合自身实际。

【情感态度价值观】

通过学习并实践本节内容，逐步成长为成熟、理性的职场人。

[故事与人生]

你了解真正的职业世界吗?

王明是某高校软件工程专业毕业生。他毕业那年由于行业不景气，就业前景并不乐观。王明平时在校喜欢写些东西，也总是利用假期到社会上的培训机构兼职。他个性比较沉稳，而且在学生会担任职务，因此当杭州某镇中学来招聘时，学校推荐了他。王明二话没说就答应了。到校后，王明很快融入了当地的生活，他的组织能力和文字功底以及专业积累显示出了极大优势，很快得到了领导赏识，不久就成为学校的中层干部。几年后，他把父母接到了杭州，成了一名地道的杭州人。虽然他所学的计算机专业知识并没有在工作中用到多少，但4年的社会培训机构任教经历使他的能力结构得到了提高与改善，他的知识结构能够更加适应社会的需要，也就在职业发展中拥有更多的优势。

这个故事给你什么启示? 你理解的职业世界是什么?

第一节　职业概述

一、职业的含义

什么是职业? 从词义学的角度看,"职业"一词由"职"与"业"构成,"职"是指职位、职责,"业"是指行业、事业。

在《国家职业大典》里,人力资源和社会保障部明确规定了职业的五个要素:一是职业名称,它是职业的符号特征;二是工作的对象、内容、劳动方式和场所;三是特定的职业资格和能力;四是职业所提供的各种报酬;五是在工作中建立的各种人际关系。

《现代汉语词典》中职业的解释为:"个人在社会中所从事的作为主要生活来源的工作。"

综上所述,职业是指人们为了谋生和发展而从事相对稳定的、有收入的、分门别类的社会劳动。人类在长期生产活动中产生了劳动分工,一定的社会分工或社会角色的持续实现就形成了职业。

二、职位、工作、生涯与职业的区别

有关"职位""工作""职业""生涯"这几个词的含义在理论上仍然存在着一定程度的争议,不过我们可以大致将它们定义如下:

(一)职位

职位是和分配给个人的一系列具体任务直接相关的。因此,职位和参与工作的个人相对应,有多少参与工作的个人,就有多少个职位。例如,一个足球队需要 11 个队员,意味着这个足球队有 11 个职位,无论这些职位是前锋还是后卫。

(二)工作

工作是由一系列相似的职位所组成的一个特定的专业领域。例如,一个足球队的所有队员都称为足球运动员。

(三)生涯

这个概念的含义随着时间的推移发生变化。20 世纪 70 年代,生涯专指个人生活中和工作相关的各个方面。随后,又有很多新的意义被纳入生涯的概念中,其中甚至包含了生活中关于个人、集体以及经济生活的方方面面。从经济的观点来看,生涯就是个人在人生中所经历的一系列职位,它们和个人的职业发展过程相联系,是个人接受培训教育以及职业发展所

形成的结果。从社会学的角度来看,生涯被视为个人所扮演的一系列角色。

> **思考:** 从前面的含义中,我们已经明确了一种工作要成为职业,首先这种工作是个人最为主要的生活来源。请问,小偷是不是一种职业?为什么?

三、职业的特性

职业主体在长期的实践活动中所形成的与其他形式的人类活动相区别的本质属性,称为职业特性,主要表现在以下七个方面:

(一)社会性

职业是社会生产力发展的产物,体现了社会分工,体现了对社会生产和社会进步的积极作用,形成了社会成员的阶层划分与社会地位的确立。社会成员在一定的社会职业岗位上为社会整体做贡献,社会整体也因全体成员积累的劳动成果而获得持续的发展和进步。

(二)经济性

职业活动是以获得谋生的经济来源为目的的。劳动者在承担职业岗位职责并完成工作任务的过程中,必然要索取报酬,获得收入。一方面,这是社会、企业及用人部门对劳动者付出劳动的回报;另一方面,劳动者以此维持家庭生活,这是保持整个社会稳定的基础。有稳定、合法的收入是职业这种特定劳动区别于其他社会活动的主要特点。

(三)专业性

任何一个职业岗位,都有相应的职责要求,要求从业人员具备一定的专业技能知识,包括长时间专业知识的学习或技能培训。

(四)时代性

职业具有时代性,不同的时代有不同的热门职业。比如我国曾出现过的"下海热""外企热",以及带货主播、吃播等新兴职业的兴起,都反映出特定时期人们对某种职业的热衷程度。

(五)同一性

某一类别的职业内部,其劳动条件、工作对象、生产工具、操作内容、人际关系等都是相同或相近的。正是基于职业的同一性,才有工会、同业公会、行会等社会组织的产生,才有从业者的利益共同体。

(六)差异性

不同职业之间存在着劳动的内容、社会心理、从业者个人的行为模式等方面的差异。我国古代就有"三百六十行"之说,现代职业更是成千上万,并且不断分化出新的职业。

(七)层次性

从社会需要角度来看,职业不应有高低贵贱之分。但在现实社会中,人们对从事职业的素质要求不同以及人们对职业的看法和舆论的评价不同,职业便有了层次之分。这种职业的不同层次往往是由不同职业的体力和脑力劳动的付出、收入水平、工作任务的轻重、社会声望、权利地位等因素决定的。

四、职业的主要功能

职业实质上实现了劳动者与生产资料的结合,体现了人与人的社会关系。职业及职业活动对个人和社会都有非常重要的作用与意义,具体表现在以下三个方面:

(一)职业是人的主要经济来源

生产劳动是人类社会发展中最重要的活动,而人们的职业和生产劳动是紧密相连的。人们通过一定形式的职业进行劳动,以获取生存和发展所必需的生活资料,维持个人和家庭生活的基本需要,也为社会创造了财富,实现了社会物质财富和精神财富的积累。

(二)职业能使人获得非经济利益

职业活动可以使个人获得非经济利益,如名誉、地位、权力、各种便利以及友谊、交往等,从而使个人获得心理满足,达到"乐业"的境地。追求职业类别、职业环境和职业中的个人等级,进而获得较高的社会地位是许多人的重要人生目标。

(三)职业是个人发挥才能的平台

人们从事的某种特定职业类别的工作,不仅要求人要有一定的素质,还要能使人的才能得到发挥,并成为促进人的才能和个性发展的平台。劳动者从事某种职业,就是进入了社会劳动分工体系并参与其活动。劳动者在这个体系中的活动结果,既获得了满足自身物质需要的财富,也为社会做出了贡献。因此,从这个意义上说,对社会而言,职业和职业活动构成了人类社会生活,是社会存在和发展的基础。

职业对社会发展的具体作用表现在以下三个方面:

1. 职业是社会存在的内容

职业作为一种社会存在,不仅是人的社会身份、阶层的体现,其本身也构成了人类社会存在的一个内容。职业分工及其结构是社会经济制度与社会经济结构的重要部分,是社会经济发展水平的反映。通过人的职业劳动生产出社会财富,这也为社会的存在和发展提供了物质基础。此外,职业分工构成了社会经济制度及其运行的重要组成部分,是社会存在的重要内容。

2. 职业的运动和转换可能成为社会发展的动力

职业的社会运动包括个人改善职业的向上流动、与社会经济结构相联系的职业结构变

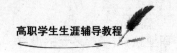

动、不同职业阶层间的矛盾冲突及其解决等,构成了社会发展与进步的强大动力,是社会发展不容忽视的重要力量。此外,人们为了追求未来的"好职业"而进行人力资本投资,更成为推动社会发展的巨大动力。

3. 职业是维持社会稳定的基本手段

职业是人的重要生活方式,"安居乐业"是人们的共同愿望。政府为公众创造职业岗位,执行促进"充分就业"的政策,从其社会功能的角度看,就是为了减少贫困,缩小分配差距,在一定程度上解决效率与公平之间的矛盾等问题,达到维护社会稳定、实现和谐发展和可持续发展的目的。

五、行业、产业与职业

行业是指从事相同性质的经济活动的所有单位的集合。行业环境分析就是对自己将来想从事的目标行业的环境进行分析,分析内容包括行业发展现状、目前行业的优势与问题、行业发展前景预测等。

(一)行业与产业

产业是由社会劳动分工而独立出来的,专门从事某一类别生产经营活动的单位总和。国民经济部门按产业结构通常分为三大产业部门,即第一产业、第二产业和第三产业。每一个国民经济部门或产业又包括许多行业。各种行业在社会分工体系中都有自身特定的含义、范围和地位,不同行业之间在职责内容上既有明确的界限,同时也存在着密切的联系。

(二)行业与职业

行业是职业的背景。有的职业属于某种特定的行业,如民航飞行员;有的职业属于某种特定行业,但在不同行业中有广泛应用,如电脑技术人员;还有一类职业,大多数行业都有,但要考虑与行业的配合,如秘书、销售等。

六、大学专业与职业

(一)大学专业的含义

专业有广义和狭义之分。广义的专业是指知识的专业化领域。狭义的专业是指当专业与培养人的活动相联系时,往往就成为一种培养人才的基本单位,演变为一种实体,这个实体形成的依据是学科分类和社会分工需要,实体的任务是对高深专门知识分门别类地进行教与学的活动。"高深"和"专门"体现了培养人才活动中知识领域的特点。

2021年3月12日,教育部加强职业教育国家教学标准体系建设,落实职业教育专业动态更新要求,推动专业升级和数字化改造。教育部组织对职业教育专业目录进行了全面修(制)订,形成了《职业教育专业目录(2021年)》并予以公布。分设农林牧渔大类、资源环境与安全大类、能源动力与材料大类、土木建筑大类、水利大类、装备制造大类、生物与化工大类、轻工纺织大类、食品药品与粮食大类、交通运输大类、电子与信息大类、医药卫生大类、财经商贸大类、旅游大类、文化艺术大类、新闻传播大类、教育与体育大类、公安与司法大类、公共管理与服务大类共19个大类。其中，农林牧渔大类下设专业类4个，48种专业；资源环境与安全大类下设专业类9个，63种专业；能源动力与材料大类下设专业类7个，49种专业；土木建筑大类下设专业类7个，34种专业；水利大类下设专业类4个，16种专业；装备制造大类下设专业类7个，68种专业；生物与化工大类下设专业类2个，20种专业；轻工纺织大类下设专业类4个，29种专业；食品药品与粮食大类下设专业类3个，26种专业；交通运输大类下设专业类7个，63种专业；电子与信息大类下设专业类4个，37种专业；医药卫生大类下设专业类9个，47种专业；财经商贸大类下设专业类8个，44种专业；旅游大类下设专业类2个，18种专业；文化艺术大类下设专业类4个，60种专业；新闻传播大类下设专业类2个，22种专业；教育与体育大类下设专业类3个，48种专业；公安与司法大类下设专业类7个，28种专业；公共管理与服务大类下设专业类4个，52种专业。

（二）专业与职业

专业是学业门类，职业是工作门类，个人所学专业与未来所从事的职业之间大体会出现四种关系（表3.1）。

表3.1　个人所学专业与未来所从事的职业之间的关系

1. 专业包容职业

在这种情况下，个人的职业发展一直在所学专业的领域内，选择的职业与学习的专业吻合，能够做到学以致用。

2. 专业为核心，职业包容专业

这是指以专业为核心发展职业，个人的职业发展以所学专业为核心，向外扩展。在这种情况下，选择的职业与学习的专业虽然方向一致，但职业发展超出所学专业领域，需要根据自己的职业规划，在学好专业的基础上通过选修、自学提高自己所从事职业的素质。

3. 专业与职业交叉

以专业为基础发展职业，个人的职业发展在所学专业基础上有重点地向某一方向拓展。所学专业在个人职业发展中仍有重要意义，需要在职业生涯规划的指导下，在学好本专业的基础上，辅修或自学自己规划要从事的其他专业课程。

4. 专业与职业分离

要从事的职业与所学专业基本无关，所学专业的某些方面在个人职业发展中有一定的

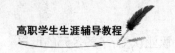

重要性,但方向并不一致,这时应尽早调整专业,若为时已晚,应辅修其他专业。

根据专业与职业的匹配情况,就业可分为三种类型:

(1)专业密切型就业

专业密切型就业是指大学生根据自己所学的专业选择与专业对口的职业,大学毕业后从事的工作,与大学的学习、学业是完全相通的。如医学、工学等学科专业性较强,这些专业的毕业生在校期间掌握了较多的专业技能,工作起来才能得心应手。

(2)专业相关型就业

专业相关型就业是指大学生选择从事的职业,与自己学习的专业不是特别对口,但是与专业知识有一定关联。比如学习的是工科专业,选择从事与工科相对应的一些行业就是相关的;学习的是企业管理专业,毕业后到高校机关部门工作,也有一定的相关度。

(3)专业无关型就业

专业无关型就业是指大学生选择从事的职业,与大学所学专业完全无关,完全不对口。比如学的是文科专业,毕业后却从事工科类职业。IBM 公司就有在大学学戏剧编剧专业的计算机架构工程师。更多的情况是,大学学工科的学生,毕业后却从事文科工作,不少新闻媒体的编辑、记者就是工科背景。

(三)培养专业能力以促进职业发展

专业学习包括专业知识的学习、专业技能的掌握和专业能力的形成。大学所设的专业一般面向一个岗位群,纵向可涉及一个领域、一个行业,横向可涵盖社会各部门的某个层面。实用型人才培养,要求大学生同时具有一个岗位群的理论知识和基本的、通用的、熟练的职业技能,又能掌握与本专业有关的最新科技知识。大学生毕业后所从事的职业无论与专业是否相关,都要求学生在校期间打下牢固的专业知识基础,掌握专业技能,培养专业能力,为求职就业做好知识、能力的储备。

1. 知识结构的完善

合理的知识结构是担任现代社会职业岗位的必要条件,是人才成长的基础。现代社会的职业岗位,需要的是知识结构合理,能根据当今社会发展和职业的具体要求,将自己所学到的各类知识科学地组合起来的、适应社会要求的人才。另外,当今社会,知识在不断更新,必须储备足够的基础理论知识,以利于继续学习。因此,大学生应充分认识知识结构在求职择业和未来生涯发展中的作用,根据现代社会的发展需要,塑造自己,发展自己,建立合理的知识结构,使之适应现代社会的要求。

2. 专业技能的加强

就业竞争就是能力的竞争,职业能力的强弱和就业机会的多少以及有没有发展机遇呈正相关关系。如果说职业理想和就业目标是目的地,那么专业学习就是主要的路线图。不同的职业需要不同的专业知识、专业素养、职业技能和职业素养,而不同的知识和技能则是专业学习的主要内容。

3.实践能力的锻炼

专业实践是大学生将专业理论知识与社会工作相结合的环节。专业实践促进职业能力的发展,专业知识、专业素养、职业技能和职业素养的提升是适应职业岗位需求的重要因素。大学阶段是同学们为自己一生的发展打下坚实的专业知识、专业素养、职业技能和职业素养基础的关键阶段。因此,必须充分利用在校学习期间的各种机会,做一些与专业相关或目标职业有关的工作,发挥自身特长,把自己所学的知识运用到实际工作中,积累丰富的实践经验,全方位地提升自己的综合素质与社会适应能力。

[探究与分享]

1.吴某,某高职院校学生,在校专业为汽车检测与维修技术,大三时通过学校就业双选会进入某钢铁行业就职。请同学们思考,吴某所从事的职业属于什么行业?吴某所从事的职业跟专业有什么关系?

2.蔡某,某高职院校学生,在校专业为汽车电子技术。大三准备就业时,他面临两个选择:其一,到某大型汽车生产公司就业,上升渠道清晰,与专业匹配度高,但必须在生产一线工作一定时间;其二,在家人的介绍下到某公司做一名文员,与专业匹配度不高,但工作比较轻松且社会认可度高。如果是你,你会如何选择?请说出你的理由。

第二节 职业分类

职业分类是运用一定的科学方法和手段,根据一定的原则,采用特定的标准和方法,对社会全体从业人员所从事的各类经济活动进行分析和研究,按活动的性质、对象、内容、形式、功能和结果等进行类型划分与归类的工作。

一、职业分类概述

职业分类对国家合理开发、利用和综合管理社会劳动力,提高劳动者的素质有重大意义。在校大学生应该了解社会职业领域的总体状况,有助于增强大学生的职业意识,为职业生涯规划与发展打下坚实的基础。

(一)职业分类的依据与实质

职业分类是依据一定的规则、标准和方法,如以工作性质的同一性为基本原则,通过职业代码、名称、定义和所包括的主要工作内容等,对全社会从业人员从事的各类职业进行分析、研究和确认,并按不同职业的性质和活动方式、技术要求及管理范围,对社会职业进行的

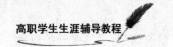

系统划分与归类到一定职业类别系统中去的过程。职业分类目的在于把社会上纷繁复杂的、数以万计的工作类型，划分成规范统一和井然有序的层次或类别，以确定它的归属。

由于职业分类既是职业社会需求性的外在特征反映，也是职业个人发展性的内在特征体现，因此职业分类具有不同的依据。目前，国内外职业分类的主要依据是职业性质、职业活动方式、职业技术要求和职业管理范围。其中，职业性质即本质属性，反映职业不同的表现形式、具体内容和类型特点，归类时要着眼历史、现状和未来，注意其静止结构和动态过程；职业活动方式为职业运转的方法和形式，反映职业存在的客观状态，分类时要考虑职业活动的主客观条件，注意和内容统一；职业技术要求即某种职业活动的指标、数据、程序或模式，分类时要注意职业范围和所用标准的一致性；职业管理范围为职业功能边际界限的表现，管理部门以此确定职责范围，分类时要确认职业的管理对象、范围和层次，做到类别准确、归属合理、划分适当和各得其位。

职业分类的实质在于区分精细的社会劳动分工，恰当地赋予劳动者的劳动角色，以利于劳动者能力和劳动积极性的充分发挥。

（二）职业分类的意义

①有助于国家对职工队伍进行分类管理。根据不同的职业特点和工作要求，采取相应的录用、调配、考核、培训、奖惩等管理方法，使管理更具针对性。

②为岗位责任制提供依据。职业分类会给各个职业分别确定工作责任、履行职责及完成工作所需要的职业素质等。

③有助于建立合理的职业结构和职工配置体系。

④为开展职工考核和智力开发提供重要依据。考核就是要考查职工的工作胜任力与工作能力，这需要在职业分类的基础上开展。同时，职业分类中规定的各个职业岗位的责任和工作人员的从业条件，不仅是考核的基础，同时也是进行培训的重要依据。

（三）职业分类的特征

1.产业性特征

社会经济产业主要分为三类：第一产业包括农业、林业、牧业和渔业等；第二产业是工业和建筑业，工业中包括采掘业、制造业等；第三产业是流通和服务业。在传统农业社会，农业人口比重最大；在工业化社会，工业领域中的职业数量和就业人口显著增加；在科学技术高度发达和经济发展迅速的社会，第三产业职业数量和就业人口显著增加。

2.行业性特征

行业是根据生产工作单位所生产的物品或提供服务的不同而划分的，行业主要是按企业、事业单位，机关团体和个体从业人员所从事的生产或其他社会经济活动的性质的同一性来分类的。可以说行业表示了人们所在的工作单位的性质。

3.职位性特征

职位是一定的职权和相应的责任的集合体。职权和责任的统一形成职位的功能，职权和责任是组成职位的两个基本要素;职权相同,责任一致,就是同一职位。在职业分类中的每一种职业都含有职位的特性。比如大学教师这种职业包含有助教、讲师、副教授、教授等职位;再比如国家机关公务员包括科级、处级、厅(局)级、省(部)级等职位系列。

4.组群性特征

无论以何种依据来划分职业都带有组群特点。如科学研究人员中包含哲学、社会学、经济学、理学、工学、医学等,咨询服务事业包括科技咨询工作者、心理咨询工作者、职业咨询工作者等。

5.时空性特征

随着时代的发展和进步,职业变化迅速,除了弃旧更新外,还有同一种职业的活动内容和方式也发生了变化,所以职业的划分带有明显的时代性。在空间上职业种类分布有区域、城乡、行业之间或者国别上的差别。

二、职业分类的基本原则

职业分类应当遵循科学规范、先进合理、内容完整、层次分明的基本原则。

(一)科学规范原则

科学规范是职业分类的基本要求,是为了确保职业管理标准化的实现,主要包含以下几方面内容:

1.准确界定定义

各类专用术语的定义界定是职业分类的基础性工作之一,是确保职业分类科学规范的前提,标准化分类的要求是必须正确使用这些概念。

2.科学制订分类标准

如果说定义是对概念的认定,那么,分类标准则是对概念的运用或操作化过程。由于职业分类的对象十分庞杂,因此,对形态各异、特点不同的各类职业要做到科学归类,规范划分,必须确定一个各类职业都适宜的统一分类标准。对那些特殊职业,或难以实行同一分类标准的职业,还需参照统一标准制订必要的辅助标准。然后,再按照职业类别由低到高的顺序逐级划分。总之,分类标准的科学化就是运用同一标准对不同职业予以归类。

3.恰当设定技能指标

职业包含不同的工种,工种又分解为不同的岗位任务和职责,而任务、职责又需要能力来执行。因此,国际上通常将技能定义为"完成特定工作所涉及的任务和职责的能力"。该定义包含了两个方面的内容,即技能水平和技能规范。前者表示的是与任务职责的复杂程度和范围有关的执行能力,后者是指根据涉及的知识领域,使用的工具和设备,加工和使用的材料,以及提供的产品和服务的种类来规定的标准化要求。

(二)先进合理原则

成功的职业分类必须同时具备先进性与合理性。先进性是指职业分类的方法、结构具有水准高、指导性强、时效性长等特点。水准高是指分类体系居时代同类体系的前列,是集现代最新科学知识之大成者;指导性强是指分类体系对各类职业都具有规范和导向作用;时效性长是指分类体系具有较长时间的使用价值。合理性是指职业分类体系具有结构科学、功能齐全、操作方便等特点。结构科学是指职业分类体系类别齐全、划分妥当、归类准确,使得大、中、小类职业及工种各层次之间环环相扣。功能齐全是指职业分类体系由于结构科学而形成的指导、统计、预测、管理等较为全面的作用形式;操作方便是指职业分类体系在实现其功能作用的过程中,便于各行业、各部门乃至个人的使用。

(三)内容完整原则

确保内容完整,无错无漏,是职业分类权威性、严肃性、科学性的具体体现。建立现代职业分类体系,应当做到工种齐全、类别完善、技能标准化。

1. 工种齐全

从横向角度看,职业分类体系对我国现行职业领域的所有工种必须一览无遗,防止疏漏。近年来,随着我国社会经济和科学技术的迅猛发展,职业领域出现了许多新的变化:一是原有职业工种发生变异。例如,键盘打字改为电脑打字,打字员的职业技能已与以往不同。二是职业工种的新生。例如,社会服务中的保姆、钟点工的出现。对这些新生职业必须进行逐行逐业的调查统计。总之,工种的准确统计是建立完整职业分类体系的基础,任何疏漏都将直接影响分类体系的完整与严谨。

2. 类别完善

职业分类的基本形式在于职业类别的划分。一般而论,每一类别就是一个层级。层级的划分方式可以不同,如既可以按大类、中类、小类划分,也可以按总类、子类、细类归纳,还可以按主类、次类、细类分层。但无论哪种方式,层级的划分均需做到内容穷尽,项目齐全,类别完整。如果将一个层级的类别视为由低到高,或由高到低的圈层,则类别完善可看作是职业分类在内容上的纵向表现形式。

3. 技能标准化

在职业分类体系中,职业技能是一项重要内容。由于技能是以完成特定工作所涉及的任务和职责的能力体现,因此,每一工种或职业都应标识明确的任务指标和随之而来的职责范围。它是职业标准化的重要内容,也是职业管理的方向。

(四)层次分明原则

职业分类的实质就是运用统一标准对国家现行职业进行层次划分。层次分明的职业类别划分,对于建立科学的职业分类体系是极为重要的。层次分明的职业类别划分,不仅是职业分类的技术要求,而且也是强化国家职能部门管理功能的需要,是国家实行职业现代化管理的前提。

职业分类的层次是否分明,首先表现在体系结构上。我们可以将国家职业体系划分为大、中、小类及工种四个层次。在这个职业类别体系中,大类包含中类,中类包含小类,小类包含工种,这样便形成了一个从高到低逐级包容的宝塔形或梯形结构模式。这种结构层次分明,类别清晰,通览总体,一目了然,使用起来比较方便。

层次分明的职业体系还体现在体系结构的内在联系上。体系结构是职业类别的外显形式,而职业体系结构的运行机制,则是职业体系构成的内在原因。在这种机制的作用下,同类职业总是遵从共同的运行方式,构成自己的运行网络,从事某种功能性运作。事实上,由于职业类别运行网络的生成机制不同,故而形成职业类别的结构原因也就不同。不同层次间的职业类别的关系模式是:所有同级职业或职业类别构成上一层级的职业类别,而上一层级的职业类别又包含下一层级中的所有职业或职业类别。

三、职业分类的方法

生产力发展水平越高,社会劳动分工越细,职业的种类就会越多。因为职业具备多重属性,所以认识职业的视角和职业分类的方法也就有很多种。例如,按照职业活动的性质差异,提供产品和服务的种类的不同,使用劳动资料和劳动对象(原料、材料、工具、设备)的种类的不同,工作环境条件的不同,职业活动规模的不同,员工在职业活动中发挥作用的不同,职业活动对员工的知识和技能要求的不同,以及员工在职业活动中个性心理特征的差异等进行分类。一般而言,在职业分类过程中,以下几种分类方法(即理解职业的几种视角)较为常见。

(一)视角一:按脑力劳动和体力劳动的性质、层次划分

这是最为普遍的一种分类法。早期分为白领工作人员和蓝领工作人员两类,即通常所讲的白领与蓝领阶层。近年来,随着社会分工越来越细,职业层次划分也越来越细,又分为金领、白领、蓝领、灰领等。这种分类概括简要,但明显表现出职业的等级性。

1. 金领

金领阶层是指社会精英高度集中的阶层,年龄通常在25～45岁,受过良好的教育,有一定的工作经验、经营策划能力和专业技能。他们具有较强的理论知识水平和一定的社会关系资源,年薪在15万～40万元。这个阶层不一定拥有生产资料所有权,但拥有一个公司最重要的技术和经营权。金领阶层一般是指"三资"企业高级管理、外商驻华机构的中方代表、规模较大的民营公司的经理、国企的高层领导等。

2. 白领

白领阶层是指有教育背景和工作经验的、从事脑力劳动的阶层,是西方社会对企业中不需做大量体力劳动的工作人员的通称。其范围包括一切受雇于人、领取薪水的非体力劳动者,因而有"白领职工"之称。他们一般工作条件比较整洁,穿着整齐,衣领洁白,包括技术人员、管理人员、办事员、推销员、打字员、速记员、文书、会计、店员及教师、医生、律师、普通职员等。

3. 蓝领

蓝领被称为白领的相对一族,是指从事体力劳动的工人,他们劳动时一般穿蓝色工作服,如工矿工人、农业工人、建筑工人、码头工人、仓库管理员等。我国的蓝领人口规模正在

迅猛增长,甚至已经大大超出了白领。电脑、空调、手机等新型工业的涌现,蓝领就业的范围已经从"生产线"延伸到了售后服务。现代蓝领具有统一的生产技能和职业规范,存在于各个产业中,比如高级技术工人、服务规范化的出租车司机与物流运输工人、具有高标准卫生条件约束下的厨艺人员、具备现代农技知识进行机械化作业的农民等。很多高职学生毕业后会加入蓝领这一群体。

4.灰领

相对于白领和蓝领而言,灰领是具有较强理论知识水平和实际动手操作能力的工作人员。简单地说,就是既会动脑又会动手的人。灰领职业主要集中在三大行业:IT行业、设计行业和汽车技术行业。典型的灰领职业有汽车技术人员、模具设计、电子工程师、IT程序员、电子商务员、网页设计、动漫设计、视频处理技术、动作捕捉技术、会展设计、广告设计、室内装饰设计、首饰设计员等。

(二)视角二:按个性心理的个别差异划分

美国著名的职业指导专家霍兰德创立的人格—职业类型匹配论,把人格类型划分为六种:实用型、研究型、艺术型、社会型、企业型和常规型。对应这几种人格类型,把职业环境划分为六大类型。这种分类把个性心理特征与职业类型统一起来,便于根据兴趣进行职业选择及生涯辅导,可促成人们在有兴趣的职业环境中学习和工作。如企业型的可以去做经理、厂长、销售等,艺术型的可以去做乐队指挥、音乐教师,研究型的可以去做科学家、工程技术人员等。目前,在职业的选择和职业规划中,这种划分可以作为一个重要的参考依据。

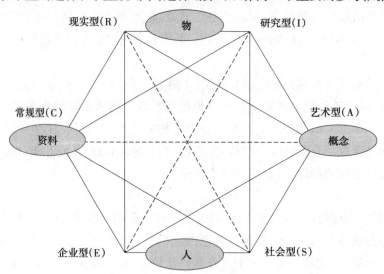

图3.1　霍兰德人格六角形模型

基于霍兰德的这种理论,个体因其性格类型、工作态度、工作兴趣、工作技能、学习范畴、职业环境等不同,因而会选择不同的职业领域。

表 3.2　基于霍兰德理论的职业领域分类

现实型（R）分析	
性格类型	富有技术能力，喜爱具体的行动。处理人际关系或与人交涉的技能较弱。重视权利、金钱的价值，性格上有内向、顺应等倾向。 他们认为自己讲求实际、好动、注重现实、可靠、表现稳定、有耐力，不喜欢拐弯抹角，做事态度诚实及价值观偏向保守
工作态度	他们喜欢直接，不喜欢花太多时间用于讨论，宁愿亲身去尝试，只要他们有足够的信息，他们会偏向实时动手，不介意单独工作，但他们需要清晰的指引及稳定的工作环境
工作兴趣	这类型的人喜欢技术性和体力性的工作，喜欢运用工具或操作机器，或从事与动物有关的工作。 一般来说，他们都避免教学、辅导、护理及提供数据等社交活动。 他们重视眼看得见、手摸得到、有实际用途的东西，像可以养的动物、可以种的植物或一些可以建造或改良的东西，也偏向户外工作
工作技能	手工艺技能、维修技能、操作机器技能、体力性强
学习范畴	建筑、工程、农务管理、手艺有关的学习
职业环境	机械性、技术性、实际操作性、解决具体问题的职业环境
职业领域	代表性的职业领域：需要熟练技能的职业、动物管理方面的职业、机械管理方面的职业、生产技术方面的职业、手工艺技能方面的职业、机械装置与运转方面的职业等。 如领航员、生态导游、机器工程师、飞机机械师、木匠、农民、鱼类和野生动物学家、面包师傅、自动化技师、机械工（车工、钳工等）、电工、火车司机、长途客车司机、机械制图员、修理工、器械维修员、文员
研究型（I）分析	
性格类型	他们认为自己思想缜密、逻辑思维能力强、看重理性、对事物好奇、有很强的分析能力，独立处事、善于抽象思考，自信，谨慎，偏爱对事物构成的理解，是一个解决实际问题的人。 在回避社交性方面与实用型有质的区别。性格上具有分析性、深思熟虑、合理、内省等倾向
工作态度	比较喜欢独自工作，工作前一定要掌握足够的资料才会作出决定，也十分重视决定的原因及思考方法。厌恶需要劝说和缺乏挑战性的活动
工作兴趣	以调查研究为主的研究性、探索性的工作，这一领域的职业兴趣倾向表现为：对抽象概念具有强烈兴趣，喜欢理论思维或偏爱数理统计工作，有明显的科学倾向，喜欢对各种现象进行观察、分析和推理，进行系统的和创造性的探究，以求能发现新的事实或提出新的理论。 一般来说，他们都避免去领导人、说服人买他们的东西或接纳他们的观点
工作技能	数据重整的技能、阅读能力、研究技能、公开演说技能、概念性具体化技能、分析能力、复杂的计算技能。他们擅长理解和解答科学和数学的问题
学习范畴	生物科学、计算机科学、物理、化学、地理学、数学、经济、统计学
职业环境	需要用缜密、理性研究的能力与智力解决问题的职业环境
职业领域	代表性的职业领域：自然科学研究、情报处理、社会调查、医学及数理统计的职业等。 如数据分析员、科学家、经济学家、统计员、牙医、实验室技术员、验光师、气象学者、生物学者、天文学者、药剂师、化学家、科学报刊编辑、地质学者、植物学者、物理学者、数学家、科技人员、科技工作者

续表

艺术型（A）分析	
性格类型	想象力丰富,具有独创性,有优秀的艺术能力与感受力,追求美的价值。 性格上有强烈的彰显自我主张的倾向,不喜欢规则性、组织性的约束,自我约束能力稍差,情绪表现趋向自由等倾向。 很重感觉、创意、表达、想象,直觉性思考、独立,可能会有点完美主义,思想包容性强大、前卫、易于接受新的事物
工作态度	他们做事不会墨守成规,往往喜欢以新的角度、新的方法思考,喜欢转变及挑战冒险,倚重直觉及想象力办事,不喜欢受束缚,追求足够的自我空间去发挥创作
工作兴趣	以文化艺术为对象的创造性的工作活动,这一领域的职业兴趣倾向表现为:对艺术、戏剧、工艺、美术、舞蹈、音乐或文学创作等有强烈的兴趣,独创性、想象力倾向明显,重视自己的感性。 一般来说,他们都避免一些很有条理和重复性的活动
工作技能	创意能力、艺术天分、表演能力、色彩的敏感力、线条的掌握、审美能力、能紧跟潮流趋势
学习范畴	设计、与艺术有关的科目、文学、新闻传媒、建筑、摄影
职业环境	没有束缚、能发挥创造力的职业环境
职业领域	代表性的职业领域:美术雕刻以及工艺设计、舞蹈演出、文学创作、音乐等方面的职业。 如建筑师、舞蹈家、艺人、摄影师、设计师、音乐家、室内装饰专家、图书管理专家、音乐教师、作家、演员、记者、诗人、作曲家、编剧、雕刻家、漫画家
社会型（S）分析	
性格类型	有说服教育人的能力,乐于接触人,能维系良好的人际关系,并具有保持这种关系的较好的技术。重视社会性、道德性活动的价值。性格上有善于协调、责任感强、亲切等倾向。 开朗、友善、给人温暖的感觉,懂得关心别人、易与人合作、社交能力强,富有同情心、有教导能力、乐于助人、很有耐性及体谅他人
工作态度	他们比较喜欢团队性的工作,工作前要有充足的数据才开始,喜欢与别人沟通后才进行工作,希望在工作上能帮助人
工作兴趣	接触人、为人服务的工作活动,这一领域的职业兴趣倾向表现为对教育人,援助人,解决社会问题、个人内心问题或教导的工作尤有兴趣。如教学、培训、教导、咨询辅导、治疗和提供数据。 喜欢参加与他人一起的活动,有理解他人、与人和睦相处的能力。 一般来说,他们都避免操作机器、运用工具或利用动物来达到目的
工作技能	良好的沟通能力、聆听能力、耐性、说话技巧、教导能力、设计活动能力、领导及组织团体的能力、团队合作能力
学习范畴	教育、辅导、社会工作、幼儿发展、外语、心理学、社会学、宗教哲学、人际关系沟通
职业环境	需要服务能力的(对人、对社会)职业环境
职业领域	代表性的职业领域:学校教育以及社会教育、社会福利事业、医疗保健以及各种直接为人服务的和商品营销等职业。 如教师、幼儿护理、心理学家、咨询人员、辅导员、心理医生、社会学者、导游、福利机构工作者、社会工作者、社会科学老师、学校领导、精神病工作者

企业型(E)分析	
性格类型	富有表现力与指导力,期望权力和地位,重视政治、经济等方面成功的价值。性格上有积极的、社交性的、充满自信等倾向。 这类型的人喜欢领导和说服人,充满活力,乐观,爱冒险,活跃于社交圈子,外向,充满斗志
工作态度	喜欢领导别人工作,在工作范围中愿意承担领导的角色,有能力洞悉计划的全部,能够带领队员逐步完成工作
工作兴趣	提案策划、组织经营方面的工作,这一领域的职业兴趣倾向表现为对扮演领导角色和从事冒险活动具有强烈的兴趣,喜欢从事领导他人实现组织目标或获取经济利益的活动。 喜欢制订新的工作计划、事业计划以及设立新的组织,并注意发挥组织的作用,他们喜欢说服别人买他们的东西或接纳他们的观点。 一般来说,他们都避免做一些要求细心观察及动用科学性、分析性思维的活动
工作技能	公开演说技巧,行政管理能力,果断,说服技巧,管理人事的能力
学习范畴	广告设计、经济、财务、工商管理、酒店管理、公共行政
职业环境	需要计划、经营等有说服力、统率力的职业环境
职业领域	代表性的职业领域:企业经营管理、广告宣传策划、新闻报道、财务管理等方面的职业。 如政治家、推销员、采购、零售商、旅馆经理、饭店经理、行政经理、市场策划员、记者、公关、广告宣传员、调度员、律师
常规型(C)分析	
性格类型	具有事务性的、计算性的能力,重视形式与规则,喜欢组织与秩序,但缺乏艺术上的能力。 性格上有尊重规则、保守、慎重等倾向,现实、小心、仔细、保守、谨慎、服从性强、坚毅,做事有条理、尊重规则、按部就班
工作态度	这类型的人喜欢按照规律和秩序处理数字、记录或机器,一般来说都避免一些内容不明确和缺乏组织的活动。他们认为自己做事有条不紊,跟着既定的计划做事会做得特别好
工作兴趣	重视并遵循固定的方式、规则与习惯的工作活动。这一领域的职业兴趣倾向表现为喜欢干事务性的工作,重视规则与习惯,习惯根据他人的指示进行活动、对各种情况都能适应,工作仔细、认真、有毅力。 喜欢对数据资料进行明确、有序和系统化的整理工作,他们擅长有系统和有条理地处理书面记录和数字。比较看重商业和经济方面的具体成就。 力图回避模糊、不正规、非程序化的情景或探究性的活动
工作技能	对数字计算等有高度掌握,财政预算、档案处理及一些需要非常精密谨慎的工作技巧尤能掌握
学习范畴	会计、市场学、办公室管理
职业环境	需要服从规则与传统,且反复进行事务处理的职业环境
职业领域	代表性的职业领域:办公室事务、财务经理事务、警备保卫、编辑校对等方面的职业。 如记账员、会计、银行出纳、法庭速记员、成本估算员、税务员、核算员、打字员、办公室文员、统计员、计算机操作员、秘书

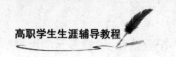
(三)视角三:依据各个职业的主要职责或"从事的工作"性质划分

《中华人民共和国职业分类大典(2015)》(以下简称《大典》)是我国官方职业分类的标准。《大典》以从业人员工作性质的同一性作为职业划分标准的原则,并对各个职业的定义、工作活动的内容和形式,以及工作活动的范围等做了具体描述,依据从业人员所从事的工作性质的统一性进行分类,把我国职业划分为由大到小、由粗到细的四个层次。细类每隔一段时间更新一次。细类为最小类别,也就是职业。

八大类的排列顺序是:

第一大类:国家机关、党群组织、企业、事业单位负责人;

第二大类:专业技术人员;

第三大类:办事人员和有关人员;

第四大类:商业、服务业人员;

第五大类:农、林、牧、渔、水利业生产人员;

第六大类:生产、运输设备操作人员及有关人员;

第七大类:军人;

第八大类:不便分类的其他从业人员。

(四)视角四:按从业人员所从事的生产或其他社会经济活动的性质的同一性划分

根据《国民经济行业分类》(GB/T 4754—2017),将国民经济各行业划分为30个门类。

表3.3　国民经济行业分类和代码

门类	类别名称	门类	类别名称
A	农、林、牧、渔业	K	房地产业
B	采矿业	L	租赁和商务服务业
C	制造业	M	科学研究和技术服务业
D	电力、热力、燃气及水生产和供应业	N	水利、环境和公共设施管理业
E	建筑业	O	居民服务、修理和其他服务业
F	批发和零售业	P	教育
G	交通运输、仓储和邮政业	Q	卫生和社会工作
H	住宿和餐饮业	R	文化、体育和娱乐业
I	信息传输、软件和信息技术服务业	S	公共管理、社会保障和社会组织
J	金融业	T	国际组织

(五)视角五:依据行业与职能性质的叠加性划分

这种方法也就是把视角四和职能类别进行矩阵式的叠加应用,根据向阳生涯十多年的实践研究，这样的职业理解法具有很强的职业规划实操性。这种方法可以更准确地表达职场中的各类职业差异，这对于我们每个人认识职业世界、理解职业世界及做好自己的职业选择、规划职业生涯来说会更加有效。我们在职业规划实践中通常运用本方法来区分职业。

本职能分类系统研究了当今社会绝大多数的职业活动，我们本着回归职业活动本质的视角，结合霍兰德的职业分类理论，将各种职能划分为6组36个职能类别（表3.4）。

表3.4　基于霍兰德理论的职业类型分类

现实型（R）	研究型（I）	艺术型（A）	社会型（S）	企业型（E）	常规型（C）
生产/技工 操作/驾驶 保卫 安装/维护/维修 手工制作 种植/养殖 物流/仓储	战略规划 企划/策划 研究/开发/情报	演艺 主持 访谈/采访 编辑/写作 设计/美术	咨询/辅导/顾问 教育/培训 公共关系 人力资源 社会工作 客户服务 接待/引导/服务	统帅/调度 经营管理 市场营销 销售/零售/招商 经纪/中介 采购 项目管理	财务/审计/税务 法律事务 信息数据管理 翻译 行政/文秘/后勤 质量管理/安防 业务跟单

其中比较常见的企业组织职能（部门）主要有市场、销售、研发、生产、质量管理、采购、物流、客户服务、人力资源、财务、行政、信息数据管理、企划、法律事务等。

在中小型企业最常见的有八大职能部门：财务、人力、行政、销售、市场、生产、研发、客服。

四、我国职业分类的构建与完善

20世纪90年代中后期，随着我国改革开放进一步深化，社会主义市场经济体制的建立，以及现代科学技术特别是信息网络技术的迅猛发展，我国国民经济建设各行各业都发生了巨大的变化。尤其是《中华人民共和国劳动法》的颁布实施，明确了"国家确定职业分类，对规定的职业制定职业技能标准，实行职业资格证书制度"。根据社会经济发展的需要，1995年2月，劳动和社会保障部、国家统计局和国家质量技术监督局联合中央其他部委共同成立了国家职业分类大典和职业资格工作委员会，组织社会各界上千名专家，经过4年的艰苦努力，于1998年12月编制完成了《中华人民共和国职业分类大典》，并于1999年5月正式颁布实施。

（一）1999版《大典》

《大典》在结构上根据从业人员工作性质同一性的原则，最终形成了我国社会生活中的八大类职业。同时按照人们职业活动分属的不同知识领域、使用的工具和设备、采用的技术和方法，以及提供的产品和服务种类等的同一性，把职业又划分成66个中类，并根据从业人员的工作环境、工作对象、工作条件和技术性质的同一性特点，再次将职业划分成413个小

类和 1 838 个细类(表 3.5)。

表 3.5 1999 版《大典》分类结构表

大类	大类名称	中类	小类	细类(职业)
一	国家机关、党群组织、企业、事业单位负责人	5	16	25
二	专业技术人员	14	115	379
三	办事人员和有关人员	4	12	45
四	商业、服务业人员	8	43	147
五	农、林、牧、渔、水利业生产人员	6	30	121
六	生产、运输设备操作人员及有关人员	27	195	1 119
七	军人	1	1	1
八	不便分类的其他从业人员	1	1	1
合计	8	66	413	1 838

从职业结构看,职业的分布有三个特点:

①技术型和技能型职业占主导。占实际职业总量的 60.88% 的职业分布在第六大类,它们分属我国工业生产的各个主要领域。从这类职业的工作内容分析,其特点是以技术型和技能型操作为主。

②第三产业职业比重较小,仅占实际职业总量的 8% 左右。三大产业中的职业分布,以第二产业的职业比重最大。

③知识型与高新技术型职业较少。现有职业结构中,属于知识型与高新技术型的职业数量不超过总量的 3%。

(二)2015 版《大典》

进入新世纪后,随着我国经济社会的快速发展,产业结构调整、科学技术进步、大众创业创新,社会上涌现出许多新业态,亟待在国家层面上予以认可和规范,新职业信息发布制度应运而生。为适应时代要求,2004 年国家开始对《大典》进行增补。至 2009 年,累计发布了 12 批次 120 多个新职业。2010 年后,国家启动了大典修订工作。为鼓励和发展新就业形态,2015 年我国对 1999 版《大典》完成修订,从内容修订的总体情况看,主要从以下四个方面进行了修改、调整和补充。

第一,对职业分类体系的修订。2015 版《大典》延续职业分类的大类、中类、小类和细类结构,细类是最基本的类别,即职业。调整后的职业分类结构为 8 个大类、75 个中类、434 个小类、1 481 个细类(职业)。与 1999 版《大典》相比,维持 8 个大类不变,增加 9 个中类、21 个小类,减少 547 个职业(新增 347 个职业,取消 894 个职业)。新增职业包括"网络与信息安全管理员""快递员""文化经纪人""动车组制修师""风电机组制造工"等,取消职业包括"收购员""平炉炼钢工""凸版和凹版制版工"等。

第二,对职业信息描述内容的修订。维持142个类别信息描述内容基本不变,修订220个、取消125个、新增155个类别信息描述内容;同时,维持612个职业信息描述内容基本不变,修订522个、取消552个(不含342个"其他"类职业)、新增347个职业信息描述内容。

第三,对职业信息描述项目的调整。为了更好地反映我国企业人力资源管理实际,将1999版"下列工种归入本职业"的表述调整为"本职业包含但不限于下列工种",其含义有二:一是同时包括与对应职业名称重名的工种;二是对检验、试验、修理、包装、营销等因其工作性质相似、数量众多、无法穷尽的工种未予列举。

第四,增加绿色职业标识。本次修订借鉴了发达国家经验,结合我国实际,对具有"环保、低碳、循环"特征的职业活动进行研究分析,将部分社会认知度较高、具有显著绿色特征的职业标识为绿色职业,这是我国职业分类的首次尝试。旨在注重人类生产生活与生态环境的可持续发展,推动绿色职业发展,促进绿色就业。绿色职业活动主要包括:监测、保护与治理、美化生态环境,生产太阳能、风能、生物质能等新能源,提供大运量、高效率交通运力,回收与利用废弃物等领域的生产活动,以及与其相关的以科学研究、技术研发、设计规划等方式提供服务的社会活动。2015版《大典》共标示127个绿色职业,并统一以"绿色职业"的汉语拼音首字母"L"标识,如环境监测员、太阳能利用工、轮胎翻修工等职业(图3.7)。

具体修订内容如表3.6所示。

表3.6 职业分类对比

年份	大类	大类名称	中类	小类	细类(职业)
1999	一	国家机关、党群组织、企业、事业单位负责人	5	16	25
2015		党的机关、国家机关、群众团体和社会组织、企事业单位负责人	6	15	23
1999	二	专业技术人员	14	115	379
2015		专业技术人员	11	120	451
1999	三	办事人员和有关人员	4	12	45
2015		办事人员和有关人员	3	9	25
1999	四	商业、服务业人员	8	43	147
2015		社会生产服务和生活服务人员	15	93	278
1999	五	农、林、牧、渔、水利业生产人员	6	30	121
2015		农、林、牧、渔业生产及辅助人员	6	24	52
1999	六	生产、运输设备操作人员及有关人员	27	195	1 119
2015		生产制造及有关人员	32	171	650

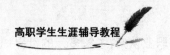
续表

年份	大类	大类名称	中类	小类	细类（职业）
1999	七	军人	1	1	1
2015		军人	1	1	1
1999	八	不便分类的其他从业人员	1	1	1
2015		不便分类的其他从业人员	1	1	1

2015 版《大典》适应我国经济社会发展和人力资源管理的需要，在分类上更加科学规范，内容上更加准确完整，全面客观地反映了现阶段我国社会的职业构成、内涵、特点和发展规律，标志着我国职业分类管理工作进入了一个新的发展阶段。

（三）新职业的产生与发展

新职业是指《大典》中未收录的，社会经济发展中已有一定规模的从业人员，且具有相对独立成熟的专业、技能要求的职业。建立新职业信息发布制度是国际通行做法，也是职业分类动态调整机制的重要内容。

进入 21 世纪以来，新产业、新业态、新模式不断产生，新职业也随之不断产生并发展，国家层面上予以认可、规范的新职业发布制度应运而生。新职业的认定程序：按时向社会公开征集，申报单位填写、提交新职业建议书，经职业分类专家严格评审，再经公示及广泛征求相关行业主管部门意见，按一定程序审批，以国家正式文件形式发布，并在《大典》中补充完善。

①2019 年以来，人力资源和社会保障部与国家市场监督管理总局、国家统计局联合向社会发布了四批新职业（表 3.7）。

表 3.7　新职业列表

发布时间	发布数量	发布种类
2019 年 4 月	13	人工智能工程技术人员、物联网工程技术人员、大数据工程技术人员、云计算工程技术人员、数字化管理师、建筑信息模型技术员、电子竞技运营师、电子竞技员、无人机驾驶员、农业经理人、物联网安装调试员、工业机器人系统操作员、工业机器人系统运维员
2020 年 2 月	16	智能制造工程技术人员、工业互联网工程技术人员、虚拟现实工程技术人员、连锁经营管理师、供应链管理师、网约配送员、人工智能训练师、电气电子产品环保检测员、全媒体运营师、健康照护师、呼吸治疗师、出生缺陷防控咨询师、康复辅助技术咨询师、无人机装调检修工、铁路综合维修工、装配式建筑施工员
2020 年 7 月	9	区块链工程技术人员、城市管理网格员、互联网营销师、信息安全测试员、区块链应用操作员、在线学习服务师、社群健康助理员、老年人能力评估师、增材制造设备操作员

发布时间	发布数量	发布种类
2021 年 3 月	18	集成电路工程技术人员、企业合规师、公司金融顾问、易货师、二手车经纪人、汽车救援员、调饮师、食品安全管理师、服务机器人应用技术员、电子数据取证分析师、职业培训师、密码技术应用员、建筑幕墙设计师、碳排放管理员、管廊运维员、酒体设计师、智能硬件装调员、工业视觉系统运维员

②新职业具有以下几个特性：一是目的性，即有人专职从事此业赖以谋生；二是社会性，即为他人提供产品或服务；三是规范性，即是合乎法律规范的；四是群体性，一般要求有不少于 5 000 人的从业人员。此外，还要求具有稳定性和独特的技术性。

③发布新职业的重要意义如下：

第一，有利于促进就业创业。随着经济社会的发展，不断孕育新业态、产生新职业，国家对这些新职业进行征集、规范并加以公布，可以提升新职业的社会认同度、公信力，满足人力资源市场的双向选择需要，从而促进劳动者就业创业。

第二，有利于引领职业教育培训改革。国家发布新职业，开发相应职业技能标准，可以为设置职业教育专业和培训项目、确定教学培训内容和开发新教材、新课程提供依据和参照，从而实现人才培养和市场对接、与社会需求同步。

第三，有利于产业发展。国家征集并公布新职业，不断完善我国职业分类和职业标准体系，可以为相应产业发展提供风向标，吸引社会投入，促进产业升级和结构调整。

[探究与分享]

请结合当前社会发展，谈谈你所了解的职业种类有哪些？你对哪些职业种类感兴趣，为什么？你觉得自己与感兴趣的职业的匹配度如何？你是如何分析的？匹配要素有哪些？

第三节　探索职业世界

探索职业世界是高职学生实现人生价值的前提，是高职学生提升就业竞争力的重要基础。它会受到家庭环境、个人发展和学校教育多方面的影响。正确培养和锻炼探索职业世界的能力是高职学生职业发展的重要环节。对于高职学生来说，职业世界既熟悉又陌生。熟悉是因为从小就与职业世界发生各种各样的联系，陌生是因为没有体验真实的职业世界。

一、了解职业世界

(一)职业世界系统

职业存在于社会生产和生活中,最终会对应一个具体的职位。职位存在于特定的职业、地域、组织、行业中,由职业、地域、组织、行业以及职位所构成的系统就是职业世界系统(图3.2)。

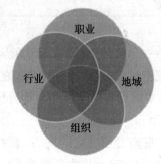

图3.2 职业世界系统

(二)了解职业

从小我们对职业就有着朦胧的认识:"医生是看病的""教师是教书的""警察是抓坏人的",但这些认识远远不足以描绘出一种职业的全貌,我们也不会仅凭这点认识就做出职业选择。这些职业到底要用到什么知识和技能? 有什么样的物质报酬,又会满足什么样的精神需求? 从事这个职业还要投入什么? ……

如表3.8所示的职业分析清单能帮助我们尽可能全面地了解职业信息。

表3.8 职业分析清单

职业性质
• 该职业的主要职责
• 该职业所生产的产品或提供的服务
• 该职业中的专业细分
• 该职业使用的设备、工具、机器和其他辅助物品
要求的个人资历、技能和能力
• 进入该职业所需的个人资历、技能或能力倾向
• 该职业所要求的体力(如举起重物、长时间站立)
• 其他的身体要求(如良好的视力或听力、非色盲、能攀爬等)和个人兴趣(与数据、人或事物打交道)
• 特殊的品质或气质、需要达到的标准(如一分钟至少能打60个字)
• 执照、证书或者其他法律上的要求
• 必需的或有益的特殊要求(如懂得一门外语)
收入、薪酬范围和福利
• 起薪、平均工资和最高薪酬
• 通常提供的福利(退休金、保险、假期、病假等)

续表

工作条件

- 物质条件和安全（办公室、工厂、户外、噪声、湿度）
- 工作时间安排（小时、白天或夜晚、加班、季节性工作）
- 发挥主动性、创造性、自我管理和得到学识的机会
- 需要工作者自备的设备、物品和工具
- 要求具备的职业资格证书
- 该职业的监督或管理类型
- 雇主对着装的要求或偏好
- 出差方面的要求
- 在该职业中工作者可能遭受的歧视
- 工作组织的类型（公司、社会公共机构、代理机构等）
- 职业存在的地理位置（全国性的或只存在于某个特定地区或城市）

该职业中典型人群及其特征

- 支配该职业环境的人或该行业中大多数人的人格特征
- 年龄范围、男性和女性的比例、学历层次
- 外籍人士的比例及岗位、少数民族工作者的数量

就业和发展前景

- 进入该行业的通常方法
- 在地方和全国范围内的就业趋势
- 提升的机会，职业阶梯（你从哪里开始？什么时候能达到什么位置？）
- 该行业中工作的稳定性

个人满意度

- 该职业所体现的价值（高收入、成就、安全感、独立性、创造性、休闲和家庭生活的时间、变化性、帮助他人、社会声望、认可）。这些工作价值中的哪些符合你的价值观？
- 他人和社会对该职业地位的看法：关于这种职业他们喜欢什么？不喜欢什么？

这张职业分析清单罗列了我们在进行职业选择时可能会考虑的因素，我们可以根据自身需要，选取某些项目，有针对性地通过网络查询、生涯人物访谈等方式（后文会提及这些方式）进行了解和探索。

二、职业信息获取的途径与步骤

（一）职业信息获取的途径

1. 通过静态资料获取职业信息

可获取职业信息的静态资料主要来自出版物、视听资料、行业展览会和人才交流会、网络和相关机构。

（1）出版物

可获取职业信息的各类出版物来自专业书籍、文学作品、期刊杂志、各类报纸与招聘广

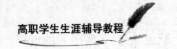

告、相关企业的研究报告、专业调查、学术论文等。

很多文学作品会谈及和职业有关的话题,在人物传记中也会阐述人物的职业发展历程。如《杜拉拉升职记》描述了职场的利益争斗,尤其是非销售岗位的职场。通过阅读文学作品,不仅可以了解职业的基本信息,也可以借鉴传记人物职业历程中的成功经验。需要注意的是,部分文学作品在创作过程中故意夸大了人物的某些特性,专业性不强。

为了更加准确地了解职业,可以阅读一些与职业有关的专业书籍,书中会详尽介绍职业的发展历史、薪酬标准、岗位需求,如《12个工作的基本》一书通过大量的案例描述了职场中的方方面面。

(2)视听资料

可获得职业信息的视听资料包括影视剧、视频及各类电视节目。

首先,观看影视剧直观了解职业信息,跟着影视剧中的人物故事感受职业发展历程,理解一些职业的细节和职业背后的故事,从而丰富我们的职业信息。与文学作品类似,影视剧中也存在夸大人物或是职业的现象。因此,要加以甄别,保证了解准确的职业信息。

其次,观看各类视频了解、学习职业信息和专业知识。如哔哩哔哩视频网站就有大量关于职场技能的学习资料。利用课余时间,学习相关职业技能。此外,时下流行的短视频App也有大量与职场有关的素材。

最后,观看各类电视节目了解职业信息。如职场真人秀节目《职来职往》和各类专栏节目解读时下热门的职业和国家就业政策,能够帮助我们更好地理解就业政策。

(3)行业展览会和人才交流会

各地会定期举办各类行业展览会,行业展览会集中了某个行业中的优秀企业,它们会展示自己的产品、技术和企业的基本状况。参加行业展览会可以深入了解行业或具体的企业,比较不同的行业,可以更好地了解企业的文化和相关信息。

无论是政府机构还是高等院校,每年都会举办大量的人才交流会和招聘会。人才交流会和招聘会是我们获取企业信息和职业信息的一种较为直接的手段。在人才交流会上,可以深入了解企业的用人需求,与企业的人力资源负责人进行面对面的交流,了解我们关心的问题。同时,人才交流会和招聘会是未来获得满意工作的重要途径之一。

(4)网络

在网络时代,要充分掌握信息获取的主动权,浏览各类专业网站学习专业知识,获取职业咨询。如智联招聘、58同城,都是现在大学生获取职业信息的重要媒介。通过这些网站,了解企业的用工需求、岗位空缺、企业的基本信息等大量求职方面的专业信息。

近年来,教育部对网络职场的建设非常重视。如国家大学生就业服务平台,除举办大量网络专场招聘会外,还会提供大量与职业相关的讲座,丰富我们的职业信息,提升广大学生的职场适应力。

(5)机构

每所高校都有就业指导部门,专门为广大学生提供求职帮助和就业服务,如发布招聘信息、举办校园招聘会等。同时,现在大多数高校都提供职业咨询服务,通过咨询深入挖掘自我和职场信息，确保职业信息的科学性和准确性。

此外，还可通过职业介绍机构了解职业信息，甚至得到一些职业培训机构的专业辅导，更加专业地把握职场招聘环节。

2. 通过动态资料获取职业信息

（1）学校专业社团

各大高校都设立了各类专业社团，有些专业社团还会定期举办与职业和职场有关的讲座或各类专业技术培训。通过这类专业社团可以了解职业信息，了解企业需求，并评估与提升职业能力。

（2）行业协会/学会

参加各类公益性或学术性的协会或学会，与专业人员沟通交流，并进行相关知识和技能的学习。部分协会还会定期举办一些专业资格的认证考试，这些专业认证考试可以提升在实际职场中所需具备的专业能力。同时，在学会举办的学术交流会上，可以学习专业人员在相关研究领域的最新成果，也能深入了解职业信息。

（3）生涯人物访谈

在进行职业世界的探索时，还可以通过生涯人物访谈对一些资深从业人员或经验丰富的职场人士进行访问，了解职业信息，验证已获取的职业信息，了解从业人员的真实感受，切实了解岗位需求，并与相关领域的精英人士建立联系，为未来求职打下基础。

知识拓展 1

生涯人物访谈说明

1. 生涯人物访谈的目的

通过生涯人物访谈收集你需要的职业信息，但不要通过生涯人物访谈获取工作，以免自己尴尬，也会打扰到潜在的雇主。

2. 生涯人物访谈的意义

通过生涯人物访谈，你可以获得以下帮助：对自己的职业生涯规划进行考察，进一步明确自己的职业目标；扩大自己在职场中的人际关系，并建立与自己职业发展有关的人脉网络；树立求职的自信心；获取与自己有关的职业信息；验证自己的专业学习与职场实际需求之间的差距。

3. 生涯人物访谈的规划与问题准备

在进行生涯人物访谈前，提前准备好采访信息是十分必要的。你需要提前通过各种途径对被采访人的基本信息进行了解，并对采访问题进行深入加工，以节省采访时间，帮助你对一些问题进行深入的了解，提升采访的专业性和获取信息的实用性。

4. 生涯人物访谈的沟通工作

（1）和你感兴趣的单位或组织取得联系，询问你计划访谈人的姓名、职位和联系方式。

（2）在访谈前，与被采访人电话沟通，并对自己的身份和目的进行介绍，说明自己是如何获取被采访人的联系方式，也可以通过电子邮件或其他联系方式进行提前沟通。

（3）对你的调研内容和所需时间（通常 20～30 分钟）进行说明，并预约访谈的具体时间、地点和访谈方式，如被采访人无法与你见面，可询问是否可以进行短时间的电话采访，如果对方很忙，也可请求介绍一位相似的被采访人。

（4）对被采访人表示感谢。

5. 生涯人物访谈的方向

工作的性质、任务或内容；工作环境和工作地点；工作所需的技能、经验或培训；工作所需的资格、技巧或能力；工作的薪酬范围和福利待遇；工作时间和生活形态；相关职业信息和就业机会；组织的文化和规范；对未来的展望。

6. 生涯人物访谈的内容

- 在工作岗位上，你每天都需要做什么？
- 你所在的领域最近在市场竞争等方面发生了什么变化？
- 你是如何找到现在这份工作的？
- 你如何看待这个领域未来的发展趋势？
- 你的工作是如何实现组织的目标和使命的？
- 这份职业需要什么样的人才？
- 进入这个领域工作的基本前提是什么？
- 对于这份工作，你最喜欢什么？最不喜欢什么？
- 这个领域各个职位的起薪大约是多少？
- 这个领域采取工作行动和解决问题的自由度如何？
- 这个领域的发展机会如何？
- 这份工作中哪里你最满意，哪里你最不满意？
- 这份工作的挑战性是什么？
- 什么样的个人品质对这份工作的成功最重要？
- 你认为这个领域潜在的不利因素是什么？
- 对一名即将踏入这个领域的新人，你有什么建议？
- 这份工作需要的知识、技能和经验是什么？
- 这份工作需要接受什么样的培训或者教育？
- 你的熟人中有谁能够成为下次采访对象？

知识拓展 2

生涯人物访谈问卷

选取合适的访谈对象，按照生涯人物访谈的步骤，参照以下内容进行访谈。

一、访谈目的

_____

_____

二、被访谈人基本情况

姓名:＿＿＿＿＿＿＿＿＿＿＿　　性别:＿＿＿＿＿＿＿＿＿＿＿＿

联系方式:＿＿＿＿＿＿＿＿＿　　毕业时间:＿＿＿＿＿＿＿＿＿＿

毕业院校:＿＿＿＿＿＿＿＿＿　　所学专业:＿＿＿＿＿＿＿＿＿＿

现工作单位:＿＿＿＿＿＿＿＿　　现任职务:＿＿＿＿＿＿＿＿＿＿

三、访谈内容

1.你是如何找到这份工作的? 主要职责是什么?

2.对于这份工作,你最喜欢的是什么? 最不喜欢的又是什么? 对生活有怎样的影响?

3.在这份工作中,你通常每天都做些什么?

4.这种工作需要什么样的技能和其他能力? 有什么样的要求?

5.目前这一行业同类岗位的薪酬水平如何?

6.你目前的职位是什么? 是如何获得这个职位的?

7.你通过什么渠道提升自己? 至今为止,你参加过哪些培训和继续教育?

8.你对现在所处的行业有什么看法?

9.你在从事这一工作前,在哪些单位工作过? 干过哪些工作?

10.我现在可以通过什么方式提高哪些技能或素质,以便日后能进入这一行业呢?

11.就你知道的情况而言,我所学的专业可以进入哪些领域工作?

12.你对目前的工作是否满意?

13.你能给我一些学习或就业方面的建议吗?

14.你能推荐我采访其他的业内人士吗?

四、访谈总结:

访谈时间:＿＿＿＿＿＿＿＿＿＿＿＿＿＿＿＿＿＿＿＿＿＿＿＿＿＿＿＿＿

访谈人:＿＿＿＿＿＿＿＿＿＿＿＿＿＿＿＿＿＿＿＿＿＿＿＿＿＿＿＿＿＿

(4)参与模拟情境与真实情境

①参与模拟情境。在前期了解职业信息的基础上,通过角色扮演等方式对感兴趣的工作进行不同职位或场景下的模拟,能够了解工作中的真实感受,从认知层面加深对工作的了解。

②参与真实情境。真实情境包括直接观察和实习。一是可以通过就业指导中心的活动对所关心的工作场所进行参观,也可以通过父母、亲友的介绍,对有意向的职业进行实地考察或工作体验。二是通过实习实践获取职业信息。实习是我们获取职业世界信息的最有效途径。通过实习,我们不仅可以获得职业世界的真实信息,还可以检验我们的梦想和感受,进而帮助我们进行理性决策,为未来就业做好充分准备。

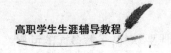

知识拓展3

盘点职业世界的人脉资源

资源一：家族成员

要就业了，首先要让家族成员都知道，让他们平时留意工作机会；其次要了解家族成员的社会关系情况，如有机会可以让家族成员帮忙引荐。

你知道家族成员都从事什么工作吗？你对他们的工作有什么看法呢？让我们借助家族职业树的探索，帮助你了解家人对你的工作期待以及你的自我期许究竟与家族工作有哪些关联。

盘点家族中的职业资源

家族成员从事的工作最多的是：＿＿＿＿＿＿＿＿＿＿＿＿＿＿＿＿＿＿＿＿＿＿

我想要从事这种工作吗？为什么？

＿＿＿＿＿＿＿＿＿＿＿＿＿＿＿＿＿＿＿＿＿＿＿＿＿＿＿＿＿＿＿＿＿＿＿＿＿

＿＿＿＿＿＿＿＿＿＿＿＿＿＿＿＿＿＿＿＿＿＿＿＿＿＿＿＿＿＿＿＿＿＿＿＿＿

爸爸如何形容他的工作？爸爸平时会提到哪些工作？他怎么说的？

＿＿＿＿＿＿＿＿＿＿＿＿＿＿＿＿＿＿＿＿＿＿＿＿＿＿＿＿＿＿＿＿＿＿＿＿＿

＿＿＿＿＿＿＿＿＿＿＿＿＿＿＿＿＿＿＿＿＿＿＿＿＿＿＿＿＿＿＿＿＿＿＿＿＿

爸爸的想法对我的影响是：＿＿＿＿＿＿＿＿＿＿＿＿＿＿＿＿＿＿＿＿＿＿＿＿

妈妈如何形容她的工作？妈妈平时会提到哪些工作？她怎么说的？

＿＿＿＿＿＿＿＿＿＿＿＿＿＿＿＿＿＿＿＿＿＿＿＿＿＿＿＿＿＿＿＿＿＿＿＿＿

＿＿＿＿＿＿＿＿＿＿＿＿＿＿＿＿＿＿＿＿＿＿＿＿＿＿＿＿＿＿＿＿＿＿＿＿＿

妈妈的想法对我的影响是：＿＿＿＿＿＿＿＿＿＿＿＿＿＿＿＿＿＿＿＿＿＿＿＿

家族中还有谁对工作的看法对我的影响深刻？他是怎么说的？

＿＿＿＿＿＿＿＿＿＿＿＿＿＿＿＿＿＿＿＿＿＿＿＿＿＿＿＿＿＿＿＿＿＿＿＿＿

＿＿＿＿＿＿＿＿＿＿＿＿＿＿＿＿＿＿＿＿＿＿＿＿＿＿＿＿＿＿＿＿＿＿＿＿＿

家族中对彼此工作感到满意或美慕的是什么？例如，"堂哥在医院当医生，收入高，社会地位高"等。

＿＿＿＿＿＿＿＿＿＿＿＿＿＿＿＿＿＿＿＿＿＿＿＿＿＿＿＿＿＿＿＿＿＿＿＿＿

＿＿＿＿＿＿＿＿＿＿＿＿＿＿＿＿＿＿＿＿＿＿＿＿＿＿＿＿＿＿＿＿＿＿＿＿＿

家族比较推崇的工作是：＿＿＿＿＿＿＿＿＿＿＿＿＿＿＿＿＿＿＿＿＿＿＿＿＿

对他们的看法我觉得：＿＿＿＿＿＿＿＿＿＿＿＿＿＿＿＿＿＿＿＿＿＿＿＿＿＿

我觉得家人对我未来选择工作的影响是：＿＿＿＿＿＿＿＿＿＿＿＿＿＿＿＿＿＿

家人对各种工作的评价往往表现了他们的好恶，例如："千万不要当艺术家，可能连三餐都吃不饱。""当医生好，不仅收入高，社会地位也高。"……

我的家人最常提到有关工作的看法是:_____

对我的影响是:_____

哪些工作我绝不考虑:_____

哪些工作是我考虑的:_____

选择工作时,我还重视哪些条件:_____

资源二:领导、老师

找找自己学院、系的老师,他们都在本专业领域工作多年,往往跟众多企业有合作关系,比较了解专业领域相关企业的信息,可以为你牵线搭桥,提供企业信息,甚至推荐实习、就业等。

资源三:师兄、师姐

校友资源对大学生就业的重要性越来越明显。要想办法取得与校友的直接联系,通过电话、邮件或面谈,在获取职业信息时建构你的就业关系圈。某大学一位同学就是在大三时参加一个由学院义工协会与校友企业联合举办的垃圾分类推广活动,进而与校友建立了联系,毕业后成功进入该校友企业工作。

资源四:老板、雇主

珍惜每次兼职、实习机会,虚心向雇主、主管学习和请教,也许你会由此被录用成为正式员工,至少你会借此获得资深职场人的宝贵经验。

资源五:业内人士

平时不要只顾着埋头读书,要积极参加一些专业性的协会、学会,通过学术性、专业性交往结识业内人士,向他们请教专业和职业发展的经验。

资源六:培训同学

大学生在考证、充电过程中会参加一些培训班,这是一种结识职场人士的重要渠道,要主动与他们交朋友,说不定会有意想不到的惊喜。

资源七:活动嘉宾

现在学校常常邀请企业嘉宾或职场专家来校举办就业辅导讲座,要把握机会与他们建立联系,不要讲座一结束就迫不及待地溜走。还有就是适当参加一些与就业相关的比赛(如职业规划大赛),借机认识一些专家评委和企业代表。

资源八:网络社区

登录相关网站,进入人力资源社区和求职社区,在该栏目中通过发表自己的言论,结识一些目标城市的人力资源从业人员,通过与他们的交流获取相关的工作信息,并建立一定的联系。事实上,不少大型企业的人力资源部门负责校园招聘的工作人员,常常会在目标高校开设QQ群,他们也希望与在校生早早建立联系,发现人才,甚至招聘在校生为"校园招聘助理",协助开展校园招聘活动。

资源九:咨询专家

对于一些在就业渠道上毫无头绪的大学生而言,也许求助于专业工作咨询师是个不错的选择。

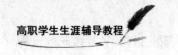

知识拓展4

环境资源的探索

不同的个体,可能具有相似的环境资源,也可能具有天差地别的环境资源,不管如何,进行职业世界探索,需要对环境资源进行充分的了解,才能使自己更加适应职业世界,从而取得一定的成就。

一、社会环境资源探索

社会环境包括政治、经济、法律、科技、文化在内的宏观因素。通过分析社会环境,可以把握社会发展的整体趋势,从而发现工作世界的新机遇。

1. 社会环境探索与职业分析相结合

简单来说,职业分析就是要了解职业的过去、现在和未来,即明白该职业的发展历史、目前在社会中的地位、未来的发展趋势。其中未来的发展趋势最为重要,它决定了该职业是否具有广阔的发展前景和长久的生命力。

以下案例,将社会环境资源与职业分析相结合。我们可以参考此分析模式,对自己的情况进行初步分析评估。

姓名:王女士

身份:下岗职工

欲从事职业:快餐店经营者

一、社会环境分析

1. 中国对下岗再就业人员实行优惠政策:对下岗职工从事社区居民服务业的,要简化工商登记手续,3 年内可免征营业税、个人所得税以及行政性收费。

2. 随着中国经济的快速增长,中国人的生活方式也发生了巨大变化,比较明显的表现是生活节奏加快。

二、职业分析

1. 民以食为天,餐饮业在任何时候都不会过时。

2. 快餐店主要是为了满足人们快节奏生活的需要,因此,注意营养搭配、简洁卫生的快餐有很大的市场空间。

3. 尽管有麦当劳、肯德基等西式快餐的有力竞争,但是,中式快餐店在价格和风味方面更符合中国人的饮食习惯。

---

2. 社会环境探索与行业环境分析相结合

行业环境分析就是对整个行业形势的分析,主要包括影响行业生存发展的外在环境、行业的发展现状、优势、问题以及发展前景。

1930 年,两个年轻小伙子离开故乡,到加利福尼亚州去寻找机会。

他们先开设戏院,但生意不太理想,于是加入当时新兴的汽车餐厅业。但是汽车餐厅越开越多,同行之间的竞争十分激烈。两兄弟检视餐厅的营业情况,试图从中寻找灵感。他们发现过去三年的收据中大部分的收入来自汉堡包。

于是,他们预感到,减少菜单并供应汉堡、薯片和若干饮品将是可行的方法。此外,两兄弟还发现第二次世界大战后,美国人的生活节奏明显加快,超市和杂货店已经转向自助形式,为的是追求方便和快捷。

经过多方研究,兄弟二人确立了改革方向——追求速度、方便、廉价和大量生产。经过改良,两兄弟创造出和传统餐厅完全不同的快餐,也就是后来的麦当劳。

麦当劳的成功史,其实就是不断进行行业环境分析并积极采取行动应对的过程。

3. 社会环境探索与企业环境分析相结合

企业环境分析主要是分析企业在本行业中的地位和发展前景,以及企业产品在市场上的发展前景。个人从事一定的行业,一般是以具体的企业为依托。因此,对于个人而言,企业环境的分析还包括对企业实力、企业价值观、自己在企业中的晋升空间的分析。通过这种分析,可以大致确定自己在该企业中的发展前景。

以下是社会环境与行业、企业环境分析相结合的参考案例。

姓名:董先生

职业:某IT企业研发人员

一、行业分析

1. IT行业属于高科技行业,在网络和计算机全面改变人类生活方式的背景下,具有长久的生命力。

2. IT行业面临着国际上先进技术的巨大冲击,如果不提高技术研发和市场开拓能力,本土市场将面临巨大危机。

3. 中国的IT技术正经历着翻天覆地的变化,加上本土人士对国情的了解,行业优势还是比较明显的。通过经验的积累和技术的升级,积极开拓国际市场也不是没有可能。

二、企业分析

1. 我就职的这家企业,在中国的相关产业中属于名不见经传的那一类,市场十分狭小。

2. 企业采用的是家族式管理,没有明确可依的制度,这与我的价值观相去甚远。

3. 企业的发展注重市场不注重研发,我的技术能力不能得到很好的提升,晋升空间也十分有限。

三、分析结果

1. IT行业具有较长远的发展潜力,我会继续从事这个行业。

2. 一旦时机成熟,我会离开这家企业,跳槽去更适合我的公司。

二、了解环境资源的新视角

瞬息巨变是今日世界的基本特征,也使得我们探索、把握职业世界变得更加困难。因此,在了解环境资源时,一定要运用全新的视野。

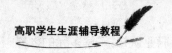

1. 全球化

的确,今天的世界与以往相比,已经发生了巨大的变化,全球化是这种变化最突出的特质。"牵一发而动全身"的世界新格局正在不断推进。发生在世界上任何角落的事件,都有可能产生影响,引发全球性的反应。

在网站"百度"上输入关键词"2008 年金融危机""全球影响",会得到几百万个相关信息,且这个数字还在不断被刷新。

因此,看待今日世界,应当具有全球化视角。

2. 信息化

信息传输速度之快、范围之广、容量之大已经远远超出人类的想象,整个世界充斥着形形色色的资讯,信息传播无时不在、无处不有。"信息时代已经全面到来"这句话毫不夸张。信息时代的到来,使信息竞争成为实力竞争的重要组成部分,快速、全面地掌握信息成为取胜的关键因素。

因此,探索环境资源时,应该有信息化的视角。这种视角包括:

(1)迅速、全面地掌握信息的动态

"两耳不闻窗外事,一心只读圣贤书"的学习模式已经彻底落伍,最具竞争力的人才,一定是掌握大量信息的消息灵通人士。

(2)理性地分析、判断信息

掌握信息只是第一步,因为信息时代的另一隐疾就是虚假信息的泛滥,在了解资讯后,需要鉴别其真假,做出判断。此外,信息在普遍意义上只是一种客观资讯,这种信息隐藏着什么样的契机或风险,则需理性的分析和判断。

这一能力在信息时代显得更加重要,因为信息传播的新方式使隐瞒信息变得不太可能。信息共享程度的提高,使分析判断信息的能力成为造成差距的重要因素。人们往往在别人成功时后悔不迭:这个信息我也知道啊,为什么我就没有想到这个法子呢?

3. 未来化

"不是我不明白,世界变化太快"是当下十分流行的一句口头禅。寻呼机在 20 世纪 90 年代还是身份和地位的象征,但不到 10 年的时间却已经让位给手机,基本退出了通信市场。当你攒钱想买一台 walkman 时,已经开始流行 CD,CD 到手的兴奋还没结束,又开始流行 MP3 了,当刚享用上 MP3 时,MP4 又在向你招手……再比如,当你填报高考志愿时,选择了当时最紧俏的专业,可是毕业之后,你却发现这个专业的人才爆满,就业变得十分困难。为什么会这样? 原因在于:随潮流而动,只会永远落后于潮流。

世界变化如此之快,决定了用未来化视角观察世界的重要性。试想一下,如果你现在还在大学念书,四年之后,世界将发生多大的变化? 你的思路和行为如果还停留在与现实相切合的阶段,那么可以肯定:四年之后,你一定会为社会出现的新变化焦头烂额。既然已经知道世界不停在变,为什么不用未来化的观点看待世界,并预先做好准备呢?

三、分析环境资源的助力和阻力

在生涯发展上,环境资源的影响是相当大的,甚至有着决定性的影响。所以,与其感慨人家"关系好，有门路"，不如分析自己环境资源的助力和阻力，思考如何减少阻力，使助力最大化。例如，有位学新闻的同学打算毕业后到电视台工作，而自己舅舅的朋友在电视台某栏目作编导，这是不是这位同学环境资源的助力呢？回答是：可能是，也可能不是。如果他与舅舅的朋友有联系，这可以作为自己职业开始的一个助力；如果他对舅舅这位朋友根本不认识，甚至不知道，那么就构不成助力。

- 你对环境资源的认识有哪些？
- 除了全球化、信息化、未来化的视角，你觉得对于个人来说，了解环境资源还需要哪些视角？
- 你是如何理解环境资源的助力和阻力的？

寻找自己的环境资源

请拿出一张白纸，在左边写下你觉得是对自己未来生涯发展的助力，在右边写下未来生涯发展的阻力。看看自己能各列出多少项？助力多还是阻力多？而你所认为的助力和阻力，别人又是如何看待的呢？请与大家一起探讨。列出如何把阻力转化为助力，同时保证助力不会被转化。

---

3. 探索职业世界的途径与方法的优缺点

探索职业世界的途径与方法有很多，具体优缺点如表3.9所示。

表3.9 探索职业世界的途径与方法的优缺点

途径与方法	举例	优点	缺点
文艺作品	小说、电影、电视等，如《杜拉拉升职记》揭示了外资企业中的行政白领是如何工作的；《可怕的温州人》体现了创业者的艰辛；《产科医生》《金牌律师》深入展示了产科医生、律师的工作情境等	大多数文艺作品中的角色都有自己的职业背景，在阅读、观看过程中，会接收到相关信息	效率比较低，带有艺术夸张、失真
综艺节目	如天津卫视《非你莫属》、中国教育电视台《职来职往》、广东卫视《天生我才》等栏目	以更直接的角度了解职场发展的状况和职场人的面貌，通常会有专家点评	有时出于节目娱乐性的需要，会比较夸张
专业报刊	《中国工作分类大典》《前程无忧专刊》《工作导师》《大学生就业》等专业媒体让你直接受益	专门性的信息量大	需要自己整理、归类、分析
参加人才交流会	如每年都会在各大城市举办的"人才双选会"，还有每天都会在人才市场举办的现场招聘会等	可以了解当地的人才需求状况，相关单位的招聘情况等	只能了解到表面化的信息

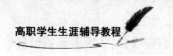

续表

途径与方法	举例	优点	缺点
参观行业展览会	如每两年举办一次的北京国际汽车展览会、每年在深圳举办的中国(深圳)国际文化产业博览交易会等	了解相关行业发展、新技术应用状况以及标杆企业动向等	只能了解到行业和单位信息,难以进一步了解更具体的信息
浏览互联网	如前程无忧网、中国高校就业联盟网、中文职业搜索引擎JOBSOSO、本校的就业管理部门网站、各用人单位的招聘网站等	效率高,信息量大	需要自己进一步甄别、筛选
参加专业/行业协会/学会活动	从国家级的学术团体到学校里的学生社团——管理协会、财经学会等	了解相关专业/行业发展现状和趋势,接触相关从业人员	对工作的其他信息了解机会可能不多
直接现场观察	如参观企业;跟随职场人士,观察其一段时间的工作	容易操作,对工作会有感性的认知	时间有限,了解不全面,效率低
情景模拟	主要的方式是角色扮演,如参加模拟面试等	体会理解用人单位的需求	可能流于想象,脱离实际
工作实践	到现场去做这个工作是最直接的体验方式。除了实习之外,课余或假期的兼职以及志愿者服务也是可以选择的实践方式	信息的获得直接而真实,感受真切	效率不高,一次只能实践一种工作,且受实习单位的影响较大
信息咨询	如去就业指导中心和一些专业机构	得到信息提供与专业指导	受指导者水平限制
生涯人物访谈	生涯人物访谈就是通过对同一行业/职业中数位从业人员的深入交流获取工作信息的一种方法	直接印证工作信息,了解职场潜规则,拓展求职人脉	易受访谈对象主观评价的影响
阅读新闻报道	无论是纸质媒体,还是网络媒体,大量的新闻报道可以提供有关工作世界的各种信息,如各种职业的工作内容、社会评价(期望)、对从业人员的采访等	可以了解到公众对特定职业的评价和期待	受报道者主观看法的影响

(二)职业信息探索的步骤

1.职业信息的获得

对职业信息探索的第一步即是"职业信息的获得",前文已经阐述了职业信息获得的途径,但是在使用这些途径之前,首先需要确定资料搜集的重点和方向。当前资料与信息处于"爆炸"状态,多而庞杂,广泛搜集这些信息未免浪费精力和时间,所以首先需要确定资料搜集的重点与方向。

2.职业信息的分析

职业信息的探索不应仅限于职业信息的获得,更重要的是对职业信息的分析。先要明确搜集到的资料"是什么",更要进一步思考"与我有什么关系""适合我的特质和条件吗"以及"我为什么要搜集这样的职业信息"等问题。通过逐一回答与确认,筛选出适合自己的职业信息,并进一步分析这些职业信息对自己有何影响以及对未来职业发展有何借鉴。

[探究与分享]

《庄子》中有一段寓言:"昔者海鸟止于鲁郊,鲁侯御而觞之于庙,奏《九韶》以为乐,具太牢以为膳。鸟乃眩视忧悲,不敢食一脔,不敢饮一杯,三日而死。此以己养养鸟也,非以鸟养养鸟也。"意思是说,有一只海鸟停落在鲁国都城的郊外,因为从来没见过这种鸟,所以鲁国国君视之为神鸟,用自己认为最好的待遇对待它:把它迎进太庙,大摆酒宴,为它奏乐,备上猪、牛、羊三牲供它享用。海鸟却被吓得目眩心悲,不吃不喝,三天就死了。

这则寓言告诫人们不要"以己养鸟",简单来说就是要依据对方的特点和需求采取合适的行动。用在职业信息的探索中,就是要做到"知彼"。

①请结合本节学习的内容进行一次生涯人物访谈,将访谈结果填入表3.10。

表3.10 职业世界调查

目标职业	描述
访谈人物的职业属于哪个行业?	
主要的工作内容是什么?	
主要工作场所及环境怎样?	
工作时间是如何安排的?	
从业者所需要的教育背景是什么?	
从业者所需具备的技能有哪些?	
从业者典型的人格特点有哪些?	
从业者需要哪些资格认证?	
从业者的升迁和发展机会怎样?	
未来的就业市场如何?	
起薪标准和计薪方式是什么样的?	
从业者可能的压力来源有哪些?	
对职场新人有哪些忠告和建议?	

②在职业探索阶段,你的目标职业有哪些?获取这些职业信息的方法有哪些?请填写表3.11。

表 3.11　目标职业信息

目标	职业	所用方法	获取信息
目标职业 1			
目标职业 2			
目标职业 3			

实践活动 1

1. 活动主题：认知专业

2. 活动形式：主题班会

3. 活动提纲

(1) 介绍来宾

(2) 团队风貌展示

(3) 系、部负责人介绍专业情况

(4) 在校学长、学姐展示专业技能

(5) 毕业学长、学姐分享工作感悟

(6) 总结

(7) 撰写专业情况报告

4. 活动成果

根据活动内容填写如表 3.12 所示的情况报告。

表 3.12　我的专业情况报告

专业名称		
教师团队		
课程	文化课程	
	专业课程	
	其他课程	
实践活动		
知识、技能、素养		
就业方向		

实践活动 2

1. 活动主题：深入企业

2. 活动形式：企业调研

3. 活动提纲

（1）通过网络搜集企业相关资料

（2）参观企业

（3）访谈企业负责人

①企业的发展史；

②企业文化；

③企业在产品、市场、技术、人才等方面的优势与不足；

④企业在行业（地区）中的地位及主要竞争对手；

⑤企业在过去经营发展的基本评价以及对目前经营现状的分析；

⑥企业今后的发展前景、经营预测及面临的主要问题。

（4）请企业相关工作人员填写调查问卷

（5）整理调研资料

（6）撰写企业调研报告

4.活动成果：我的企业调研报告

实践活动 3

1.活动主题：体验岗位

2.活动形式：岗位见习

3.活动提纲

（1）熟悉企业环境、了解企业规章制度

（2）观察岗位内容

（3）岗位体验

（4）写出岗位胜任模型

● 岗位名称、直接上级、所属部门、岗位编制、所属下级岗位名称、所辖人数；

● 岗位概述；

● 日常工作内容、工作标准；

● 定期工作内容、工作标准；

● 主要权限；

● 主要责任；

● 对内工作关系、对外工作关系；

● 通用（知识、技能、素养）；

● 专业（知识、技能、素养）；

● 综合（知识、技能、素养）。

4.活动成果：我的岗位胜任模型

第四章　了解企业：成就职场辉煌

一切劳动者，只要肯学肯干肯钻研，练就一身真本领，掌握一手好技术，就能立足岗位成长成才，就都能在劳动中发现广阔的天地，在劳动中体现价值、展现风采、感受快乐。

——习近平

【知识目标】

1. 了解企业员工职业发展平台搭建的途径、方法与步骤。
2. 了解企业对从业者的基本要求、培养选拔流程和方式。
3. 明白高职学生进行职业发展路径规划的重要性。

【能力目标】

掌握企业构建职业发展通道的策略、思路与方法，并能够结合自身实际。

【情感态度价值观】

在进行职业选择和决策时，能够有意识地考虑企业对员工职业发展的影响，引导学生更加全面、客观地设计自己的职业发展路径。

［故事与人生］

日本著名企业家井上富雄，年轻时曾在 IBM 公司工作。由于体质弱，积劳成疾，进入公司后不久他就病倒了。他凭着坚强的意志与病魔搏斗了 3 年终于康复，并重返公司工作。

当时，他已经 25 岁，于是订下了往后 25 年的生涯计划，这是他第一次为自己制订职业生涯计划。此后，他每年都为自己未来的 25 年生涯订立新的计划。比如 28 岁时，就制订了到 53 岁时的生涯计划；30 岁时，就制订了到 55 岁时的生涯计划。最初他制订生涯计划的动机相当单纯。

他觉得，病愈后再回到公司，一些比自己晚进公司的后辈职位都超过了他，要想在短时间内缩短 3 年的差距着实不易。但是，井上富雄并不是一个轻易服输的人。由于担心过分逞强会引起旧病复发，他就想找出既能悠闲工作又可快速休息的方法。因此，他就抱定："好吧！别人花 3 年时间，我花 6 年时间；别人花 5 年时间，我就花 10 年时间，只要不慌乱，一步步地前进，还是会有成就的。"

所以,井上富雄订立自己的"25 年计划"表,并确实督促自己按计划实践。他不断地对"如何才能以最少的劳力,消耗最少的精神,以最短的时间达到目的"进行思索,也就是说他不断地试图找到既轻松又能成功的战略战术。他经常不断地调整自己的职业计划,追加新的努力目标,使自己的启蒙目标和工作目标逐渐扩展、充实起来。当他还是一个小小办事员时,就开始学习科长应具有的一切能力;当科长时,就学习胜任经理应具备的能力;当经理时,就进一步学习胜任总经理的能力。

总之,他总是从自己的现实出发学习应具有的各种能力,然后再进一步为未来打基础,以便能随时胜任更高的职位。这一切都得益于他所订的职业生涯规划的有效帮助。30 岁时,井上富雄成为经理;40 岁时,他升任总经理,他的升迁比别人要快得多。而 47 岁时,他干脆离开 IBM,自己开始经营公司。能取得这些成就,并不是因为他的脑筋特别好或者善于走后门,只因为他能拟定适合自己的生涯计划,并且能身体力行去实践。

这个故事给你什么启示?

职业生涯是一个人一生所有与工作职业相关的行为和活动,以及相关的态度、价值观、愿望等的连续性经历的完整表达。在当今时代下,求职者明确职业方向、进行职业选择并谋划职业发展是职场永恒的话题。员工职业生涯规划的重点在于将个人职业发展需求与企业人力资源需求相联系,并做出一系列规划的过程。所以了解企业对从业者的能力素质要求以及企业在职业发展规划方面的措施或者制度尤为重要。

一般情况下企业对员工职业规划应具有指导性、专业性和系统性。企业应帮助员工完成自我定位,形成规范、系统科学的个人职业生涯规划,克服完成工作目标中遇到的困难挫折。应鼓励员工将个人目标同企业发展目标紧密联系,并尽可能地提供发展机会。员工职业生涯规划一方面要满足员工职业发展需求,提高员工职业技能,进而带动企业整体人力资源水平的提升;另一方面要注意引导员工,使与企业发展目标一致的员工可以脱颖而出,从而为企业培养高层次的经营、管理和技术人才。只有从业者和企业相互增进了解、目标同向,相互促进,共同成长,才能真正实现双赢。

所以,一定要记住:企业在人力资源配置中的关注就是对从业者的要求。

第一节　企业构建职业发展通道的基本原则

职业发展通道属于职业发展体系的范畴,职业发展体系包含了企业所有组织、员工以及他们的主要职责,不但有组织或个人纵向发展的过程,也有横向发展的过程。一般情况下企业会在职务分类、职位所对应的层级以及构建与企业战略规划和人力资源管理实际情况相契合的职业发展通道三个方面做文章。构建职业发展通道,一般遵循以下原则:

一、符合企业战略发展规划的原则

企业明确的愿景与战略目标必须有与之相适应的人力资源相匹配。目标一旦确定,人才是决定因素。例如,某公司发展战略为规范的现代企业制度运行机制、强大的技术研发平台、区域化市场营销体系、企业结构多样化。企业目前正在快速发展中,对企业的生产、营销等方面提出了更高的要求,对人才的需求也在不断增加。但是,企业内部人才培养速度较慢,内部人才数量不能满足企业更高层次的发展需求,因此需要加快人才培养速度,搭建培养体系,培养具有较高企业忠诚度的企业现有人才,并向社会公开招聘专业技术、管理人才,扩大人才队伍,以此支撑企业实现长远规划和远景目标。

二、基于企业人力资源管理现状的原则

企业会根据自身员工的年龄结构、学历结构、专业分布、职称与技能结构、当前职业发展通道、员工选拔制度、人才培养模式等分析当前人力资源的优势与劣势,进而建立一套符合自身发展要求、切实可行、操作性强,有利于人才脱颖而出的发展平台和成长机制。

三、满足公司与员工共同发展的原则

企业构建职业发展通道,既要能够满足职工的发展需求,即让员工满意,在工作中实现自身的价值和目标,也要能满足企业的发展需要,能够实现企业发展的目标。完善的职业发展体系能够激发员工的潜能,激发他们的创造力,实现自我价值,更好地促进企业目标的实现。

四、具有可衡量的评价标准

职业发展通道一旦确定,必定需要与之相适应的各种类型、层次、层级的人员能力标准体系与完善的人才评价标准。企业对人才的评价,不仅是对人才工作能力以及业绩进行评价,还要让职工明确地知道该努力的方向,根据这个方向制订与修订自己的职业发展规划。例如,企业对管理人才的评价维度一般会从以下六个方面入手:

①具有清晰的市场观念。现在的市场已经不是狭隘的市场,它已经没有了国别限制,是一种包含经济、政治、自然环境等诸多因素影响的全球化国际性大市场。管理者必须具有敏锐的市场观念,眼观六路,耳听八方。

②具有良好的组织能力。如何建立健全一个组织,并代入自身的修养、观念去努力工作是成为一名优秀管理者的必备条件。

③具有强大的指挥协调能力。必须具有指挥、协调各方实现目标的能力,而不是事事亲力亲为。

④具有沟通交流能力与选人用人能力。要能与不同类型的人进行沟通,把不同性格、能力的人组合在一起,以确保工作的顺利完成。同时,管理者要将自己的经验、技术、知识传授给下属,提高其能力。

⑤具有创新能力。必须要有活跃的思维、创新的勇气。优秀的管理者要能快速接受新的知识和观念,同时运用这些新的知识和技术,在激励员工、整合组织和解决问题等方面提出新的行之有效的办法。

⑥具有强大的学习能力。管理人才要拥有管理能力外的专业知识、产品知识、必要的技术能力。

五、员工个人职业发展通道设计考虑的要素

员工个人职业发展通道规划是员工个人职业生涯管理的一个重要环节,在进行员工个人职业发展通道规划时,可以从以下三个方面考虑:

①目标取向,即员工个人希望向哪一条通道发展,主要考虑员工个人的价值、理想、成就动机,确定员工个人的目标取向。

②能力取向,即员工个人适合向哪一条通道发展,主要考虑员工个人的性格、特长、经历、学历、工作绩效等客观条件,确定员工个人的能力取向。

③机会取向,即员工个人能够向哪一条通道发展,主要考虑企业内部的岗位设置、职业发展通道空间、职位空缺等外在条件,确定员工个人的机会取向。

企业对员工个人职业发展通道进行设计时,要对以上三个方面进行综合分析,在企业员工职业发展通道信息管理系统提供的资源平台上,根据员工个人的具体情况,按照一定的流程帮助员工规划其在企业中可能的职业发展通道。

[探究与分享]

1. 在个人职业生涯规划中应该考虑哪些企业因素?
2. 尝试探索 2~3 个企业是如何设计员工个人职业发展通道的?

第二节 企业构建职业发展通道的基本步骤和方法

就员工职业生涯规划设计而言,最基础的就是职业发展通道,也称员工晋升通道。职业发展通道可以指导员工对其职业生涯进行定位,确定其职业目标,同时也是企业选人、用人、育人、留人的基础。根据现阶段的理论研究可知,单一的晋升通道不能满足企业员工发展的需要,只有多重职业发展通道才能更好地调动员工的积极性。就企业而言,首先要明确企业将来的发展目标。企业只有在明确了自身的发展目标后,才能确定发展需要什么样的人才,形成人力资源规划。只有当企业的人力资源规划完善后,企业的员工个人职业发展通道设计才有立足的基础。

目前,企业的职业发展体系构建的一般模型如图4.1所示,根据企业人力资源需求和标准,依托企业战略发展目标设计方案。首先将职位进行分类,对职位再进行分层,根据职位

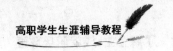

的分类,对各类型各层级的职位进行职业发展通道设计,规划设计各级各类岗位晋升评价标准,最后设计制订员工提升的保障措施。

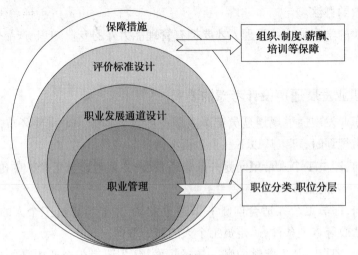

图4.1 企业的职业发展体系构建模型

一、职业管理与分类分层

为更好地实现企业人力资源的规范管理,有效提高管理效率,应对所有职位进行分类并设置职位序列与层级。例如,职位分类主要是根据各职位工作性质、特点,将所有职位分为四大序列,分别是管理、政工、专业技术、生产制造。

职位序列分类完成后要分序列设立职位层级,主要对每一职位序列的工作职权、工作内容进行细分,按需求设立多个职位。以管理序列为例,可进一步细分为员、助理、主管、部门经理、高管人员等。

确定职位后必须制订各职位任职能力标准,职位能力标准区别于职位说明书。前者反映的是员工应具备的基本资格与综合能力素质,而后者是每个部门具体工作职位需要承担的责任和完成的任务。例如,管理序列中的助理级别,职位能力标准描述主要是需要熟悉部门的工作内容、工作流程,具有一定的文字书写能力、较强的沟通能力及熟练使用电脑各种办公软件等能力。

职位层级是根据员工所在职位的工作年限和经验、技能水平以及对该职位的熟知程度等指标来界定的,层级名称代表了员工所处的层级水平,也能综合体现员工的综合能力和素质。通常在单位中我们习惯用职位职衔称呼对方,通过职位职衔我们可以判断员工所处的级别,也能判断其级别的高低。设立层级的目的是激发员工的工作热情,使员工的能力不断提升。企业中不同的层级反映出员工不同的经验和知识水平。员工按照层级发展能使其循序渐进地提升自身实力和工作能力。

二、职业发展通道设计的基本思路

将职位分类后,设定各职位的层级,再结合职业发展通道的相关理论和企业内部的实际情况,设计企业内员工职业发展通道。

大多数情况下,职业发展通道的基本框架为管理序列、专业技术序列、技能操作序列,员工根据自身特点可以选择横向发展,即各序列之间进行转换,也可以根据层级评定纵向发展(图4.2)。纵向发展是指员工由基层逐渐向上发展,横向发展是指员工在相关领域内的职位间轮换,得到更多层次的发展机会。

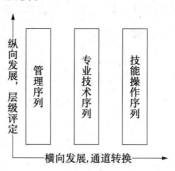

图4.2　职业发展通道的基本框架

企业会为不同部门的员工设计不同的职业发展路径,使其能够结合自身优势选择适合自己的发展方式,并且使组织需求与个人需求相结合,使职业发展与生活相协调,将企业的员工转化为企业的资源,促进员工和企业的共同发展。企业为员工提供多样化发展路径和机会,不同的职业发展方式使员工能选择适合自己发展的职业道路,按照员工的能力、兴趣、发展需求进行选择,最大限度地发挥员工的创造活力与潜能,打通不同职业发展瓶颈,并且为员工横向发展提供机会,使发展路径和方式更加明确。

表4.1　A公司职业发展路径

层级	岗级系数	管理序列		专业技术序列		技能操作序列	
		岗位代码	岗位名称	岗位代码	岗位名称	岗位代码	岗位名称
高级	10.00	G-1	集团公司领导班子正职				
	9.00	G-2	集团公司领导班子副职				
	8.00	G-3	集团公司董事会秘书、总经理助理、总法律顾问	Z-1	集团公司技术总监		
	7.50	G-4	集团公司副总工程师	Z-2	集团公司首席专家		
	6.00	G-5	集团公司机关部门负责人、权属单位正职	Z-3	集团公司机关专业主任师		
	5.50	G-6	集团公司机关部门副职、权属单位副职、集团公司委派财务总监	2-4	集团公司机关专业副主任师		
中级	5.00	G-7	权属单位副总工程师	Z-5	权属单位高级专业主管师		
	4.50	G-8	集团公司机关科长、采掘区队正职	Z-6	集团公司机关专业主管师、权属单位专业主管师	J-1	技能大师

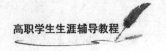

续表

层级	岗级系数	管理序列		专业技术序列		技能操作序列	
		岗位代码	岗位名称	岗位代码	岗位名称	岗位代码	岗位名称
中级	4.00	G-9	集团公司机关副科长、权属单位机关科长、辅助区队正职	Z-7	集团公司机关专业副主管师、权属单位专业副主管师	J-2	高级技师
	3.50	G-10	权属单位副科长、辅助区队副职	Z-8	权属单位专业主办师	J-3	骨干技师
	3.00	G-11	区队主管技术员	Z-9	权属单位专业副主办师	J-4	技师
初级	2.00	G-12	甲类办事员	Z-10	专业助理师	J-5	助理技师
	1.50	G-13	乙类办事员	Z-11	专业副助理师	J-6	副助理技师

通过表4.1可以看出,该公司以"员、师、主任、专家"等名称为基础,设计了员工职业层级名称。其中,管理序列对应专业管理职类13个等级;专业技术序列对应工程技术职类的研发技术、设计技术、生产技术等11个等级;技能操作序列对应技能工匠职类6个等级。

综上所述,企业在具体设计时一般会坚持统筹兼顾、分类指导,以提高企业核心竞争力和自主创新能力为目的,以管理人才、专业技术人才、技能操作人才为重点,科学设置岗位序列,畅通人才成长路径,创新人才开发模式,完善人才考评办法,健全人才激励机制。

①按需定岗、动态管理。设置符合企业战略发展需要的岗位,并根据实际情况及时调整。

②突出业绩、能上能下。以工作业绩、创新创效为导向,针对岗位要求建立任职目标,严格考核,达到能上能下。

③横向贯通,合理配置。岗位的变动不再单纯地依赖组织推荐,员工个人根据自身能力可以自荐,也可以采用在内部进行竞聘等多种方式,使员工能根据自身特点找到适合自己发展的岗位,进而拓宽人才发展渠道。

④统一管理、分级实施。企业人力资源管理部门进行总体设计,各部门协作实施。

三、职业发展评价标准设计的一般过程

企业应建立一套客观、公正、科学的任职评价体系,这是做好员工职业发展工作的重要基础。一般是结合岗位体系、职位体系和绩效考评体系的特点,建立并推行基于岗位胜任的任职评价体系。

(一)建立岗位任职资格基本条件

一般情况下,管理序列、专业技术序列、技能操作序列的岗位任职资格要求如表4.2所

示,专业技术岗位应当有相应的技术资格要求,技能操作岗位应当有相应的技能资格要求。

表4.2　A公司岗位任职条件

管理序列	专业技术序列	技能操作序列	技术资格要求	技能资格要求
高级层次管理人员	集团公司技术总监		正高级专业技术资格	
	集团公司首席专家		正高级专业技术资格	
	集团总部机关专业主任师		高级专业技术资格	
	集团总部机关专业副主任师		高级专业技术资格	
中级层次管理人员	权属单位高级专业主管师		高级专业技术资格	
	集团总部机关专业主管师、权属单位专业主管师	技能大师	中级专业技术资格	高级技师
	集团总部机关专业副主管师、权属单位专业副主管师	高级技师	中级专业技术资格	高级技师
	权属单位专业主办师	骨干技师	助理级专业技术资格	技师
	权属单位专业副主办师	技师	助理级专业技术资格	技师
初级层次管理人员	专业助理师	助理技师	助理级专业技术资格	高级工
	专业副助理师	副助理技师	员级专业技术资格	中级工

(二)设定岗位评价要素构成与权重

为使员工晋升到合适职位,应在岗位职责和任职资格的基础上合理设定评价要素。一般来说,岗位评价要素主要构成如表4.3所示。

表4.3　A公司岗位评价要素

岗位序列	评价要素
管理序列	学历、工作业绩、职业素养、人际关系、组织协调能力、理解能力和决策能力、执行能力、培养他人能力
专业技术序列	学历、工作业绩、职业素养、专业技术水平、技术创新能力、理解能力和配合意识、培养他人能力
技能操作序列	学历、工作业绩、职业素养、职业技能水平、创新能力、理解能力和配合意识、培养他人能力

从表4.3可以看出,每个岗位序列的评价要素有所不同,其共同点是每个岗位序列的评价要素都包括学历、工作业绩、职业素养和培养他人能力,每个岗位序列又根据岗位实际有自己专属的评价要素。

综合分析企业自身发展要求与人力资源状况,最终确定学历、知识、工作能力、工作经验、工作业绩、理解能力、职业素养等七个方面作为晋升评价的关键要素,并明确设定每个关键要素在各序列中的权重。从中可以看出每个岗位序列看重的要素是什么,员工可以根据自身特点选择合适的岗位序列。

表 4.4　A 公司岗位评价关键要素权重

关键要素名称	管理序列要素权重/%	专业技术序列要素权重/%	技能操作序列要素权重/%
学历	5	10	5
知识	10	10	5
工作能力	15	20	30
工作经验	10	5	5
工作业绩	30	35	40
理解能力	20	10	5
职业素养	10	10	10

(三)确定岗位的基本标准与晋升标准

按照企业发展要求设定各类各级岗位能力素质标准,在设定标准过程中一般要考虑两个方面:一是岗位序列与等级;二是基本标准与晋升标准。

1. 管理序列

(1)基本标准

①德才兼备,以德为先。具有良好的政治品德、职业道德和社会公德。

②能力过硬,实绩突出。具有能够胜任工作的理论水平、专业能力和专业精神,经过基层一线历练,创新能力强,工作实绩突出。

③作风优良,认可度高。具有良好的思想素质、心理素质和身体素质,树立高尚的人生追求,正确对待名利得失,勇于改革、敢于担当,作风优良、同行认可度高。

(2)晋升标准

在满足基本条件的情况下,G-13、G-12 级满 2 年后,可晋升 G-11、G-10;任职 G-11、G-10 满 1 年后,可晋升 G-9、G-8、G-7;任职 G-9、G-8、G-7 满 2 年后,可晋升 G-6、G-5;任职 G-6、G-5 满 1 年后,可晋升 G-4、G-3;任职 G-4、G-3 满 2 年后,可晋升 G-2、G-1。其中,特别优秀的,可突破任职年限限制,也可在达到本职级任职年限后跨一级晋升。

2. 专业技术序列

专业技术序列包括从事工程、经济、政工、会计、档案管理等专业技术工作岗位。

(1)基本标准

①具有与工作岗位相关的专业技术知识。

②取得与岗位相关的相应资格。

③在工作过程中能够按要求参加相关的培训和继续教育。

④热爱工作,并且能按照岗位职责进行工作。

(2)晋升标准

晋升标准主要从学历、能力、工作经验等方面进行条件限定,具体标准如表4.5所示。

表4.5 A公司专业技术系列标准与晋升标准

岗位级别限制条件	学历要求	专业技术知识	工作经验
专业副助理师	中专以上	熟悉专业知识,熟悉本岗位技能	在同一岗位工作满1年
专业助理师、权属单位专业副主办师、权属单位专业主办师	本科以上	比专业副助理工程师各方面都有提高,并能独立解决一些技术难题,能够给专业副助理师一定的指导和帮助	在下一级别岗位工作满1年
	专科		在下一级别岗位工作满2年
	中专		在下一级别岗位工作满4年
集团总部机关专业主任师、集团总部机关专业副主任师、权属单位高级专业主管师、集团总部机关专业主管师、权属单位专业主管师	本科和硕士研究生	能够时刻跟踪目前自己行业发展的前沿工作;已经在自己所从事的领域取得了重大成果,能够主持公司的较大项目,并为企业带来较高的经济效益;能够为公司培养技术骨干人才	在下一级别岗位工作满5年
	博士研究生		在下一级别岗位工作满2年
集团公司技术总监、集团公司首席专家	本科及以上	能够时刻掌握国际行业前沿知识;支持公司重大项目,并且在本项目上取得重大突破,为公司带来经济效益,给社会带来一定的影响力;在本行业领域内有知名度和影响力;能够指导和培养青年骨干力量	在下一级别岗位工作满5年

3.技能操作序列

(1)基本标准

①具有良好的职业道德、敬业精神,作风端正。

②热爱本职工作,认真履行岗位职责。

③按照要求参加专业内的继续教育。

④法律法规及规定需取得职业资格的,应具备相应职业资格。

⑤在取得相应职业资格后,能够指导下一级技能操作岗位人员工作和学习。

（2）晋升标准

晋升标准主要是从职业资格证书、职业工作年限等方面来进行条件限定,具体的标准如表4.6所示。

表4.6 A公司技能操作序列标准与晋升标准

层级晋升	副助理技师	经过本职业初级技术培训,达到规定标准学时数,培训合格;累计从事本职业或相关职业工作1年(含)以上,或在本职业岗位上连续见习2年以上
	助理技师	取得本职业或相关职业初级工职业资格证书(技能等级证书)后,累计从事本职业或相关职业工作5年(含)以上;或累计从事副助理技师工作2年(含)以上
	技师	取得本职业或相关职业中级工职业资格证书(技能等级证书)后,累计从事本职业或相关职业工作5年(含)以上;或累计从事助理技师工作2年(含)以上
	骨干技师	取得本职业或相关职业高级工职业资格证书(技能等级证书)后,累计从事本职业或相关职业工作5年(含)以上;或累计从事技师工作2年(含)以上
	高级技师	取得本职业或相关职业二级职业资格证书(技能等级证书)后,累计从事本职业或相关职业工作5年(含)以上;或累计从事骨干技师工作2年(含)以上
	技能大师	取得本职业或相关职业一级职业资格证书(技能等级证书)后,累计从事本职业或相关职业工作5年(含)以上;或累计从事高级技师工作2年(含)以上

（四）设定任职考评基本方法

企业一般要制订员工岗位任职考评制度。任职考评主要从四个方面进行考核:员工的资格条件、综合素质、专业技能和业绩成果。为了公平公正,任职考评一般由相关专家参与指导。

1.资格条件

向具有资格条件的员工开展公平、公正的晋升提名,提名时应当考虑员工学历、工作能力、职称、同事评价等是否符合晋升标准,未达要求的员工不能提名。

2.综合素质

对达到任职资格的员工进行综合素质的考核,所谓综合素质包括核心能力、通用能力两方面的素质,都要进行考核(表4.7)。

表 4.7　A 公司综合素质考核的指标和所占比例

综合素质	核心能力	通用能力
所占比例/%	20	80

其中,核心能力主要包括工作精神、工作态度、团队精神、纪律性等,对核心能力的每一项要素进行量化打分。

通用能力包括学习与创新能力(能够接受新思想、新方法、新技术并能结合实际开展创造性工作)、工作执行力、工作质量等,对通用能力要素进行量化打分。

最后,将核心能力和通用能力的评分进行汇总,最终得出个人得分。

3.专业技能

专业技能包括相关的专业知识(20%)以及实际操作技能(80%)。

考评方法:专业知识以现场答辩的方式进行;实际操作技能是给出问题,考查员工解决问题的思路和能力。

4.业绩成果

职业发展通道上的每一职级所要求的业绩成果是不同的,业绩成果是员工对自己的业绩进行总结汇报,公司按照相关制度对此进行打分。

将最终得分进行汇总,根据分数将员工分为 4 个等级(A、B、C、D),"A"所占比例为 30%,"B"所占比例为 50%,"C"所占比例为 15%,"D"所占比例为 5%。获得"A"与"B"等的员工可根据职业发展通道的相关规定予以晋级,获得"C"等的员工则保留原职级,获得"D"等的员工则根据职业发展通道的相关规定予以降级。

(五)明确培养选拔规定

职业发展通道一旦确立,就需要有相应的选拔晋升管理制度与之相匹配,尽可能地使每一位员工都可以选择适合自己的职业发展通道。按照制度规定的程序对人才进行培养选拔,具体程序为选拔—培训与培养—管理、考核和使用。

1.选拔

企业人才选拔一般应明确选拔范围、条件和数量。选拔范围包括哪些哪类人员;选拔条件一般以员工学历、工作年限、年龄等以及特定的职业核心能力为要求进行设置;选拔数量按照工作需要确定。

选拔还应明确选拔程序,是推荐还是自荐;是报名还是提名;是笔试还是面试,还是兼而有之。

选拔还应规定如何进行资格审查,不符合资格条件的直接剔除,符合条件的直接进入下一步考核。另外,一般还会通过问卷等形式进行职业潜力评价测试。

××公司员工潜力评审问卷调查

一、公司员工基本信息

1. 你的性别：

    A. 男   B. 女

2. 你的年龄：

    A. 18~25 岁   B. 26~35 岁   C. 36~45 岁   D. 45 岁以上

3. 你的学历：

    A. 本科   B. 全日制硕士研究生

    C. 在职研究生   D. 博士研究生

4. 你所在部门：

    A. 综合办公室   B. 党群(纪检监察室)

    C. 人力资源部   D. 计划财务

    E. 其他

5. 你的职称：

    A. 高级职称   B. 中级职称   C. 初级职称   D. 其他(请填写)_____

6. 你对自己的工作满意吗？

    A. 满意   B. 一般   C. 不满意   D. 没想过

二、公司职业生涯通道情况

1. 你有明确的职业生涯规划吗？

    A. 没有   B. 有一点   C. 有   D. 非常清晰

2. 你是否认为公司晋升渠道单一,论资排辈现象严重？

    A. 几乎从不   B. 有时

    C. 经常   D. 几乎总是

    E. 总是

3. 你觉得公司员工内部流通顺畅吗？

    A. 几乎从不   B. 有时

    C. 经常   D. 几乎总是

    E. 总是

4. 你认为公司人力资源结构合理吗？

    A. 几乎从不   B. 有时

    C. 经常   D. 几乎总是

    E. 总是

5. 公司是否及时了解您的职业发展需求？

    A. 几乎从不   B. 有时

    C. 经常   D. 几乎总是

    E. 总是

6. 你认为公司管理制度健全吗？

    A. 几乎从不   B. 有时

C. 经常 D. 几乎总是

E. 总是

7. 你认为企业的用人机制合理吗?

    A. 几乎从不 B. 有时

    C. 经常 D. 几乎总是

    E. 总是

8. 你认为公司人才激励措施完善吗?

    A. 几乎从不 B. 有时

    C. 经常 D. 几乎总是

    E. 总是

三、公司员工工作生活计划认知

1. 你对企业和部门的大体情况和发展目标有一定的了解吗?

    A. 几乎从不 B. 有时

    C. 经常 D. 几乎总是

    E. 总是

2. 你认为企业文化建设被轻视了吗?

    A. 几乎从不 B. 有时

    C. 经常 D. 几乎总是

    E. 总是

3. 你在新的环境和起点中可以主动对自己的工作进行规划来应对变革吗?

    A. 几乎从不 B. 有时

    C. 经常 D. 几乎总是

    E. 总是

4. 你对自己所属部门和岗位的业绩目标十分了解,而且可将其进行分解吗?

    A. 几乎从不 B. 有时

    C. 经常 D. 几乎总是

    E. 总是

5. 你对自己岗位在工作流程中承担的角色和对部门内外员工的工作接口有一定的了解吗?

    A. 几乎从不 B. 有时

    C. 经常 D. 几乎总是

    E. 总是

6. 你对自己岗位的职责、流程有清晰的了解,并能积极考量自己工作的价值和目标吗?

    A. 几乎从不 B. 有时

    C. 经常 D. 几乎总是

    E. 总是

7. 你在订立流程和处理事项时,最先考虑是否可以给客户带来便利?

    A. 几乎从不   B. 有时

    C. 经常   D. 几乎总是

    E. 总是

8. 你在工作时遇到问题和挑战的情况下,可以积极应对,乐观接纳吗?

    A. 几乎从不   B. 有时

    C. 经常   D. 几乎总是

    E. 总是

9. 你是否给自己订立一个更高的目标,不断挑战最新的业绩?

    A. 几乎从不   B. 有时

    C. 经常   D. 几乎总是

    E. 总是

10. 你是否积极找寻有挑战性的机遇,寻求自我发展和进步?

    A. 几乎从不   B. 有时

    C. 经常   D. 几乎总是

    E. 总是

11. 你对自己的工作能经常审视,可以给公司或部门提出自己对于工作的建议或想法?

    A. 几乎从不   B. 有时

    C. 经常   D. 几乎总是

    E. 总是

12. 你在工作中可以把平时的学习成果运用进来,从而提高工作效率和质量?

    A. 几乎从不   B. 有时

    C. 经常   D. 几乎总是

    E. 总是

13. 你认为工作中最具竞争力的因素是_____?

    A. 学习成绩   B. 专业技能

    C. 实习经历   D. 考试证书

    E. 其他

14. 你有没有实践过职业生涯管理?

    A. 非常明了   B. 比较明了   C. 不明了   D. 没想过

15. 对你工作生活成长有最大影响的是_____?

    A. 社会关系   B. 就业信息

    C. 职业技巧   D. 工作经验

    E. 其他

16. 你对未来职业生涯的期望是_____?

    A. 专业对口   B. 兴趣相符

    C. 能力、身份相符   D. 发展空间大

    E. 维持生计

思考:

通过以上问卷,你认为哪几个问题(编号)＿＿＿＿＿＿＿＿对你职业生涯的设计或者管理有较大的参考价值?(希望尽可能地逐一分析每个问题背后考查的点,这个点就是你关注和努力的方向。)

＿＿＿＿＿＿＿这个问题指引你提高以下素质:＿＿＿＿＿＿＿＿＿＿＿＿＿＿

＿＿＿＿＿＿＿这个问题指引你提高以下素质:＿＿＿＿＿＿＿＿＿＿＿＿＿＿

＿＿＿＿＿＿＿这个问题指引你提高以下素质:＿＿＿＿＿＿＿＿＿＿＿＿＿＿

＿＿＿＿＿＿＿这个问题指引你提高以下素质:＿＿＿＿＿＿＿＿＿＿＿＿＿＿

＿＿＿＿＿＿＿这个问题指引你提高以下素质:＿＿＿＿＿＿＿＿＿＿＿＿＿＿

2.培训与培养

培训是员工职业发展的关键条件,是提高员工知识和技能的必备手段,是企业为满足自身战略发展需要而组织的学习、进修、考察等活动,用以提升企业员工的专业知识、岗位技能,改进员工的工作态度等,所以企业需要建立良好的员工培训体系。有无完善的培训机会与完备的培训体系,关系到员工未来的成长高度。

企业培训体系的设计应以企业现有的培训流程为基础,通过对各类员工职业生涯的规划和评估,建立起与每个员工职业生涯管理相配套的培训体系。在进行培训之前,首先要进行培训需求分析。目的是了解员工目前的知识结构和能力水平,进一步明晰员工对培训的接受程度。具体来说,企业的培训需求分析,需要从企业自身、员工个人和培训任务三方面具体实施:

(1)企业自身层面

培训活动应当符合企业的整体发展目标,应当明确企业的战略需求,进一步了解企业当前的人员结构、文化程度、能力水准和对新知识的接受程度。

(2)员工个人层面

要进一步了解企业战略规划与员工个人职业目标是否具有一致性,员工最近阶段的职业目标是什么;客观评价员工目前的个人能力能否胜任工作,员工的学习能力如何,深入查找能够激发员工培训热情的关键点。

(3)培训任务层面

要依据不同岗位的具体要求进行分析,包括员工知识结构、个人能力、工作态度和行为特点等方面。在进行培训需求分析后,应对员工的培训内容进行设计。不同员工的职业特点不同,因此职业发展的阶段性目标和具体任务也各有不同。企业应当赋予每位员工接受培训和传授技能的双重责任,创造良好的环境和条件,针对不同阶段、不同层次、不同岗位的员工,结合其在这一阶段的能力水平、发展目标具体制订职业生涯管理的培训内容。

××公司一线技术人员培训调查问卷

一、个人情况

1. 你现在的工作岗位：

    (1)技术管理岗　　　　(2)技术工人

2. 你的年龄：

    (1)20～30 岁　　　(2)31～40 岁　　　(3)41～50 岁

    (4)51 岁以上

3. 你的初始学历：

    (1)高中及以下　　　(2)中技/中专　　　(3)专科

    (4)本科及以上

4. 你担任本岗位的时间：

    (1)5 年及以上　　　(2)4 年　　　(3)3 年

    (4)2 年　　　(5)1 年及以下

5. 你的司龄：

    (1)20 年以上　　　(2)16～20 年　　　(3)11～15 年

    (4)6～10 年　　　(5)5 年及以下

二、培训情况

1. 你认为自己目前最希望通过培训解决哪方面问题？

    (1)增加专业知识　　(2)提高综合素质　　(3)提升实际业务能力

    (4)转变思想改变态度

2. 你希望接受的培训：

    (1)知识技能类　　　(2)管理类　　　(3)实践技术类

    (4)发展/拓展类　　　(5)学历教育提升

3. 你最能接受的培训方法：

    (1)参观访问法　　　(2)案例研究法　　　(3)现场培训法

    (4)集中授课　　　(5)工作轮换法　　　(6)其他培训方法(请举例)：_____

4. 你认为较为理想的培训评估方式：

    (1)问卷调查　　　(2)面谈　　　(3)书写报告

    (4)培训结束后考试 (5)受培训者直属主管或同事评价

    (6)绩效考核　　　(7)其他_____

5. 你认为影响培训开展的因素是什么？

    (1)工作太忙,没时间培训

    (2)这些课程对我的工作没用,浪费我的时间

    (3)上级不重视培训

    (4)老师讲的都是理论,在实际工作中我用不上

    (5)老师授课水平一般

    (6)其他(请填写,可以多填)_____

6.站在你的角度,你如何看待培训与员工职业发展之间的关系?

(1)无关系　　　　(2)弱　　　　　　(3)一般

(4)比较紧密　　　(5)紧密

7.你对公司开展的岗位技能培训形式的满意程度:

(1)不满意　　　　(2)基本满意　　　(3)比较满意

(4)满意　　　　　(5)非常满意

8.你对公司开展的岗位技能培训内容的满意程度:

(1)不满意　　　　(2)基本满意　　　(3)比较满意

(4)满意　　　　　(5)非常满意

9.你愿意在客观条件允许的情况下参加公司培训吗?

(1)不愿意　　　　(2)基本愿意　　　(3)比较愿意

(4)愿意　　　　　(5)非常愿意

10.你认为公司对培训监管的程度:

(1)无监管　　　　(2)监管松散　　　(3)时严时松

(4)比较严格　　　(5)监管严格

11.你认为培训在个人工作绩效方面的作用程度:

(1)没有　　　　　(2)基本没有　　　(3)作用一般

(4)有作用　　　　(5)作用明显

12.你希望参加哪些方面的培训?

(1)领导力等管理方面的培训　　　　(2)技术岗位方面的培训

(3)人际关系的培训　　　　　　　　(4)工作行为方面的培训

通过以上问卷,你认为哪几个问题(编号)_____对你职业培训有较大的参考价值?(希望尽可能地逐一分析每个问题背后考查的点,这个点就是你关注和努力的方向。)

_____这个问题指引你发现以下需求:_____

_____这个问题指引你发现以下需求:_____

_____这个问题指引你发现以下需求:_____

作为一名高等职业教育学生,你认为现阶段自己需要哪些方面的培训?原因是什么?这些培训对你今后的职业发展有什么帮助/益处?

①需求:_____

原因:_____

帮助/益处:_____

②需求:_____

原因:_____

帮助/益处:_____

③需求:_____

原因:_____

帮助/益处:_____

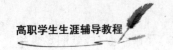
3. 管理、考核和使用

（1）日常管理

日常管理是为每一位优秀青年员工建立个人档案，档案内容主要包括个人的工作履历，在培养阶段所有的表现以及绩效考核结果，将这些材料收集起来进行备案。

（2）考核

由于对优秀青年员工实行的是年度考核，因此每一位优秀青年员工年终时要将自己一年的工作和培训经历进行汇总，并根据具体的考核方案，组织部门领导和相关专家打分，再结合每位优秀青年员工的档案划定考评结果，根据考核结果确定继续培养名单和淘汰者名单。

（3）考核结果运用

考核评定结果有优秀、良好、一般和不及格。对于特别优秀的可以考虑破格提拔或聘用。

四、员工个人职业发展通道设计流程

员工个人职业发展通道设计划分为三个阶段，即个人职业生涯规划过程、现任岗位胜任程度评价过程和未来岗位匹配程度评价过程（图4.3）。

员工个人职业发展通道设计流程过程说明如下：

①员工进行自我评估，通过全面、深入、客观地分析和了解自己，对自己形成一个客观、全面的认识和定位。首先分析员工个人为人处世所遵循的价值观，明确自己追求的价值目标；其次，明确自己掌握的知识和技能，同时剖析自己的人格特征、兴趣、性格等方面的个人情况，以便了解自己的优势和不足，为员工确定职业发展目标提供依据。

②员工在自我剖析与定位的基础上，设立明确的职业发展目标。如计划在40岁之前成为某外资企业集团的人力资源部主管。

③企业制订定位准确的员工绩效考核与管理方案，设计科学的考核工具，定期对员工的工作业绩进行考核。

④企业根据员工的工作业绩考评结果，对员工做出评价，为判断员工是否胜任现任岗位提供参考依据。

⑤企业根据其对员工的评价结果，结合现任岗位的相关信息，特别是以岗位的胜任素质模型为基础的等级能力标准，判断员工是否胜任现任岗位。

⑥若企业判定员工不能胜任其现任岗位的要求，则提示员工应当进行在岗培训等相关措施，使自己符合现任岗位要求。

⑦对于胜任现任岗位的员工，进行职业锚测试或者职业性向测试，确定员工的职业锚或职业性向。有条件的企业可成立企业人才测评中心，为员工提供职业发展信息管理平台。员工也可以自行测试职业兴趣、职业锚、职业发展倾向等，为企业提供个人职业发展的相关信息。

⑧根据测试结果，判断员工现阶段的职业兴趣、职业锚、职业性向所属类型，为设计员工的职业发展方向提供参考依据。

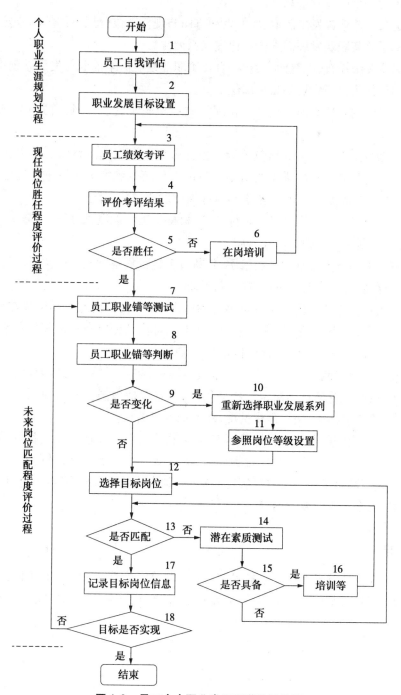

图4.3　员工个人职业发展通道设计流程

⑨企业根据员工职业锚测试结果,判断员工职业锚是否发生变化,职业发展方向是否与现任岗位属于同一个职业发展系列。

⑩若判定员工职业锚发生改变,职业发展方向与现任岗位分属不同的职业发展系列,则帮助员工选择适合其职业发展需求的职业发展系列。

⑪参照岗位等级设置,一般而言,在符合员工职业发展需求的职业发展系列中为其选择同一级别的岗位作为员工发展的目标岗位。

⑫若判定员工的发展方向与现任岗位属于同一个职业发展系列,则员工在该系列上选择一个目标岗位。

⑬企业根据员工选择的目标岗位的能力标准即企业根据其战略发展需求,结合岗位性质及特点建立的岗位胜任素质模型与员工现有的工作绩效和能力水平进行匹配,即判断员工现有能力、知识技能、职业素养等是否与目标岗位的要求相匹配。

⑭若员工现有素质水平不能胜任目标岗位,根据员工潜能测试、胜任素质测试等测试结果的相关信息,判断员工具备的潜在素质。

⑮根据测试得到员工具备的潜在素质,判断员工是否具备胜任目标岗位的可能,若员工不具备胜任目标岗位的可能,则重新选择目标岗位。

⑯若判断为具备胜任目标岗位的可能,则制订培训等相关措施将员工潜在能力素质转化为现实能力素质,缩小员工现有能力素质水平与目标岗位所需条件之间的差距,经过必要的工作经验积累、能力提升后与目标岗位进行匹配。

⑰若判断员工现有能力与目标岗位需求可以匹配,将此目标岗位作为员工个人职业发展通道的一个阶梯,记录该目标岗位的相关信息,主要包括该岗位所属的职业发展系列、岗位职责、岗位等级能力标准、岗位需求情况、薪资福利等信息。

⑱判断员工拟定的职业发展目标是否实现,若尚未达到员工职业发展目标,则虚拟员工进入目标岗位,经过必要的积累胜任目标岗位,进行新一轮循环判断,得到下一个目标岗位的相关信息。若判断员工职业发展目标已经实现,则结束判断循环,将得到的目标岗位按顺序连接,得到员工个人职业发展通道。

[探究与分享]

1.在企业中,专业技术系列与技能操作序列的标准与晋升标准有什么不同?

2.作为高职学生,如何根据企业情况,结合自身能力、兴趣、发展需求,选择适合自己发展的职业道路?

第三节　企业职业发展通道体系实施的保障措施

习近平总书记指出:"环境好,则人才聚、事业兴;环境不好,则人才散、事业衰。"企业进行职业发展规划的目的是提高员工队伍的职业化水平,从而实现企业的人才培养和人才核心能力的提高;员工进行职业发展规划的目的是不断获得职位的提升,从而获得更高的工作回报。为了引导员工提升职业能力,保证员工按照公司要求不断提升职业技能和职业化水平,需要在工作环境、福利待遇、职位晋升、人文关怀等方面设计配套的激励措施。

一、应有良好的组织保障与环境支撑

员工职业发展通道设计与管理作为员工职业生涯管理与开发的重要组成部分,职业生涯开发与管理的成功与企业高层领导的全力支持密不可分。

企业高层领导支持力度是企业能否顺利开展员工职业发展通道管理的重要影响因素之一,它关系到环境氛围、人员配备、资金投入、相关政策制订、实施追踪等一系列问题。如果企业高层领导重视员工的职业发展需要,支持建立员工职业发展通道体系,制订相应的政策,配备相关人员,将员工职业发展通道管理作为人力资源开发的重要措施,那么员工职业发展通道实施将取得良好成效。鉴于员工职业发展通道管理相对于其他人力资源管理措施而言是一项长期工作,其时效性弱于薪酬、绩效考评、培训,是一项对人力资源的长期投资,需要企业高层领导具有前瞻性的投资理念,要做好长期投入的准备。所以应建立健全工作机构与人员配置,加大投入,把建立和完善员工职业通道发展机制作为推进企业高质量发展的一项重要内容。

二、具有相匹配的绩效管理与考评体系

建立以员工职业发展为导向的绩效管理系统,一方面是对员工当前工作绩效进行评价,从而确定是否匹配其在职业发展通道系统中现有的位置;另一方面是评价员工未来的工作发展潜力,促使员工通过自身能力和业绩在合理设计的职业发展通道上继续前进。

绩效考评是通过某种特定方法衡量知识型员工的工作行为和成果,是激励策略的核心环节,也是保障措施的核心部分,提供了激励策略有效与否的依据。绩效考评指标体系是绩效考评的基础,是有效执行公司战略目标的保证。绩效考评的指标根据岗位特点和员工工作目标确定,包括业绩类指标、能力素质类指标、奖惩类指标三种,合理的绩效考评目标能极大地激发知识型员工的成就感。建立科学的知识型员工绩效考评体系,对工作业绩和工作能力进行公平公正的评价,可促使知识型员工进行准确定位,充分调动他们的积极性。

绩效管理不仅注重考核结果,还要注重过程管理和行为管理,必须将绩效管理的"管理过去"和"管理未来"有机地结合起来。绩效考评结束后,应与员工进行充分的绩效沟通,帮

助员工进行绩效诊断和提高,从而促使员工重新确立新的目标,实现员工个人健康发展。

三、拥有完善相匹配的薪酬管理制度

薪酬管理是人力资源管理体系的重要组成部分,是企业高层领导以及所有员工最为关注的内容,它直接关系到企业人力资源管理的成效,对企业的整体绩效产生影响。现代薪酬管理的四大目标:①吸收优秀员工,持续提升工作业绩;②提升组织运营效率;③发挥激励作用;④合理公平的原则。灵活有效、公平合理的薪酬制度有助于激励员工和保持员工敬业度。

员工职业发展通道设计的层级应与薪酬等级的划分相适应,应避免在程序上从工资等级角度来划分员工的做法。现代企业应当实现企业员工的薪酬体系从传统的职位工资制转向职能工资制。否则传统的职位工资制会导致员工为提高自身收入水平而挤向管理岗位,从而造成一线优秀专业技术人员的流失。而职能工资制坚持为员工支付报酬的依据,必须是员工在工作中表现出来的素质能力。其最大的特点就是关注和尊重员工个人能力的发展,并以员工职业发展通道的各职类、职层和职级具体的任职资格能力等级标准作为企业进行客观价值评价的依据。鼓励员工不断地提高自身的任职能力和工作业绩,同时兼顾企业内部和外部的公平性,以实现薪酬待遇水平的不断提升,从而最大限度地对企业的优秀员工进行持续有效的激励。

四、具备以员工职业发展为导向的培训体系

根据企业发展战略的需要,对企业员工职业发展成长的基本规律进行深入分析,准确找出员工在不同职业发展阶段对相关知识、经验和技能的不同需求,从而建立和实施分层分类的人力资源开发培训体系。培训可以提高员工自身的知识水平和工作能力,从而让员工有足够的资本和能力承担企业新的任务和责任。企业有组织、有计划地对员工进行系统的培训,可以防止因员工能力不足而产生的机会成本。另外,对员工进行必要的培训也表达了企业对员工的关心和爱护,从而增强员工对企业的认同度和忠诚度,并调动其更大的积极性。因此,建立以员工职业发展为导向的培训体系可以让企业的战略目标和员工的个人目标达成一致,从而促使企业和员工的共同持续发展。

[探究与分享]

1. 一般企业需要在哪些方面设计配套的保障措施保证员工的发展?
2. 尝试探索一个以上企业在员工不同职业发展阶段对相关知识、经验和技能的需求。

第四节　职业生涯规划遵循的原则

一、遵循人才成长客观规律

济济多士,乃成大业;人才蔚起,国运方兴。习近平总书记强调,要尊重人才成长规律和科研活动自身规律,培养造就一批具有国际水平的战略科技人才、科技领军人才、创新团队。人才的培养、开发和使用是一门科学,遵循规律则事半功倍,违背科学则事倍功半。

渐进成才规律揭示了人才成长是阶段性和连续性统一的过程。从一般意义来讲,人才的成长要经历从准人才到潜人才,再到显人才,最后到领军人才的阶段。这四个阶段前后相继,只能依次渐进,不能人为地跨越。高职教育属阶段性育才,其主要功能是把准人才培育成潜在的高技能人才,即具有一定的专业理论知识、突出的操作能力和一定的创新能力,以实际操作为主要技能的潜在专业人才。遵循渐进成才规律,应强化人才成长过程意识,深刻理解高等职业教育的主要职能是"根据劳动力市场的实际需要组织培训、满足需求、适应经济发展"。高职教育的主要任务是为学生毕业后从事技能工作、进一步接受职业培训,直至终身教育夯实基础。

人的职业发展遵循"初学者到专家"五个发展阶段的逻辑规律,具体包括新手(初学者)—生手—熟手—能手—高手(专家)五个发展时期。处于职业能力发展不同阶段的实践人员具有不同的行为特征,面临着不同的工作任务。所以人的能力发展体系的构建就应遵循职业能力发展规律,搭建五个能力阶梯,在每个能力阶梯提炼典型的发展性任务,从业者只有亲自完成一系列"发展性任务",才能有效发展职业能力。这就要求从业者必须做到以下六点:①掌握基本技能,合理选择职业;②准确认识自身,愿从基层做起;③认同企业文化,有较高忠诚度;④职业目标清晰,保持良好耐性;⑤强化学习意识,提升综合能力;⑥善于抓住机会,敢于迎接挑战。

二、遵循社会主义核心价值观

当前是实现"两个一百年"奋斗目标、实现中华民族伟大复兴中国梦的关键时期。面对复杂多变的国际环境和国内艰巨繁重的改革发展任务,统筹推进"五位一体"总体布局和协调推进"四个全面"战略布局,适应和引领经济发展新常态,牢固树立和贯彻落实创新、协调、绿色、开放、共享的发展理念,需要青年一代充分发挥作用,在改革发展稳定第一线建功立业、接续奋斗。青年是国家经济社会发展的生力军和中坚力量。党和国家事业要发展,青年首先要发展。作为高素质群体的当代青年大学生,是祖国未来建设的中坚力量。

大学生就业应遵循社会主义核心价值观,这有利于全面把握、科学分析和正确实现就业择业,进一步实现"人职匹配""人岗匹配",最大限度地发挥职业潜能,实现高质量就业。

用社会主义核心价值观引领大学生就业择业,有助于及时调整大学生的"思维习惯、认知结构和价值机制,解决思想观念、心理意识、情感意识、精神觉悟及行为实践等多方面存在的疑惑和问题"。

用社会主义核心价值观引领大学生就业择业,有助于学生形成正确的人生观、价值观和世界观,树立崇高理想,为国家和民族的复兴贡献力量,指导毕业生到西部地区、到祖国和人民最需要的地方去,鼓励高校毕业生积极参军入伍,为祖国建功立业。

用社会主义核心价值观引领大学生就业择业有助于提高大学生政治思想觉悟,掌握现代科技知识技能,克服大学生出现利己主义的思想和狭隘的就业观念,是大学生个人成长的需要。坚持一切从实际出发,把个人理想同建设中国特色社会主义实践相结合,实现理想和实践的结合过程,就是实现自己人生价值的过程。

三、遵循与中华民族的伟大复兴同向同行

习近平总书记在 2012 年 11 月 29 日提出了实现中华民族伟大复兴的中国梦。职业教育必须立足新发展阶段、贯彻新发展理念、构建新发展格局,瞄准科技变革和产业优化升级,努力增强适应性并实现高质量发展,以更好地契合人民群众的期望,培养更多高素质技术技能人才、能工巧匠、大国工匠,为实现第二个百年奋斗目标和中华民族伟大复兴的中国梦提供有力的人才和技能支撑。中国梦的提出,极大地激发了每一个中国人投身现代化建设的热情。

从根本上讲,中国梦的实现必须立足实现中华民族伟大复兴的战略全局和世界百年未有之大变局,牢记第二个百年奋斗目标,深刻领会党百年奋斗的历史经验,总结经验,勇毅前行、担当使命;必须依赖于每一个中国人的积极性和创造性的发挥,把推进中华民族的伟大复兴寓于促进每一个中国人的发展的具体行动中,以每一个中国人的发展促进中国梦的梦想成真;必须顺应时代要求,迈向新的征程,同心同德、同心同向、同心同行,将个人发展、企业振兴融入实现伟大中国梦之中,做出更大贡献,无愧于伟大的新时代。

[探究与分享]

作为一名高职学生,应该遵循怎样的职业生涯规划原则?如何将中国梦融入职业生涯规划中?

第五章　科学决策：做出合理的选择

> 我们的决定决定了我们。
>
> ——萨特

【知识目标】

1. 了解生涯目标的基本定义。
2. 理解生涯规划的基本含义。
3. 懂得生涯决策的基本概念。
4. 掌握生涯决策的基本方法。

【能力目标】

1. 掌握如何确立生涯目标。
2. 进行生涯规划并形成生涯规划书。
3. 制订行动计划。

【情感态度价值观】

1. 熟练掌握生涯决策的过程及方法。
2. 积极进行个人生涯决策与规划。
3. 体验生涯决策过程的成就感与获得感。

［故事与人生］

哈佛大学曾做过一项关于目标对人生影响的跟踪调查。调查对象是一群智力、学历、环境等差不多的年轻人。调查结果发现：27%的人没有目标；60%的人目标模糊；10%的人有清晰但比较短期的目标；3%的人有清晰且长期的目标。通过25年的跟踪研究结果显示，他们的状况及分布现象十分有意思。占3%有清晰且长期目标的人，25年来几乎都不曾更改过自己的人生目标，他们一直都朝着同一方向不懈地努力，25年后，他们几乎都成了社会各界的顶尖成功人士。其中不乏白手创业者、行业领袖、社会精英。占10%有清晰短期目标的人，大都生活在社会的中上层。他们的共同特点是，短期目标不断被达成，状态稳步上升，成为各行各业不可或缺的专业人士，如医生、律师、工程师、高级主管等。而占60%的模糊目标

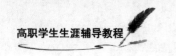

的人,几乎都生活在社会的中下层,他们能安稳地工作,但都没有什么特别的成绩。剩下的27%是25年来都没有目标的人群,他们几乎都生活在社会的最底层,过得不如意,常常失业,靠社会救济,并且经常抱怨他人,抱怨社会,抱怨世界。

其实,每个人的内心深处都有一种对成功的渴望。如果你能发掘它,做出合理的抉择并付诸行动,便能找到成功的方向,找到一种支持你不懈努力的持久力量。

请你思考并回答以下问题:

你有目标吗?你的目标是什么?你的目标是长期目标还是短期目标?

第一节　生涯目标

学业或事业的成败,很大程度上取决于有无正确适当的目标。没有目标如同驶入大海的孤舟,四野茫茫,不知道自己走向何方。树立了目标,才能明确奋斗方向,它犹如大海中的灯塔,引导你避开险礁暗石,走向成功。

一、生涯目标的分类与定义

生涯目标根据目标的时间跨度,分为长期目标、中期目标与短期目标,分别与长期规划、中期规划与短期规划相对应(表5.1)。

表5.1　生涯目标

目标类型	解释	建议
长期目标	指5年以上的目标	对于高职学生而言,社会实践中积累经验、提升个人能力等都可称为长期目标
中期目标	指3~5年内的目标,包括所寻求的教育类型、对事业的规划	高职学生可设立诸如通过专升本考试、得到满意毕业Offer之类的中期目标
短期目标	指1年内的目标	高职学生的短期目标可为通过英语AB级考试、计算机考试等

根据生涯所涵盖的内容分类,可分为外在生涯目标和内在生涯目标(表5.2)。

表5.2　根据生涯涵盖的内容分类

目标类型	目标含义	包含内容	能否量化
外在生涯目标	指生涯过程中外显的、具有能见性标记的目标	通常包括职务目标、技术等级目标、经济收入目标、社会影响目标、工作内容目标等	可量化

目标类型	目标含义	包含内容	能否量化
内在生涯目标	指在整个生涯过程中个人自身得到了足够的发展、收获了知识、积累了经验、提高了职业技能、转变了观念,内心得到了丰富与升华	包括个人工作能力目标、工作成果目标、心理素质成长目标等	不可量化

外在生涯目标与内在生涯目标相辅相成,应同时综合考虑内外两方面因素最终确定生涯目标,不能重外而轻内。对于刚毕业的高职学生而言,正值生涯成长初期,内在能力和个人素质的提升比提高经济收入更重要。

二、生涯目标的确立

哈佛大学关于目标对人生影响的跟踪调查显示:目标像分水岭一样,轻而易举地将资质相似的人分为少数卓越精英和多数平庸之辈。前者主宰了命运,后者则随波逐流。此次调查得出结论:目标对人生有较大导向性作用。

对于现阶段的你而言,也许心中会有很多疑问:

● 我该转专业吗?

● 我到底要多考证还是多实习?

● 我不喜欢现在专业相关的行业怎么办?

● 我们职业院校学生真的就只能进厂了吗?

● 我到底选择就业还是专升本?

……

确定了生涯目标后,这些问题可能就顺理成章地有了答案。那么,你应该如何确立适合自己的生涯目标呢? 一般应遵循以下原则:

1. 兴趣优先

确立生涯目标首先要知道自己喜欢哪种生涯,或者对哪种职业比较感兴趣。一般来讲,只有从事自己喜爱的、感兴趣的工作,工作本身才能给你一种满足感,你的职业生涯才会变得趣味无穷。因此兴趣优先是未来职业定位的首要原则。

2. 扬长避短

在确立生涯目标时,应充分了解自身优势与劣势。然后,在此基础上按照"扬长避短"的原则进行具体的职业定位。

3. 随行就市

在确立生涯目标时,不仅要了解当前的社会职业需要状况,还要善于预测职业随社会需要而变化的未来走向,以使自己的职业定位具有一定的远见。一味地盯着当前的热门职业,可能不利于长远发展。

遵循以上生涯目标确立原则后,你的生涯目标应该包括哪些内容呢?

①找准职业定位和发展方向。职业定位和发展方向要和自己的兴趣、能力、价值观相匹

配。只有找准方向才能最大限度地开发和挖掘自己的潜力。

②看清目标行业的发展趋势。主动、全方位地了解目标行业的现状和前景,其中朝阳产业(也称新兴产业)最为推荐,该类产业具有强大的生命力且市场前景广阔,如 IT、环保、新能源等。

③认清自己的优势与不足。应总结自己的优势和劣势,明确自己的优势能否帮助自己在新的行业站稳脚跟,自己的劣势能否找到方法进行改善和提升。

三、生涯目标的重要性

经调查发现,大部分学生对将来的职业没有非常明确的定位,对自己将来从事的职业毫无想法。从学校走向社会,许多学生并未把事业的发展前景放在首位,而是一味追求单位名气或工资待遇,最后选择了自己并不感兴趣或无法凸显自身优势的职业。因此,在寻找就业目标时,首先应扪心自问:"我想干什么? 我能干什么? 现在准备干什么? 就业环境如何?"

作为高职院校的学生,从学校走向社会,将会面对一个全新的世界,在这个社会里,大学生从事的职业不仅是生活的基础,还能体现个人存在的价值。事实上确立生涯目标有利于大学生进行自我定位,并认识自我和了解自我,最终明确自己的方向。

心理学家大卫·沃森说过:"追求目标,即使没有达到目标,也是带来幸福和积极情感的要素。"由此可见,确立生涯目标是完成生涯决策的核心环节。当你明确了自己的生涯目标,便可以坚定地朝着目标方向努力,最终做出最适合且最具优势的生涯决策。

[探究与分享]

1.你目前对学习或生活有明确的目标吗? 确定这个目标的依据是什么?

2.在过去的学习和生活中你曾制订过类似的目标吗? 你是如何完成的?

3.你有多少个目标职业呢? 你知道你的目标职业中哪个是最优选择吗?

针对自己目前的情况,结合本节内容,制订一份生涯目标书(可按目标的时间跨度进行分类制订)。

第二节　生涯规划

"一个人若是看不到未来,就掌握不了现在,一个人若掌握不了现在,就看不到未来。"这句话充分说明了生涯规划的本质和精髓。迷茫的人很容易看出他们眼神空洞,四目交接,看得见却如看不见,似乎可以感受到他内心的孤独和不安。但成功的生涯规划可以帮助人们回归心灵的故乡,重整旗鼓,奔向未来。

一、生涯规划的含义

生涯规划是指个人与组织相结合,在对个人职业生涯的主客观条件进行测定、分析、总结的基础上,对个人兴趣、爱好、能力、特点进行综合分析与权衡,结合时代特点,根据个人的职业倾向,确定最佳奋斗目标,并为实现这一目标做出行之有效的安排。或者说,生涯规划是指个体对决定职业生涯的个人因素、组织因素和社会因素等进行合理分析,科学制订在事业发展上的战略设想与计划安排。

生涯规划的目的绝不是按照自己的资历条件找一份工作,从而达到和实现个人目标,更重要的是通过制订生涯规划来真正了解自己,为自己订下长远的发展目标,筹划未来,拟订人生方向,进一步评估内外环境的优势和限制,在"衡外情,量己力"的情形下设计出合理且可行的生涯发展方向。

因此,生涯规划的中心含义是:

- 你打算选择什么样的行业及职业?
- 你想达到什么样的成就?
- 你想过一种什么样的生活?
- 如何通过你的学习与工作达到你的目标?

要回答并解释清楚以上问题,需要在校期间通过系统学习,逐渐改变认识,才能确切明了自己的生涯规划。制订生涯规划主要包括两方面:一是社会发展的客观需要,特别是社会职业的现实要求;二是自身实际情况,其中起主要作用的是学生本人。因为生涯规划不是社会或学校强加在个人身上的条条框框,而是学生在内心强大动力的驱使下,结合社会职业的要求和社会发展方向,依据现实条件和机会所制订的个人化实施方案。

二、影响生涯规划的因素

生涯规划首先需要对自身主客观因素进行分析,再确立生涯发展目标,寻找职业发展方向。通常,影响生涯规划的因素主要有两个:个体因素与环境因素。

(一)个体因素

生涯规划中的个体因素主要体现在个人的兴趣、气质和能力等方面。

1. 兴趣及其作用

心理学上的兴趣是指你对某种事物有需求,你便可能对它产生兴趣。例如,一个人感受到了学习知识的必要,就有了学习知识的动力,然后产生了学习知识的兴趣。皮亚杰指出:"兴趣,实际上就是需要的延伸,它表现出对象与需要之间的关系,我们之所以对某种事物产生兴趣,是因为它能满足我们的需要。"

生涯规划中的兴趣通常是指职业兴趣。职业兴趣是指人们是否想学习某类专业或选择某种职业。一个人对某种职业充满兴趣,他在学习和工作中就能全神贯注、积极热情,并且能够富有创造性地完成工作。一个人对自己的专业或职业毫无兴趣,即使聪明能干,也很难

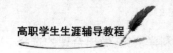

在此专业或职业中有所建树。通常来说职业兴趣可分为六种类型,如表5.3所示。

表5.3 职业兴趣的六种类型

职业兴趣分类	含义	典型职业
社会型	善言谈、愿意教导别人;关心社会问题、渴望发挥自己的社会作用	教育工作者(教师、教育行政人员)、社会工作者(咨询人员、公关人员)等
企业型	喜欢竞争、敢冒风险、有野心、有抱负;习惯以利益得失衡量做事的价值,做事有较强的目的性	项目经理、销售人员、营销管理人员、政府官员、企业领导、法官、律师等
常规型	尊重权威和规章制度,习惯接受他人的指挥和领导;通常较为谨慎和保守,缺乏创造性,不喜欢冒险和竞争,富有自我牺牲精神	秘书、办公室人员、记事员、会计、行政助理、图书馆管理员、出纳员、打字员、投资分析员等
实用型	愿意使用工具从事操作性工作,动手能力强;做事保守,较为谦虚,缺乏社交能力	技术性从业者(计算机硬件人员、摄影师、制图员、机械装配工)、技能性从业者(木匠、厨师、技工、修理工、农民、一般劳动者)等
研究型	抽象思维能力强,动手能力较弱,求知欲强;喜欢独立的和富有创造性的工作;善于理性思考、逻辑分析和推理,不断探讨未知的领域	科学研究人员、教师、工程师、电脑编程人员、医生、系统分析员等
艺术型	富有创造力;做事理想化,追求完美,不重实际;具有一定的艺术才能和个性	艺术人士(演员、导演、艺术设计师、雕刻家、建筑师、摄影家、广告制作人)、音乐人士(歌唱家、作曲家、乐队指挥)、文学人士(小说家、诗人、剧作家)等

兴趣都不是与生俱来的,而是以一定素质为前提,在生活实践过程中逐步发展起来的。如果一个人缺乏某种职业知识,或者根本不了解这种职业,那就不可能对这种职业感兴趣。因此,一个人只有了解了职业知识,参加了相关的职业实践活动,才可能真正显示和发现自己的职业兴趣所在。

2.气质与职业

气质是人的个性心理特征之一,它给人们的言行涂上某种色彩,但不能决定人的社会价值,也不具有社会道德评价意义。气质是一个人从内到外散发出来的一种内在的人格魅力。这里所指的人格魅力多种多样,比如修养、品德、行为举止、待人接物、说话的感觉等所表现出来的高雅、高洁、恬静、温文尔雅、豪爽大气、不拘小节等都可认为是这个人的气质。所以,气质是长久的内在修养与文化修养的结合。

古希腊著名医生希波克拉底很早就观察到人有不同的气质,于是把气质分为多血质、胆汁质、黏液质和抑郁质四种。除这四种典型类型外,实际生活中大多数人是这四种典型类型的中间类型。气质类型没有好坏之分,气质不能决定一个人智力发展的水平,也不能决定一个人职业成就的高低,但可以匹配不同的职业。能否发挥所长,适应职业环境,提高工作效率,取得职业成就,选择合适的职业是进行生涯规划的关键。各种气质类型的心理行为特征及对应的工作类型特点如表5.4所示。

表5.4 各种气质类型的心理行为特征及对应的工作类型特点

类型	行为表现	特点	典型职业
胆汁质 (兴奋而热烈 的类型)	表现为有理想、有抱负、有独立见解。他们精力旺盛,行动迅速,行为果敢,表里如一。语言上、面部表情和体态上都给人以热情直爽、善于交际的印象。行动上,不愿受人指挥而愿意指挥别人,一旦认准目标,就希望尽快实现,遇到困难也不屈不挠,有魄力,敢负责,但往往比较粗心,容易感情用事,自制力差,性情急躁,主观任性,有时刚愎自用。由于神经过程的不平衡,工作带有明显的周期性,能以较大的热情投身于事业,一旦筋疲力尽,情绪顿时转为沮丧而心灰意冷	社交性、文艺性、多样性、要求反应敏捷,不适合耐心细致、需要钻研的工作	冒险家、警察、演员、外交、管理、军事、驾驶、纺织、服务、医疗、法律、体育、新闻等工作
多血质 (敏捷而好动 的类型)	表现为性情开朗、热情、喜闻乐道、善于交际。行为上,在群体中相处自然,常能机智地脱困。在工作和学习上肯动脑筋,常表现出机敏的工作能力和较高的办事效率。对外界事务有广泛的兴趣,充满自信,不安于循规蹈矩的工作,情绪多变,富于幻想,易于浮躁,时有轻诺寡信、见异思迁的表现,缺乏忍耐力和毅力	反应迅速、动作有力、应变性强、危险性大、难度高,不适合稳重、细致、持久、耐心的工作	导游、推销员、节目主持人、演讲者、外事接待人员等工作
黏液质 (缄默而安静 的类型)	表现为反应迟缓,无论环境如何变化,都能基本保持心理平衡。外柔内刚,沉静多思,很少表露内心的真情实感。行为上,凡事力求稳妥,深思熟虑,一般不做无把握的事,具有很强的自我克制能力。与人交往时,态度持重适度,不卑不亢,不爱抛头露面或做空泛的清谈。行动缓慢而沉着,有板有眼,严格恪守既定的生活秩序和工作制度,心境平和,沉默少语	有条不紊、刻板平静、难度较高,不适合剧烈多变的工作	法官、出纳员、保育员、话务员、会计师、播音员、调解员等工作
抑郁质 (呆板而羞涩 的类型)	表现为沉静含蓄、感情专一、喜欢独处、交往拘谨、性格孤僻。行为上,在友爱的集体里,可能是一个很容易相处的人,能认真完成力所能及的工作,遇事三思而后行,求稳不求快,因而显得迟缓刻板。学习、工作易疲倦,在困难面前怯懦、自卑、优柔寡断。遇事多疑,往往缺乏果断和信心	兢兢业业、持久细致,不适合反应灵敏、处理果断的工作	校对、打字、排版、化验、雕刻、刺绣、保管、机要秘书等工作

3. 能力与职业

能力是完成一定活动的本领,是一种力量。例如,从事外交工作,要具有灵活而敏捷的思维、较好的语言表达、较强的记忆等能力;从事管理工作,要具备一定的组织、交际、宣传说服等能力。能力可以分为一般能力与特殊能力。一般能力是指人们顺利完成各项任务必须具备的基本能力,如注意力、观察力、记忆力、思维能力和想象力等。特殊能力是指从事各项专业活动的能力,如计算能力、音乐能力、动作协调能力、语言表达能力、空间判断能力等。

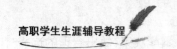

生涯规划中的能力是指职业能力。一个人能否进入职业,其先决条件是能否具有相应的能力胜任相关工作。择业者经过多年的基础学习,一般已具备了一定的能力,如观察能力、反应能力、抽象概括能力等。同时经过多年的专业学习,择业者也具备了特殊能力,如写作能力、数学能力等。无论是一般能力或特殊能力,都能对职业选择提供良好参照。职业选择应遵循以下原则:

(1)能力类型与职业相吻合

人的能力类型是有差异的,也就是说人的能力发展方向存在差异。能力水平要与职业层次需要保持一致或基本一致。对于某种职业或职业类型来说,由于所承担的责任不同,又可分为不同层次,每个层次对人的能力又有一定的要求。因而,根据能力类型确定了职业类型后,还应根据自己所达到或可能达到的能力水平确定相吻合的职业层次。只有这样,才能使能力与职业的吻合具体化。如生物学家、航天员等职业所需的能力水平与高级技工等大国工匠的能力要求肯定是有差异的。择业时应当尽量在自己能力允许的职业群中寻找合适定位,这样职业成功的可能性才会大大增加。同样,在人事安排中,如能注重个人的优势能力并分配相应的工作,会更好地发挥人才作用。

(2)一般能力与职业相吻合

不同职业对人的一般能力的要求不同,有些职业对从业者的智力水平有绝对的要求,如律师、工程师、科研人员、大学教师等都要求有很高的智商,智力在相当大的程度上决定着其所从事的职业类型。

(3)特殊能力与职业相吻合

要顺利完成某项工作,除要具有一般能力外,还要具有该项工作所要求的特殊能力,如从事教育工作需要有阅读能力和表达能力;从事数学研究需要具有计算能力、空间想象能力和逻辑思维能力。又如法官应具有很强的逻辑推理能力,却不一定要有很强的动手能力;而建筑工应有一定的空间判断能力,却不需要良好的语言表达能力。

(二)环境因素

除了个体因素外,环境因素也对个体的生涯规划有着重要影响。一般来说,这些因素超出了个体能力控制范围,包括社会环境、家庭环境、行业环境等。

1. 社会环境

社会环境是指人类生存及活动范围内的社会物质、精神条件的总和。社会环境对大学生的生涯规划乃至人生发展都有重大影响。人们通常把社会环境分为三大类,即经济环境、政治与法律环境、社会文化环境。通过对社会环境的分析,了解所在地区的政治、经济、文化等信息,以寻求各种发展机会。

(1)经济环境

社会经济的发展作为一种决定性力量,制约着社会就业的数量和质量。就我国而言,一个点位百分数的 GDP 增长,就可能影响几百万人的就业,就会使各个行业的平均工资上下浮动相当幅度。在经济发展水平高的地区,企业相对集中,优秀企业也比较多,个人职业选择的机会就比较多，因此也有利于个人职业发展；反之，在经济欠发达地区，个人职业发展也会受到限制。也就是说，人们在更宽松的经济环境下会获得更多的择业机会。

（2）政治和法律环境

我们生活在一个有政治制度和法律制度的社会，这种政治、法律环境对职业选择和生涯发展有着重要影响。影响职业的政治因素包括国内外政治制度、党和国家的方针政策，如现行的户籍制度、住房制度、人事制度和社会保障制度等。法律因素包括法律法规，如《中华人民共和国民法典》《中华人民共和国劳动法》等。

（3）文化环境

文化环境是指在一定社会形态下的教育水平和道德规范、价值观念、宗教信仰以及世代相传的风俗习惯等为社会所公认的各种行为规范。

其中，一个民族的传统文化必然会潜移默化地影响人们的价值观，而价值观会直接影响人们的职业选择方向。如笃信"学而优则仕"的人，价值取向就会偏好"管理人的人"，其职业选择方向就可能是管理者、公务员等。一个坚信"自由价更高"的人，职业选择方向就可能是记者、经济学家、自由撰稿人等自由职业。

2.家庭环境

个人的成长离不开家庭，家庭是社会的天然细胞，是子女成长的摇篮，因此，子女首先是通过家庭进入社会的。对于每一个人来说，家庭都是第一所学校。在一个家庭里，如果家长有正确的人生观，深知社会发展所需要的人才类型，就会按照社会需要的人才标准培养和教育孩子，使他们成为对社会有用的人，让自己的子女能够在多元化和一体化的国际竞争中占有一席之地。

家庭对大学生生涯规划也有巨大影响。有调查显示：在美国，政界人士家庭的子女90%是有识之士，能够在自己的行业叱咤风云；而犯罪人士家庭的子女90%是罪犯、乞丐……可想而知，家庭环境是多么重要。具体来说，家庭环境的影响主要有以下几个方面：

（1）家庭期许

家庭对大学生的期望大小不同、高低不同。期望值高的，大学生选择的职业相对而言就是社会上的热门职业，社会地位和收入等都较高。期望值较低的，则容易选择与大学生自身爱好、能力等相匹配的职业。任何家庭都有正常的需要，这些需要对大学生选择职业也会有影响，但一些家庭还有特殊的需要，这些特殊的需要对大学生的影响更大。比如家庭成员中有患疑难病或慢性病的，大学生选择医药职业的概率就比较高。

（2）家庭支持力度

家庭对大学生选择较好职业的支持态度是毋庸置疑的，但支持的力度有很大差别。这主要是家庭成员的社会地位、经济条件、社会关系等不同造成的。如果没有家庭的支持，或家庭支持的力度太小，大学生在选择职业时，就会将自己的兴趣、爱好等打折扣，而转向较易进入的职业和较顺利获得的职位；反之则会寻求更高更好的职业。

（3）家庭干涉

大学生对未来的职业选择普遍存在盲目性，这时家庭的干涉会让大学生在职业选择上

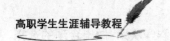

产生一定的差异。首先,出于对孩子迫切的期望,父母可能会根据自身丰富的人生阅历,为子女的职业选择提供建议甚至替子女做职业选择。其次,家庭氛围或父母原本的职业会对子女产生影响。比如,艺术家庭出身的学生,在与家庭成员的长期接触中,很可能继承父母的职业价值观,从而走上父母的职业道路。

父母主动干涉的方式包括:对子女强烈的导向(如尽力夸赞某一行业);直接替子女做选择(如必须专升本或参军);利用一些善意手段让孩子妥协等。对于家庭干涉,其效果不能一概而论。当子女在职业选择道路上犹豫不决并寻求帮助时,家庭干涉的积极作用便会突显。若职业实践不如人意,那么子女很可能会将这种结果归咎于父母,让父母来承担职业实践不理想的责任。因此,当我们在做职业选择时,家庭干涉不应成为决定性因素,只能作为参考,帮助我们尽量少走弯路。

3. 行业环境

行业环境分析是指对目前从事或拟从事的目标行业的环境分析。其内容包括行业的发展状况、国内外重大事件对该行业的影响、目前行业的优势与问题、行业发展趋势,等等。

行业环境直接影响着企业的发展状况,进而也影响到个人的职业生涯发展。准确分析行业环境有利于个人选择有发展前景的行业和职业,有助于个人职业目标的更好实现。

行业与职业不同,行业是企业的集合。例如,家电行业,就包括生产电视机、空调、冰箱、洗衣机等不同类型、不同产品的若干家企业。在同一行业,可以从事不同的职业。例如,同在保险业,可以做保险业务员,也可以是人力资源部经理。在分析行业环境时,一定要结合社会大环境的发展趋势,同时还要注意国家政策的影响,要了解国家对某一行业是支持、鼓励和引导,还是限制、控制和制约。要尽量选择有发展前景、发展空间较大的行业。例如,我国近年来狠抓环境保护,推行可持续发展战略,保护生物多样性,在农业生产中控制化学制品的使用,开发"绿色食品"等,使环境保护产业如初生朝阳,充满生机,环保设备生产、环保技术咨询等行业迅速发展,提供了大量就业岗位。如果不了解情况,为了一时利益,盲目进入那些污染严重的行业谋职,必将给自己的职业生涯带来严重的不良后果。

三、生涯规划的步骤

(一)职业生涯规划的环节

大学生的职业生涯规划一般分为四个环节:审视自我、确立目标、生涯策略、生涯评估。

1. 审视自我

有效的职业生涯设计,必须是在充分且正确地认识自身条件与相关环境的基础上进行的。对自我及环境的了解越透彻,职业生涯设计越完善。

2. 确立目标

确立切实可行的目标,可排除不必要的犹豫和干扰,否则人们就很容易对现状妥协。

3. 生涯策略

可行性较强的生涯策略会帮助你一步一步走向成功,实现目标。

4.生涯评估

不断反省修正目标，考究策略方案是否恰当，以适应环境的改变，同时可以作为下轮生涯设计的参考依据。

(二)职业定位的职业锚理论

职业生涯规划的定位有两个可参考的理论：一是埃德加·施恩的职业锚理论；二是霍兰德的职业兴趣理论。职业锚的概念是由美国埃德加·施恩教授提出的，他认为职业规划实际上是一个持续不断的探索过程。在这一过程中，每个人都在根据自己的天资、能力、动机、需要、态度和价值观等缓慢地形成较为明晰的与职业有关的自我概念。随着一个人对自己越来越了解，这个人就会越来越明显地形成一个占主要地位的职业锚。所谓职业锚就是当一个人不得不做出选择时，他无论如何都不会放弃的职业中的那种至关重要的价值观。正如"职业锚"这一名词中"锚"的含义一样，职业锚实际上就是人们选择和发展自己的职业时所围绕的中心。一个人对自己的天资和能力、动机和需要以及态度和价值观有了清楚的了解后，就会意识到自己的职业锚到底是什么。施恩根据自己在麻省理工学院的研究指出，要想对职业锚提前进行预测是很困难的。这是因为一个人的职业锚是在不断发生变化的——实际上是一个不断探索过程所产生的动态结果。如何明确自己的职业定位可以分为以下五类：技术型、管理型、创造型、自由独立型、安全型。

1.技术型

持有这类职业定位的人出于自身个性与爱好考虑，往往并不愿意从事管理工作，反而愿意在自己所处的专业技术领域发展。在过去，我国不培养专业经理时代，经常将技术拔尖的科技人员提拔到领导岗位，但他们本人往往并不喜欢管理类工作，更希望能继续从事技术工作。

2.管理型

这类人有强烈的愿望去做管理人员，同时经验也告诉他们自己有能力达到高层领导职位，因此他们将职业目标定为有相当大职责的管理岗位。成为高层经理需要的能力包括三方面：①分析能力：在信息不充分或情况不确定时，要有判断、分析、解决问题的能力；②人际能力：要有影响、监督、领导、应对与控制各级人员的能力；③情绪控制力：在面对危急事件时要有能力保持不沮丧、不气馁，并有能力承担重大责任，且不被压垮。

3.创造型

有些大学生有这种需要：建立或创设某种完全属于自己的东西——一件署着他们名字的产品或工艺、一家自己的公司或反映成就的个人财富等。这类人需要建立完全属于自己的东西，或是以自己名字命名的产品或工艺，或是自己的公司，或是能反映个人成就的私人财产。他们认为只有这些实实在在的成果才能体现自己的才干。

4.自由独立型

有些人喜欢独来独往，不愿像在大公司里那样彼此依赖，很多有这种职业定位的人同时也有相当高的技术型职业定位。但是他们不同于那些简单技术型定位的人，他们并不愿意在组织中发展，而宁愿做一名咨询人员，或是独立从业，或是与他人合伙开业，或是成为自

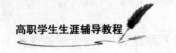

由撰稿人,或是开一间工作室。

5. 安全型

还有一部分大学生极为重视长期的职业稳定和工作有保障,他们似乎比较愿意去从事这类职业:能够提供有保障的工作、体面的收入以及可靠的未来生活。这种可靠的未来生活通常是由良好的退休计划和较高的退休金来保证的。对于另外一些追求安全型职业锚的人来说,安全则意味着所依托的组织的安全性,他们可能优先选择到政府机关工作。这类人更愿意为安定的工作、可观的收入、优越的福利与养老制度等付出努力。

求职前先要进行职业生涯规划,进行职业生涯规划前先要进行准确的自我定位。首先要弄清自己想要干什么、能干什么,自己的兴趣、才能、学识适合干什么。可通过自我分析与可靠的量表工具的测量,评估自己的职业倾向、能力倾向和职业价值观,这是职业生涯规划的基础。其次,职业生涯规划是一个动态变化过程。当今社会处于激烈的变化过程中,大学毕业生的就业观念也要相应地做出改变,打破传统的"一业定终身"理念,就业、再就业是大趋势,职业生涯规划也随之进行调整。环境的变化导致自我观念的变化,反映到职业生涯规划上,就不能一次把一辈子的职业生涯的每一个具体细节都确定下来。

同时还必须提醒一点,时势造英雄,就业环境是制约职业生涯的重要因素。正如俗话所说:谋事在人,成事在天。职业生涯中的变数很多,因此职业生涯的目标不能定得太死,需有一定的弹性。

(三)职业生涯规划的步骤

职业生涯规划是一个需要反复考究、完善的过程,这一过程包括明确个人理想、确定生涯目标、评估生涯环境、探索生涯路线、人职是否匹配、制订行动方案、修订生涯规划七个步骤。

1. 明确个人理想

在制订职业生涯规划时,首先要确立志向,这是制订职业生涯规划的关键,也是生涯规划最重要的一点。志向是事业成功的基本前提,没有志向,事业的成功也就无从谈起。俗话说:"志不立,天下无可成之事。"纵观古今中外,各行各业佼佼者,都有一个共同特点——具有远大的志向。立志是人生的起点,反映了一个人的理想、胸怀、情趣和价值观,影响着一个人的奋斗目标及成就。

2. 确定生涯目标

职业生涯目标是指个人在职业领域内希望达到的具体目标。职业生涯目标的设定,是职业生涯规划的核心。作为高职院校学生,应统筹考虑内在及外在因素,比如自身素质能力和社会需求,综合评估后确定自己的生涯目标。

3. 评估生涯环境

每一个人都处在一定的环境中,离开了这个环境,便无法生存与成长。所以,在制订个人的职业生涯规划时,要分析环境条件的特点、环境的发展变化情况、自己与环境的关系、自己在这个环境中的地位、环境对自己提出的要求以及环境对自己的有利与不利条件等。只有充分了解这些环境因素,才能在复杂的环境中做到趋利避害,使职业生涯规划具有实际意义。

环境因素评估主要包括:

①组织环境:组织发展战略,人力资源需求,晋升发展机会。

②社会环境:社会道德风尚,舆论环境。

③经济环境:宏观经济状况,行业经济政策。

④自我评估:职业生涯规划是一个过程,自我评估是其中不可缺少的一个步骤。通常自我评估包括自己的兴趣、特长、性格、学识、技能、智商、情商以及组织管理、协调、活动能力等。只有认识了自己,才能选定适合自己发展的生涯路线,才能对自己的生涯目标做出最佳抉择。

4.探索生涯路线

发展路线不同,对其要求也就不同。即使同一职业,也有不同的岗位,有的人适合做行政,可在管理方面大显身手,成为卓越的管理人才;有的人适合搞研究,可在某一领域有所突破,成为著名的专家学者;有的人适合经商,可在商海大战中屡建奇功,成为出色的经营人才。如果一个人不具有管理才能,却选择了行政管理路线,那么他就难以成就事业。由此可见,职业生涯路线的选择,也是职业生涯发展能否成功的重要步骤之一。

5.人职是否匹配

人职匹配就是分析自我、了解自己、分析环境、了解职业世界,使自己的性格、兴趣、特长与职业相吻合。这一点对刚步入社会初选职业的年轻人非常重要,对在职人员调整自己的职业也很重要,甚至对即将退休或已离退休人员再次选择职业时仍然重要。在选择职业时,要充分考虑自身特点,即自己的性格、兴趣和特长;要充分考虑环境因素对自己的影响,即组织环境、社会环境和经济环境的影响。

6.制订行动方案

行动是关键环节。这里的行动是指落实目标的具体措施,主要包括工作、训练、教育等方面的措施。例如,为完成目标,在工作方面,你计划采取什么措施提高你的工作效率? 在业务素质方面,你计划如何提高你的业务能力? 在潜能开发方面,你计划采取什么措施开发你的潜能等? 这些计划要特别具体,以便定时检查。

7.修订生涯规划

要使生涯规划行之有效,就必须不断地对其进行评估与修订。修订内容包括:职业的重新选择、生涯路线的选择、人生目标的修正、实施措施与计划的变更等。

在这些过程中,你应反思以下几点:

• 你想实现什么理想? 你想成为什么样的人?

• 你最想做的事情是什么? 你最喜欢的工作是什么?

• 你的专长是什么? 你将有哪些工作机会可供选择?

• 你的家庭对你有什么期望?

职业生涯的设计不仅是一个复杂程序,还需要科学方法。只有这样,你的职业生涯才不至于漫无目标、毫无准备。一般说来,成功的职业生涯设计应符合以下几个条件:

①有效的职业生涯设计需要对自己及环境有充分的了解。

②有效的职业生涯设计需要切合实际的目标,包括个人的价值取向、兴趣、能力及期望

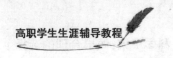

的生活状态。

③有效的职业生涯设计需要执行恰当的生涯策略。

④有效的职业生涯设计最重要的是要不停地反馈并且修正生涯目标,以适应环境的改变。

(四)撰写职业生涯规划书

每个人都决定着自己的人生。我们现在的状态与过去的决定有关,而将来取决于我们现在的决定。常言道:人无远虑,必有近忧。人与动物的区别在于人的活动是有计划、有目的的。所以,做好生涯规划是未来成功的基本要求。而职业生涯规划书则是将这一计划书面分析记录下来,为我们的职业生涯设计蓝图。职业生涯规划书的撰写一般分为三个步骤:职业选择、行动规划和评估调整。我们可从这三个方面入手进行生涯决策的探索,在此基础上撰写职业生涯规划书。

1.职业选择

(1)使用平衡单法进行决策

根据前面已学的内容确定你的几个职业选择方向,利用如表 5.5 所示的职业生涯决策平衡单选出最佳方案。职业生涯决策平衡单就是通过赋值量化,把面临的选择分数化,通过理性判断各个选择的权重分数,帮助我们捋清占据心中分量最重的那个选项,并做出选择。职业生涯决策平衡单具体步骤如下:

①请确定你的职业选择方向,如专升本、技术工作和销售工作三个方案。

②把三个方案填入表 5.5 的选择项目中。

③在第一栏职业决策考虑要素中,根据自己职业选择的重要性和迫切性,赋予其权数,加权范围 1~5 倍,填写权数一栏。权数越大说明你越重视该要素。

表 5.5　职业生涯决策平衡单

考虑因素	加权分数	重要性的权数（1~5 倍）	选择一		选择二		选择三	
			+	－	+	－	+	－
个人物质方面的得失	1.收入							
	2.工作难易程度							
	3.升迁机会							
	4.工作环境好坏							
	5.休闲时间							
	6.生活变化							
	7.对健康的影响							
	8.就业机会							
	其他……							

考虑因素 / 加权分数		重要性的权数 (1~5倍)	选择一		选择二		选择三	
			+	−	+	−	+	−
他人物质方面的得失	1.家庭经济							
	2.家庭地位							
	3.家人相处时间							
	其他……							
个人精神方面的得失	1.生活方式的改变							
	2.成就感							
	3.自我实现程度							
	4.兴趣的满足							
	5.挑战性							
	6.社会声望的提高							
	其他……							
他人精神方面的得失	1.父母							
	2.师长							
	3.配偶							
	其他……							
加权后合计								
加权后得失参数								

④打分。根据每个方案中的要素进行打分，优势为得分，缺点为减分，计分范围为 1~10。

⑤计分方法。将每一项的得分和失分乘以权数，得到加权后的得分或失分，分别计算出总和，最后加权后的得分总和减去加权后的失分总和得出"得失差数"，并以此分数作出最后决定，即比较三个选择方案的得失差数，得分越大，该职业方案越适合你。

（2）运用 SWOT 分析法分析职业目标

SWOT 是英文 strengths、weaknesses、opportunities 和 threats 的缩写，即本体的优势、劣势、机会和风险。对优势的利用，可以促进目标的实现；对劣势的判断是为了帮助克服不利影响，以便设计应对措施予以抵抗或避免等。

①你的职业目标是_____。

②完成表 5.6 的 SWOT 分析。

③在表 5.6 的基础上完成表 5.7 的 SWOT 策略分析。

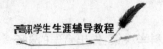

表 5.6　SWOT 分析

	优势因素(S)	劣势因素(W)
内部环境因素 （个人主观）		
外部环境因素 （外在客观）	机会因素(O)	风险因素(T)

表 5.7　SWOT 策略分析

外部环境因素＼个人内部因素	机会	风险
优势	S-O 策略(发展性)	S-T 策略(多元化)
劣势	W-O 策略(扭转性)	W-T 策略(防御性)

　　完成 SWOT 分析后,还需将各种要素匹配起来加以系统的策略分析。具体做法如下:优势和机会组合(SO 战略),劣势和机会组合(WO 战略),优势和风险组合(ST 战略),劣势和风险组合(WT 战略),如图 5.1 所示。

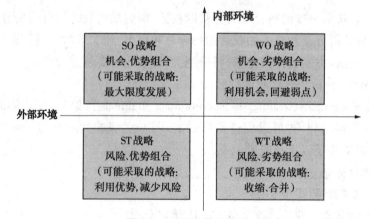

图 5.1　SWOT 战略分析

④填写表5.8的SWOT分析结论。

表5.8 SWOT 分析结论

职业目标	
职业发展策略	
职业发展路径	
具体路径	

（3）目标分解

职业生涯目标分解是根据观念、知识、能力、经验等差距,将职业生涯的总目标分解为有时间规定的长、中、短期分目标,直至将目标分解为可以具体操作的实施步骤。请根据职业生涯决策平衡单和SWOT分析结果确立生涯总目标,并合理分解目标,完成表5.9。

表5.9 职业生涯目标分解

职业生涯总目标	短期目标	大一目标:
		大二目标:
		大三目标:
	中期目标	工作第一年目标:
		工作第二年目标:
		工作第三年目标:
		工作第四年目标:
		工作第五年目标:
	长期目标	工作第十年目标:
		工作第十五年目标:
		工作第 N 年目标:

2. 行动规划

制订职业生涯总目标和具体目标后就要制订具体的行动规划,唯有如此才能最终实现目标。

（1）行动规划制订流程

制订行动规划就是解决一个具体的问题,需要知道目前现状如何、目标是什么,找出现实与目标的差距,利用各种资源和方法去弥补差距,最终实现目标。在制订行动规划的过程

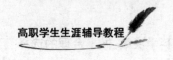

中需要思考以下问题：

①现状如何？已经掌握什么知识和技能？

例如：我现在的专业学习水平、外语和计算机水平、实习和实践情况、已经掌握的专业或职业技能等。

②我的目标是什么？

例如：成为优秀毕业生、在某大型外企就业等。

③现状和目标的差距在哪里？

例如：知识和技能的差距、人脉资源的差距、实践能力的差距等。

④我要采取什么行动？

例如：加强学科学习、拓展课外实践、拜访和结识某企业工作人员获得相关信息、报考相关职业资格等。

⑤时间界限

例如：设定达成目标及子目标的期限。

（2）制订行动规划

根据表5.9的目标分解，制订切实可行的行动规划并填入表5.10。

表5.10　行动规划

计划名称	时间跨度	总目标	子目标	策略和措施
短期计划	0～1年		1.	1.
			2.	2.
			3.	3.
			4.	4.
中期计划	3～5年		1.	1.
			2.	2.
			3.	3.
			4.	4.
			5.	5.
长期计划	5～10年		1.	1.
			2.	2.
			3.	3.

3.评估调整

生涯规划中的问题和决策，是我们大多数人在现实生活中所面临的最复杂的事情。在职业发展过程中，需要根据个人内部条件和外部环境的客观变化进行评估调整，我们常常需要在"内心真实驱动"与"社会现实选择"之间做出最适合自己的评估调整，找到自己事业有成的领域（表5.11）。

表 5.11　评估调整

评估内容	行动计划评估:
	职业目标评估:
	重新进行职业生涯规划设计:
评估时间	一般情况下,定期评估(几个月一次) 特殊情况时,及时评估和调整
调整原则	
备选方案	

常见的评估调整主要有三类:行动计划评估调整、职业目标评估调整和重新进行职业生涯规划设计。

(1)行动计划评估调整(是否需要改变行动计划和策略? 如果……我就……)

行动计划调整是指你为了实现职业目标所采取的行动计划与策略,如果在特定时期无法达到预期目标,这时,你有其他的行动计划和策略吗?

(2)职业目标评估调整(是否需要重新选择职业? 假如一直……那么我将……)

职业目标评估调整是指在生涯决策时选择的职业,如果在你计划的时间内没有达到预期目标,你会采取什么样的措施? 是继续坚持,还是换一个新的职业目标?

(3)重新进行职业生涯规划设计(是否需要重新选择职业? 假如一直……那么我将……)

经过一段时间的自我成长,或者外部环境发生重大变化,如果你感觉之前的生涯规划设计方案与现实差距太大,你可以重新进行生涯规划设计。

4.撰写职业生涯规划书

经过前面的学习和实践,我们已经完成了职业生涯规划的全部过程,将这个过程付诸文字就可以撰写职业生涯规划书。通过真实地撰写职业生涯规划书,大学生可以全面认知自己和职业,全面设计未来的生涯发展规划,也可作为生涯发展记录。

作为一种规范化的书面表达方式,大学生撰写职业生涯规划书应遵循一定的标准,并在此基础上张扬个性特点,为今后的生涯发展提供指导。

职业生涯规划书主要包括扉页、目录、正文三部分。

(1)扉页

①标题。标题是一份职业生涯规划书的核心内容,可以由主标题和副标题构成,如《绿毛龟的渡海计划——×××的职业生涯规划》,也可以是简单直接的《×××的职业生涯规划》。

②个人基本情况。包括撰写者的姓名、性别、出生年月、学校、专业、联系方式等。

③其他。包括生涯规划的起始时间、规划的撰写时间等(表 5.12)。

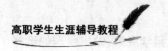

表 5.12　扉页

姓名：	性别：	出生年月：
学校：	院系：	专业：
电话：	电子邮件：	
规划开发时间：	规划终止时间：	年龄跨度：
撰写时间：		

（2）目录

为了提炼职业生涯规划书的主要内容以及方便阅读,应在正文之前编制目录(表5.13)。

表 5.13　目录

（3）正文

职业生涯规划书的正文主要包括前言、自我认知、职业认知、职业定位、规划与实施计划、评估与备选方案、结束语七个部分。

①前言。前言主要阐明撰写职业生涯规划书的目的,字数不宜过多。

②自我认知(表5.14)。

表5.14　自我认知

使用标准化和非标准化评估的方法,我对自己进行了全方位的认知,主要内容如下: 1. 职业兴趣 通过霍兰德职业兴趣测试,我的职业兴趣前三项是××型(××分)、××型(××分)和××型(××分)。 具体分析: 2. 职业能力 通过职业能力倾向测试,我的××能力和××能力得分较高,分别为××分和××分;××能力和××能力得分较低,分别为××分和××分。 具体分析: 3. 职业价值观 通过测评,我的职业价值观前三项是××型、××型和××型,得分分别是××分、××分和××分。 具体分析: 4. 个性特征 经过 MBTI 人格测试,我属于××型人格类型。 具体分析: 5. 自我认知小结

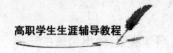

③职业认知(表5.15)。

表5.15　职业认知

通过直接认知法和间接认知法,我对职业环境进行了全面的探索,具体如下:

1. 社会环境分析
通过社会调查、职业调查等方式,我发现我国目前经济形势、就业形势、社会竞争等方面的特点表现为:

2. 职业环境分析
通过生涯人物访谈,我对将要从事的职业有了更为深入的了解,具体表现为:

3. 学校环境分析
我所就读的大学(学院)在组织机构、学习资源、活动资源方面的特点是:

4. 家庭环境分析
通过梳理家庭基本情况和绘制家庭职业树等方式,我总结了我的家庭在经济状况、家人职业分布、家人对我的期望等方面的特点是:

5. 职业认知小结

④职业定位。
⑤规划与实施计划。
⑥评估与备选方案。
⑦结束语。结束语应与前言相呼应,表明实现计划的决心。

[探究与分享]

1. 撰写属于你自己的职业生涯规划书。
2. 在下次课堂中分享自己的作品。

附1　职业生涯规划书的评分标准

表5.16　职业生涯规划书评分表

评分要素	评分要点	具体描述
设计内容	自我认知 （15分）	1. 自我分析清晰、全面、深入、客观,能清楚地认识到自己的优势和劣势
		2. 将人才测评量化分析与自我深入分析综合,客观地评价自我,职业兴趣、职业能力、行为风格、职业价值观分析全面、到位
		3. 从个人兴趣爱好、成长经历和社会实践中分析自我
		4. 自我评估理论、模型应用正确、合理
	职业认知 （15分）	1. 了解社会的整体就业趋势,并了解大学生就业状况
		2. 对目标行业发展前景及现状了解清晰,并了解行业中的就业需求
		3. 通过对行业内标杆组织的人力资源管理战略、企业文化等的分析,做到"人企匹配"
		4. 通过对目标职位的工作职责、任职者所需技能等的分析,做到"人岗匹配"
		5. 通过对外部环境的分析,能清楚地认识到自己面临的机会、挑战以及对职业发展产生的影响
		6. 环境评估理论、模型的应用
	职业定位 （15分）	1. 职业目标现实、合理
		2. 科学运用职业决策模型
		3. 要用长远的眼光设定职业目标,并将总目标划分成几个阶段性目标来实现
	规划与 实施计划 （15分）	1. 行动计划清晰、步骤明确、可操作性强
		2. 行动计划对保持个人优势、加强个人不足、全面提升个人竞争力有针对性、可操作性
		3. 近期计划详尽,中期计划清晰并具有灵活性,长期计划具有方向性
	评估与 备选方案 （10分）	1. 有明确的评估方法和时间点
		2. 对职业路径进行可行的、与时俱进的灵活调整,备选方案也要充分依据个人与环境的评估进行分析确定,备选路径与主路径要有相关性
设计思路	作品完整性 （10分）	内容完整规范,对自我和外部环境进行全面分析,通过科学的决策方法提出自己的职业目标、发展路径和行动计划,有明确的评估方案
	作品思路和逻辑 （10分）	职业规划设计报告思路清晰、逻辑合理,能准确把握职业规划设计的核心与关键
	作品美观性 （10分）	作品的文字、图片结合得当,排版合理,整体美观大方

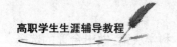

附2 撰写职业生涯规划书注意要点

随着近几年各高校和相关主管部门对大学生职业生涯规划竞赛的重视,大学生撰写职业生涯规划书的水平在不断提高,但还有一些问题需注意:

1. 自我认知中不能仅堆砌测评结果,要有结合实际的分析和小结

完成自我认知需进行一系列的标准测评,测评结果只能为自我认知提供基本数据而不能成为认知的结果。大学生应合理利用测评结果,结合日常学习、生活中的经验和分析,准确、全面地认识自己。

2. 职业认知要将直接认知与间接认知方法相结合,得到具体、准确的资料

许多大学生在分析社会环境和职业环境时只能就社会经济形势、就业形势等泛泛而谈,缺乏针对性,对职业选择缺少切实可行的指导价值。建议大学生积极运用生涯人物访谈结论,结合行业、职业的发展谈社会经济的发展。

3. 自我认知、职业认知的结果和职业目标的确定要有因果关系

自我认知和职业认知的目的是更科学地确立职业目标,有的大学生在得出测评结果后却不加以运用,导致职业目标和自我认知、职业认知之间没有逻辑关系,耗费大量时间进行的测评就变得毫无意义。大学生一定要充分运用测评结果,如果在分析方面确有困难,可以咨询相关课程教师和职业辅导人员。

4. 重视规划与实施计划,这是职业生涯规划的终极意义

在职业生涯规划过程中很多大学生会犯头重脚轻的毛病,前面大量测评和分析,对自己、社会、职业都进行了深入和全面的探索,可是忽视了探索的目的是更合理地确立目标和制订计划。只有根据测评结果制订切实可行的计划,才能对生涯发展有指导作用。

5. 重视评估与调整,圆满完成规划

评估与调整是整个职业生涯规划书的完美结束,它的意义在于极大地提高了职业生涯规划实现的可能性。撰写职业生涯规划书一定要重视评估的时间、方式等,在准备备选方案时要确保其与首选方案的关联性。

第三节 生涯决策与行动

一、生涯决策的含义

决策这个词源于"Decision Making",意思为作出决定或选择。我们每时每刻都可能面临决策,小到上班走哪条路,大到上万元投资。人们在工作和生活中总是不断地遇到问题,决策就是人们为了解决当前或未来可能发生的问题而选择最佳方案的过程。大学生的职业选择属于人生中的重大事件,必须高度重视,认真对待。

(一)决策的概念与特点

狭义地说,决策似乎是在几种行动方案中进行选择。广义地说,决策还包括在作出最后选择前必须进行的一切活动。所以,我们把决策定义为:从两个以上的备选方案中选择一个的过程。决策的主体是当事人;决策的本质是一个过程,这一过程由多个步骤组成;决策的目的是解决问题或利用机会。决策具有目的性、可行性、选择性、满意性、过程性、动态性的特点。

1. 目的性

任何决策都有一定的目的,有所预期要达到的目标。没有目标,人们就难以拟定未来的活动方案。根据预设目标选择、调整组织或个人在未来一定时间内的活动方向、内容或方式,是一种理性的决策。

2. 可行性

决策是为了指导未来活动,而任何活动都需要利用一定资源,如信息、内部条件、外部环境和个人的努力程度等。因此,决策方案的拟订和选择,不仅要参考采取某种活动的必要性,而且要注意实施过程中的限制条件。因此,大学生的职业决策应将社会环境与自身条件结合起来,在研究和寻找"人职匹配"、动态平衡的基础上制订。

3. 选择性

决策的实质是选择,或是"从中择一"。没有选择就没有决策。而要有所选择,就必须提供可以相互替代的多种方案。决策不仅需要提出多种备选方案,而且还要有选择的依据,提供选择的标准和准则。从本质上说,决策目标与决策方案是经由"选择"而确定的。

4. 满意性

选择实施方案,通常是根据满意化标准,我们所说的满意性只是一种相对性的最优化标准,因为最优决策往往只是理论上的幻想。

5. 过程性

决策不只是一项决策,而是一系列决策的综合,包括前期的决策(即职业生涯规划)、中期的决策(即职业生涯规划的实践)和后期的决策(即现实的择业决策)。从决策目标确定,到决策方案的拟订、评估和选择,再到决策方案执行结果的评价,这些步骤和过程构成了一项完整的决策。只有当这一系列的具体决策已经制订,相互协调,并与目标一致时,才能认为自己的决策已经形成。

6. 动态性

一项决策不仅是一个过程,而且是一个不断变化向上的过程。作为过程,决策是动态的,没有真正的起点,也没有真正的终点。其次,决策的主要目的之一是使当事人的活动适应外部环境的变化。然而外部环境在不断地发生变化,当事人必须不断关注和研究这些变化,从中找到可以利用的机会,并在必要时作出新的决策,以便及时调整自己的活动,从而更好地实现自身与环境的动态平衡。

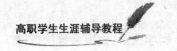

（二）决策的一般分类

决策的环境及决策的种类是多种多样的。采用不同的标准对决策进行分类,有助于当事人更清楚地认识决策的特点和意义,了解决策过程,提高决策的质量。

1. 群体决策与个人决策

按照决策的主体不同,将决策划分为群体决策和个人决策。群体决策也称组织决策,是群体对未来一定时期的活动所做的选择或调整鼓励群体成员积极参与到预测的分析和制订过程中,充分发挥集体智慧。大学生在选择职业时,多听取家长、亲友、老师和同学的意见,就是群体决策。只有一个人的决策活动称为个人决策,受思想观点、欲望、意志等因素的影响。群体决策可以收集较为完整的信息,可以有更多的方案,但消耗时间,效率不高,责任不清。而个人决策能当机立断、迅速决策,往往更为有效。

2. 程序化决策与非程序化决策

按照决策的重复程度,可以将决策划分为程序化决策与非程序化决策。程序化决策又称规范化决策或重复性决策。它是指已经制订的、例行的、按照一定的时间间隔重复进行的决策,如大学生的职业生涯规划从大一就已经制订并实行。当事人只有事先较好地完成职业发展规划,才能在遇到问题时及时采取有效的决策。非程序化决策也称一次性决策,主要解决非常规的、例外的问题。例如,在一个新的就业机遇突然到来时,就应当进行非程序化决策。程序化决策与非程序化决策没有明确的界限,在特定的条件下,二者可以相互转化。在实际生活中,多数决策都介于程序化决策和非程序化决策之间。

3. 确定型、风险型和不确定型决策

一般地讲,任何决策都是在某些不确定因素的环境下制订的。按照决策问题具备的条件和决策的可能程度,可以将决策划分为确定型、风险型和不确定型决策。

①确定型决策是指当事人确切知道自然状态的发生,每个方案只有一个确定的结果,方案的选择取决于各个方案结果的比较。

②风险型决策是指当事人对未来的状况不能作出肯定的判断,选择任何一种方案都要面临一定的风险。

③不确定型决策是指决策的过程受到许多不确定因素的影响,当事人只能靠经验和直觉来确定一个主观的概率,进而作出相应的决策,并且当事人不能保证每个方案的执行效果。

（三）大学生的职业决策类型

大学生的职业决策有以下几种类型:

1. 拖延型

这种类型属于非程序化决策或不确定型决策。所谓拖延型是一种以推迟延宕的方式,对自己的重大决策拖延决定。

例如,大学生等到最后一刻才决定要选择何种职位;大学生对自己的专业很不满意,直

到就业时才去思考这个问题;某个大学生不知道自己是否应当向某些用人单位投递求职信,结果发现因为拖得太久,只有少许单位愿意接受他的求职申请。

2.宿命型

这种类型属于风险型决策或不确定型决策。就是遇事不由自己做主,反而听任别人的摆布,不主动去改变现状。

例如,某个大学生决定被动地面对求职择业问题,把它留给命运(或学校、或家长)去解决。把应当自己决定的事交给命运去决定,其结果往往是找不到理想的工作。

3.顺从型

这种类型也属于风险型决策或不确定型决策。大学生顺从其他人为自己所做的决定。

例如,父母要孩子成为一名医生,可是孩子却不想去念医学院。有时候,当事人之所以会抱怨,是因为他们太被动,或是因为他们感到被某个权威人物所胁迫。

4.麻痹型

这种类型属于不确定型决策。当人们过于焦虑或压力过大时,往往觉得自己无法做决定。或者他们感受到来自自己的压力或来自他人的压力,要他们做出决定,可是他们却害怕承担后果,不愿意做出有关未来的任何决定。

5.直觉型

这种类型属于风险型决策。直觉型就是根据自己的感觉做事,而未经过思考,这就是直觉式的决定方式。直觉式的决定也可能很适当,可是它们必须凭借个人的优势力量。

例如,想成为一名舞台演员或电影演员,当事人明知道这类工作市场有限,并且竞争十分激烈,却仍执意从事这个职业,也算是根据直觉来做生涯决定的典型例子。

6.冲动型

这种类型也属于风险型决策或不确定型决策。若是当事人完全不考虑其他众多的选择机会,就可能被认定为冲动型的决定。

例如,走进一家餐厅,直接就点了菜单上的第一道菜,无视其他选择。如果选择职业也是这种心态的话,问题可能就很大了。

7.苦闷型

这种类型也属于不确定型决策。有些人搜集许多有关自己或职业方面的资讯,却很难下定决心做出取舍。

例如,某个学生虽然知道自己想要从事工程类职业,可是并不知道如何从各大高校的不同工程领域的院系搜集相关信息以及一些专门的职业信息,因此他很难下定决心,结果就可能很长一段时间受困于这种状态下。

8.计划型

这种类型属于程序化决策,是应当积极提倡的决策类型。就是在人才市场激烈竞争的状况下,大学生做决定时,有能力先做好妥善的职业发展规划。他们在做职业生涯相关的决定时,很注重自己的经验,也很了解自己的能力、兴趣和价值观,决策往往具有可行性和满意性。

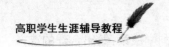

此外,大学生的择业决策还可以分为事业型、实惠型、虚荣型、平庸型、盈余负载型、超越型等多种类型,从词义上就可以理解其类型实质。

二、职业决策的定位

难以找到工作的大学生,一般有三种情况:①不知道自己职业定位的人;②缺乏就业竞争力、缺少求职技巧的人;③不愿意从基层做起,不愿意从事平凡工作的人。

辉煌来自平凡,也来自脚踏实地,人生的伟大目标从来都是从养活自己开始,立足生存,追求梦想,从最基层的工作干起。大学生的职业定位显得格外重要。

职业定位的确定需要综合考虑多方面的因素,概括起来,大致可分为如图 5.2 所示的三个方面。

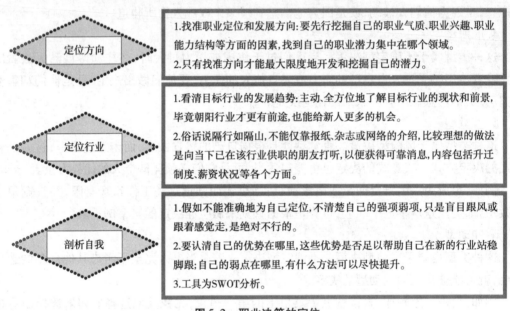

图 5.2 职业决策的定位

三、大学生择业决策的过程与方法

(一)择业决策的过程

决策是一个系统过程,它包括了一系列步骤:

1. 界定问题、识别机会

决策过程的第一步就是要界定将要面临的问题,即可能的发展机会,或者可能遇到的危机。要考虑信息的准确性与时效性;考虑自身条件,寻找解决问题的方法;抓住机遇,制订合理的目标。

2. 拟定备选方案

一旦我们明确了自己的目标,接下来的步骤就是制订解决问题的备选方案。根据所搜集的信息,尽可能多地制订可供选择的方案,使解决措施日趋完善。寻求备选方案的过程是一个创造性的过程,要求开拓思维,充分发挥自由想象力。例如,一位外地生源的女大学生就业决策的备选方案依次是报考专升本回家乡、去郊区当"村官"、自主创业开一家咖啡厅。

3.评估备选方案

一旦提出了各种方案,接下来我们就要仔细评估各个方案的优劣。有效评价的关键在于明确机会和风险,并指定与机会和风险相关的影响到方案选择的标准。包括各种方案的合法性、伦理性、可行性和实用性。

4.执行方案

作出决策后,就必须贯彻执行,并且还要做出与之相关问题的决策。比如,决定专升本考试后,还需要进一步做出附属决策,例如,报考什么学校及专业、怎样获取信息、怎样准备考试、怎样计划复习,以及落选后的计划等。

5.监督和评估

决策过程的最后一步就是接受信息的反馈。成功的决策人总是进行回顾分析,从过去的成功和失败中获取经验教训。不对决策结果进行重新评价的人就不会从经验中吸取知识,他们就会停滞不前,很可能在以后的工作中再犯同样的错误。

(二)大学生择业决策的原则

大学生职业决策的原则主要有四点,即择人所需、择业所长、择家所利、择己所长。

1.择人所需

择人所需泛指满足别人的需要,这是正确的人生观和价值观的体现。在职业决策中择人所需专指满足社会的需要和满足用人单位的需要,最终在社会价值与个人价值的统一中实现人生价值。

2.择业所长

择业所长是指所选职业的发展性或成长性。职业的社会价值决定着职业的发展性或成长性,也就是该职业对社会的贡献率。因此,选择职业的发展性或成长性在一定程度上决定了该职业的宽度和长度。

3.择家所利

择家所利就是指对"家"有利。这里所说的"家"既包括"小家",即原生家庭和自己的小家庭;也包括"大家",即社会和国家。只有选择对"小家"和"大家"都有利的职业,自己职业生存发展的空间才会不断扩大。

4.择己所长

在择己所长的原则中既包括自己的特长和能力能够胜任的工作,也包括自己的兴趣和潜能能够胜任的工作。前者是扬长,后者是补短和挖掘潜能。只有符合自己特长、兴趣和能力的工作,才能使自己的职业生涯持续发展。

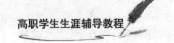

（三）影响大学生职业决策的因素

大学生制订一个切实可行的职业决策需要考虑以下五个方面的因素：

1. 环境因素

每个人都处于某个环境中，并且受到这个环境的影响。环境是不断变化的，其变化趋势基本分为两类：一类是环境风险，另一类是市场机会。环境风险是指环境中一种不利于生存发展的变化趋势，如果不及时采取必要的应对措施，这种不利趋势将会损害自身的利益。市场机会则是指对人们有吸引力或有利于建立竞争优势的变化趋势。每个人在选择职业时都会面临若干环境风险和市场机会，而一个人的生存能力主要体现在他在环境变化中的自我调节和适应能力。

2. 规划因素

规划因素是指你过去的职业生涯规划。过去的决策是目前决策过程的起点，它总是影响正在进行中的决策工作，这一因素也可以称为"非零起点"因素。在大多数情况下，职业决策并不是完全从"零"开始的，而是对初始决策的修改、调整或完善。过去决策对目前决策的影响程度，主要受环境和当事人之间关系的影响。如果现实环境变化不大，那么将倾向于坚持过去的决策。相反，如果现实环境变化太大，那么将倾向于采取重大变革，以适应环境的变化。

3. 政策因素

随着人事制度和就业制度的改革，国家鼓励大学生毕业后选择自主创业，并出台一系列优惠政策。如对毕业生从事个体经营的，年内免交个体工商户管理费、集贸市场管理费、经济合同签证费、经济合同示范文本工本费等登记类和管理类行政事业性收费的优惠政策；也允许大学毕业生在毕业派遣时选择"灵活就业"方式就业，即不与某具体用人单位签订"三方协议"或"劳动合同"等制约性劳动关系，而是通过自己的专长或技术为一家或同时为几家单位提供服务，并取得相应报酬；还允许大学毕业生在毕业派遣时选择"自由职业"，即不与任何单位和个人签订"劳动合同"等制约性劳动关系，而是通过自己的技术、专业、智力等为社会提供某种服务而获取报酬，如著书、绘画、摄影、撰稿、软件开发等。这些政策因素都会影响大学生的职业决策。

4. 家庭因素

家庭因素也是大学生制订切实可行的职业决策时需要考虑的重要因素。你的家里有几口人？相互之间的依赖程度如何？你的小家准备建在何处？怎样处理家庭和事业发展的关系等，都会影响大学生的职业决策。例如，一位家在重庆市的女大学毕业生计划在天津就业而且十分顺利地找到了自己理想的工作，作为独生子女，已退休的父母舍不得她，于是变卖家产赴天津购房与女儿共同生活。但这位女大学毕业生交了一位家在北京的男朋友，结婚后执意去北京，使原生家庭与小家庭的处境十分尴尬。

5. 风险因素

执行任何一项计划都将面临一定的风险，而当事人对风险的把控将在很大程度上影响方案的选择和决策的制订。可以说,具有高期望的方案,同时也包含了很多风险。因此,当事人要有胆识、有勇气,敢于冒风险,敢于承担责任;要能够收集足够的信息,准确地分析风险的可能性和后果,并制订相应的解决方案;对决策的时机是否成熟有准确的判断。这些都有助于当事人将方案的风险降至最低。

(四)大学生职业决策的分类

根据由决策导致的结果的重要性的不同,决策过程可能是凭直觉、经验及武断的,也可能是理性及科学的。如果上班没有带伞遇到下雨,其后果只是被淋湿,也可能导致感冒;如果当事人未能在规定的时间内就业,其后果不但影响自己的职业发展,而且影响学校的就业率,甚至会影响自己的生存。这就涉及决策过程中的决策艺术和方法。按决策的自然状态可将大学生的职业决策分为三类:

1.确定型决策

确定型决策是指在稳定(可控)条件下进行的决策。这类决策问题只可能出现一种自然状态,就是确切地知道职业发展的过程,即清楚每个行动方案达到的效果从而可以根据决策目标作出肯定的抉择。这种决策过程和方法通常有固定的程序和标准的方法,因此也称程序化决策。对于这类问题的决策,按照自己已经明确的职业生涯规划执行即可。

2.风险型决策

风险型决策也称随机性决策。即决策人并不知道哪种情况会发生,但知道有多少种自然状态以及每种自然状态发生的概率。因此,风险型决策需要具备以下条件:①存在明确的决策目标;②存在多个备选方案;③存在多种不以当事人意志为转移的客观情况;④能够分析出各备选方案在不同情况下的风险;⑤有应对风险的心理准备和积极措施。用一句话概括就是底线原则:"清楚最坏的情况,争取最好的结果。"

3.不确定型决策

不确定型决策是指在不稳定条件下进行的决策。在不确定型决策中,决策人可能不知道有多少种客观情况,即便知道,也不知道每种客观情况发生的概率,如报考国家公务员。在不确定型决策中,未来事件的客观情况是否发生不能肯定,而且未来事件发生的概率也是未知的,即它是一种没有先例的、没有固定处理程序的决策。不确定型决策一般依靠决策者的个人经验、分析判断能力和创造能力,借助经验方法进行决策。

(五)职业决策的七个步骤

克朗伯兹提出了职业决策模式,认为在进行个人职业决策时应采取八个步骤。而后又对此模式进行了修正,修正后的职业决策模式将决策过程分为七个主要步骤,如图5.3所示。

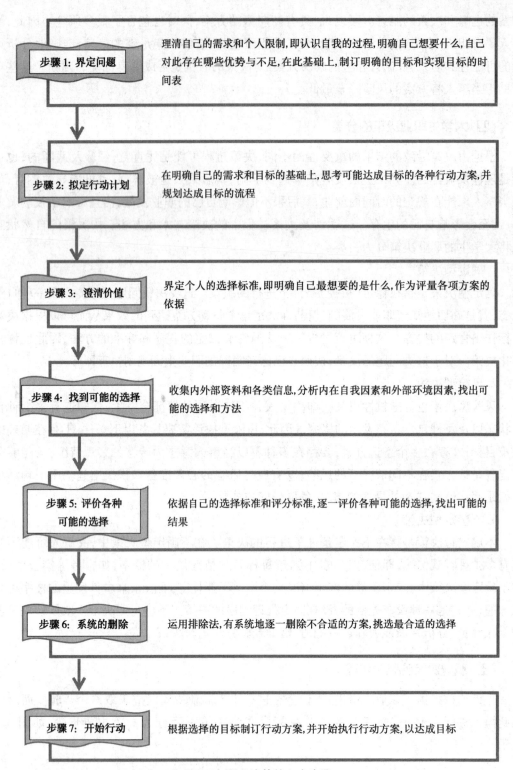

步骤1：界定问题　理清自己的需求和个人限制，即认识自我的过程，明确自己想要什么，自己对此存在哪些优势与不足，在此基础上，制订明确的目标和实现目标的时间表

步骤2：拟定行动计划　在明确自己的需求和目标的基础上，思考可能达成目标的各种行动方案，并规划达成目标的流程

步骤3：澄清价值　界定个人的选择标准，即明确自己最想要的是什么，作为评量各项方案的依据

步骤4：找到可能的选择　收集内外部资料和各类信息，分析内在自我因素和外部环境因素，找出可能的选择和方法

步骤5：评价各种可能的选择　依据自己的选择标准和评分标准，逐一评价各种可能的选择，找出可能的结果

步骤6：系统的删除　运用排除法，有系统地逐一删除不合适的方案，挑选最合适的选择

步骤7：开始行动　根据选择的目标制订行动方案，并开始执行行动方案，以达成目标

图 5.3　职业决策的七个步骤

[探究与分享]

　　1.什么是决策? 什么是职业决策?

　　2.大学生职业决策的类型、方法有哪些?

　　3.拟定你的行动计划表。

第四节　求职准备

　　求职准备也称就业准备。广义的求职准备既包括未就业者为了从事某种职业或获得某种职位、在相当长的时期内所做的求职准备工作,也包括已就业者为了进一步做好本职工作,或改换职业所进行的准备工作。狭义的求职准备是指求职者为了从事某种职业或获得某种职位,在一定阶段内所做的准备工作。大学生的求职准备属于狭义的求职准备,主要指大学生进入毕业学年或毕业学期,为求职所做的各种准备。它是大学生就业的基础和前提,是非常重要的。

一、心理准备与知识准备

　　绝大部分大学生毕业前未经历过挫折,心理承受能力较弱,对自身能力也无法进行准确的评估。并且毕业期间正值人生情绪的波动期,容易引起情绪的波动。社会情况与学校是完全不同的,踏入纷繁复杂的社会,大学毕业生必须正确地认识社会、正确地评估自己,在求职过程中做好充分的心理准备和知识准备,以最佳的心理状态和最优的自身能力参与择业、就业竞争。

(一)求职前的心理准备

　　1.正确认识社会

　　当今时代的特征是机遇与挑战并存,每一位处于择业阶段的大学生,将面临更加激烈的就业竞争,同时也将面临比以前更多的机会。认识到这一点,大学毕业生才能在公平竞争的环境中接受选择,展现才华。但要正确地认识社会并非易事,主要有两方面原因:一是社会的复杂性,要想正确地认识社会有一定的难度;二是学生阅历浅,社会心理不够成熟,往往只会以比较简单的思维方式去看待十分复杂的社会问题。因此,大学毕业生正确认识社会应注意以下几点:

　　(1)正确看待就业问题

　　大学生普遍涉世不深,思想单纯,特别是就业遇到困难时,往往不能辩证地分析原因,而是怨天尤人,感叹生不逢时。在如今的经济环境下,企业的生存与发展,关键依靠真才实学的人才和创新的技术,靠关系谋职的现象只是局部的、暂时的。随着改革的深化,这种现象将逐步减少。就业、创业成功者,虽然社会原因起到了一定的作用,但主要是靠自身努力;而

就业、创业失败者,其根本原因是因自身素质不足所致。

(2)避免情绪化

当大学生学习如何正确认识社会时,你的情绪有积极作用,也有消极作用。如果一个人完全被情绪支配,那么就有可能削弱自身的理智判断力,导致自己无法看清社会的本质。大学生应客观、理智地看待社会现象,对待择业、就业的成功与失败,不要被个人情绪所左右。要做到这一点,主要方法是提高自己的心理素质。

(3)避免消极的人生态度

如今的时代背景下,个人与社会密不可分。当今社会是催人奋进的社会,作为大学生,应关心时事,关心社会的发展,树立正确的人生观、价值观。择业或就业前,大学生应对社会欢迎什么样的人、不欢迎什么样的人有所了解,以高标准、严要求为准绳,使自己更具竞争力。

2.正确认识自己

认识自己是择业中的关键一环。认识自我是成功地走向社会的必要条件。求职者应全面了解自己的气质、性格、能力等,以便确定切合实际的求职目标。正确认识自己要注意以下三点:

(1)多了解自己

经常对自己的心理、行为进行剖析,使自我评价逐步接近客观实际。自负者要经常做自我批评,通过不懈努力,弥补自身不足;自卑者要看到自己的长处,增强自信心。

(2)多做比较

事实上,人们往往是通过与别人的比较来认识自己的。一是与同学比较来认识自己,这里的比较应着重于自身素质或个人能力等方面。通过比较,可以认识自己的长处和不足,认清自己在相比较的人群中所处的位置,以便扬长避短。二是通过别人的态度来认识自己,当然,别人的态度不一定能全面评价一个人,但大多数人的态度总是能够说明某些问题的。一名求职者如果不注意与竞争者相比较,就很难判断出自己的成功概率。

(3)多咨询

可向就业导师、辅导员等咨询,也可征求同学、家长和熟悉自己的人的意见。长期学习、工作、生活在一起的人对自己的言行看在眼里,印象较深,对自己的评价会更公正、更客观。

3.保持良好的求职心态

①避免理想主义;及时调整就业期望值,不刻意追求最满意的结果。

②避免从众心理;一切从自身的特点、能力和社会需要出发,不与同学攀比。

③克服自卑、胆怯的心理;树立自信心,培养敢于竞争的勇气。

④不怕挫折;遇到挫折,不消极退缩,采取积极的态度,勇于向挫折宣战。

(二)求职前的知识准备

求职前的知识准备包括以下内容:

首先,求职者科学文化水平的高低、知识结构是否合理,决定其在求职择业时的成功率和相应的职位层次。要想今后在社会上有所作为,大学生在入学时就应当确定今后就业的目标,自觉地把大学学习与今后的就业紧密地联系起来,建立起合理的知识结构、培养科学的思维方式、提高自己的实践技能,以适应将来工作岗位的要求。

其次,用人单位在考核、挑选大学毕业生时,不仅重视应聘者的专业水平,还十分重视应聘者知识面的广泛性、计算机水平和外语水平,甚至还关注应聘者的社会知识等。所以,大学毕业生要想在激烈的人才竞争中胜出,就必须注重求职前的知识准备。

最后,扎扎实实地掌握好基础知识,不仅可以提高对事物的分辨能力,而且可以根据自身生理、心理特点,更好地完成学业。专业知识是从事岗位工作最直接的知识。随着科学技术的进步,知识在不断地更新,应加倍努力学习;注意本专业学科发展脉搏,及时了解和掌握最新动态,努力使所学专业知识紧跟学科前沿步伐。

二、就业信息准备

(一)就业信息的内容

就业信息的内容十分广泛,初次择业的大学毕业生应主要了解以下三个方面的就业信息。

1. 就业政策

包括国家就业方针、原则和政策,如国务院印发的《"十四五"就业促进规划》《关于进一步做好稳就业工作的意见》等;相关的就业法律法规,如《中华人民共和国劳动合同法》《中华人民共和国就业促进法》等;地方的用人政策,如《重庆市就业促进"十四五"规划(2021—2025)》中指出,为缓解高校毕业生就业压力,新开发基层社区、科研助理等政策性岗位3.6万个;学校的有关规定等,如学校鼓励高校毕业生应征入伍等。

2. 就业方法

包括就业体制、就业范围、就业程序等。高校毕业生就业程序分三步:第一,学生与用人单位签订《就业协议书》,该协议具有法律效力,违约要赔偿,签订劳动合同后失效;第二,高校毕业生到用人单位就业时,需持报到证。用人单位凭报到证为高校毕业生办理手续,完成档案转移手续;第三,劳动合同是证明存在劳动关系最有力的证据,所以高校毕业生签订劳动合同时一定要多加留意,保证自己的权益。注意,下列合同要慎签:

①口头合同:没有签署书面合同文件;

②抵押合同:要求缴纳证件或财物;

③简单合同:条文没有细节约束;

④生死合同:含有"工伤概不负责"等字眼;

⑤暗箱合同:不向求职者讲明合同内容;

⑥双面合同:一份合法的"假"合同、一份不合法的"真"合同;

⑦卖身合同:要求求职者几年内不可跳槽至同行业公司工作;

⑧霸王合同:合同只从用人单位角度出发,求职者处于被动地位。

3. 供求信息

①当年毕业生总的供求形势,即本地区与自己同时毕业的学生有多少,而用人单位的需求有多少,是供大于求,还是求大于供,或者两者基本平衡,哪些专业紧俏,哪些专业供大于求。

②用人单位的信息。用人单位的基本情况、经营范围、企业历史文化等。

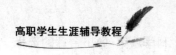
（二）获取信息的渠道

根据《×××学院×××届毕业生就业质量年度报告》可见,高校毕业生获取就业信息的渠道一般包括以下方面:①校内招聘会;②亲戚朋友推荐;③网络招聘会;④用人单位网站;⑤实习单位;⑥其他专场招聘会;⑦校友推荐;⑧其他。

报告指出,从校内招聘会获取就业信息的毕业生占一半以上,这意味着高校毕业生通过校招渠道实现就业的概率是最大的,所以应及时关注学校就业平台的实时信息,提早准备。

三、简历准备

（一）简历的含义

简历一定要"简"而有"力",它是用于应聘的书面交流材料,可向未来的雇主表明你拥有能够满足特定工作要求的技能、态度、资质和自信。我们认为简历就是一份能把自己成功推销出去的广告! 要靠短短的十几秒钟获得与用人单位的进一步交流,简历必须能吸引用人单位的眼球。

（二）简历筛选标准

1. 个人品质

一位优秀的求职者应同时具备硬技能和软技能,而个人品质则是软技能的驱动力,软技能比硬技能更难培养,更别说其背后的个人品质了。个人品质虽不能弥补专业技能上的不足,但在简历筛选中却起着不容忽视的作用。对于用人单位而言,诚实、诚信、毅力、忠诚、好奇心、积极、真实、慷慨、成熟、善良、勤奋等都为较重要的个人品质。表现出良好的个人品质有助于提高找到工作的机会,同时还能在职业生涯中获得晋升机会。

富士康企业集团简历筛选标准如表 5.17 所示。

表 5.17　富士康企业集团简历筛选标准

选才标准	选干标准
操守	个性
个性	意愿
意愿	责任心
责任心	努力程度
勤奋	勤奋

2. 简历的简洁性

"博士生一张纸,硕士生几页纸,本科生一叠纸,中专生一摞纸",这句话高度浓缩概括了当今毕业生简历的现实情况。对此,我们可运用经济学中"注意力经济"来解释为何简历需要凸显简洁性。注意力经济是指最大限度地吸引用户或消费者的注意力,也称为"眼球经济"。通过"注意力经济"，我们能切身体会到，抓住用人单位的眼球，吸引用人单位阅读简历的兴趣才是简历应该起到的作用。

一份简洁的简历可以高效地向面试官传达重要信息，求职者可以把简历想象成高考作文，面试官是阅卷老师，工整的字体、开门见山的段落层次可以提升作文整体印象分从而获得更高的分数，简洁对简历撰写同等重要。

(1)简单有力

一页纸：一般以一页 A4 纸为限。

排版：一行一句话，每句话独立地表述一件事情。

精确简洁：对于自己的相关实践经历要突出描述。

(2)针对性强

根据岗位性质有针对性地设计简历。经历并非越多越好，侧重突出匹配岗位需求的经历。善于用数字体现自己的能力，提供客观证明。

技术岗：根据意向岗位要求，对应写出符合要求的技术能力。

非技术岗：在能力阐述时，最好根据岗位要求分点描述。

(3)STAR 法则搭建具体内容

简历可依据 STAR 法则[Situation(情境)，Task(任务)，Action(行动)，Result(结果)]，即"在什么情况下，使用了什么方法，做了什么事，达成了什么结果，这个结果起了什么样的作用"。该法则应用示范如下：

例：大一辩论比赛获得冠军

S——学院共有 5 支队伍参赛，实力……，我们小组……。

T——熟悉辩论流程，掌握辩论技巧，获得院系辩论赛冠军。

A——自己主动整理资料，组织小组学习流程，编写训练题，小组训练，根据每位选手的特点，分配任务(尽量详细，包括可能遇到的困难以及自己是如何解决的)。

R——获得院系辩论赛冠军。

简历重在"简"，并不是简历越长就能说明经历越丰富、能力越强。做到简历的"外表简洁"，最终达到"内涵丰富"和"外表简洁"的最佳状态，让面试官对你的优势一目了然。

3.过硬的硬性指标

企业选择方法：约有 20% 的雇主承认会调用一些级别较低的助理人员处理简历，这些人员会有一些硬性的选择标准；另有 45% 的雇主进行初选时，基本上也只看这些硬性指标。

常见标准：以雇主使用的频繁程度为序，包括英语等级证书、专业背景、学校名声、在校成绩。值得注意的是，这些标准不一定会在招聘要求中注明。

4.企业重心

关注要点：中资公司和外资企业的关注点有一定的区别。总的来讲，外企更重视英语和学校名声，中资公司则更看重专业。越是热门的公司，往往对在校成绩、社会实践、动手能力更关注。

5.整体印象

简历内容：你是否是学生会干部并不重要，关键是不要留下刻板印象。很多高校毕业生

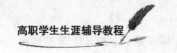

会在简历上列出自己的学习课程,只有4%的公司会仔细阅读。

6. 好的简历表达会增加录取机会

表达能力:我们发现符合要求的表达非常重要。同一份简历,经过专家修改,可以增加43%的录取机会。

(三)简历制作要点

简历内容有很强的目的性。如果是求职,重点应放在学历、专业特长、能力业绩上;如果是晋升职称,重点应放在任现职以来所取得的科研水平、工作实绩上,突出个人贡献,展示取得的成果。

1. 进行职业定位

①认识自己,弄清自己能干什么,想要什么。

②认识对方,了解用人单位需要什么,持什么用人标准。

③审时度势,权衡利弊,保持一定的择业弹性。

2. 组织简历内容

①个人资料:姓名、性别、出生年月、籍贯、政治面貌、婚姻状况、身体状况、兴趣、爱好、性格以及自己的联系方式等。

②学业有关内容:毕业学校、所学专业、学位、主要课程成绩、外语、计算机掌握程度、第二专业的学习情况、各类上岗证书的获得情况。

③本人经历:高中或大学以来的简单经历,主要是学习和担任学校、社会工作的经历等。

④自我评价:总结大学阶段的表现,并由班主任或学院主管领导填写意见。

⑤所获荣誉:包括三好学生、优秀团员、优秀学生干部及奖学金等方面所获得的荣誉。

⑥本人愿望:根据自己的爱好、兴趣和特长,提出适合从事的工作。

四、服装礼仪准备

(一)服饰选择

应聘者的外在形象是给面试官的第一印象。外在形象的优劣会在一定程度上影响录用。面试时,一定要注意,恰当的着装能够弥补自身条件的某些不足,助你从众多的求职者中脱颖而出。

1. 面试着装原则

(1)行业决定穿衣风格

面对不同行业的面试官,要根据行业特点决定你的穿衣风格。比如,互联网公司的风格是比较活泼又富有创造力的,如果穿着一套正装去面试就会让面试官对你产生死板平淡的印象。在法律、银行、会计等传统行业,一套西装会让你看起来稳重、诚实,色彩最好为中性、深沉的颜色,如以藏蓝色、灰色为主基调。在零售、教育、房地产、销售等行业,亲和的职业装更受欢迎,如上身衬衫与简洁的配饰搭配,但下装较正式。在一些新兴时尚行业,比如时装、艺术、软件、设计等比较现代或自由度高的行业,富有个性的着装能更好地表现你的专业水平,但切忌太过时髦与暴露。

（2）得体的着装增加聘用概率

很多大学生希望在应聘时通过着装给面试官留下眼前一亮的印象,这想法本身不错,但绝对不能穿着过于怪异。尽管大学生们有很多衣服、包包、鞋子,但是配齐一套满意的面试服装并不容易。一般来说,选择正装是比较保险的,能让面试官感受到你是以一种职业的态度来对待应聘的。

（3）关注衣服的质量和合身程度

许多大学生可能没有预先购置一身合适的正装,穿着松松垮垮、过长或过短、款式老气过时的衣服就去参加应聘。虽然大学生面试不要求一定要一身名牌,但着装上选择合身并且裁剪线条流畅的衣服,会带给面试官舒适整洁的良好印象。

2. 面试着装男士篇

男士面试着装要求如图 5.4 所示。

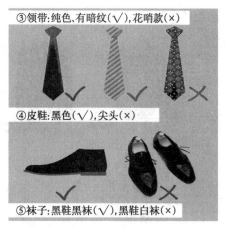

图5.4　男士面试着装要求

3. 面试着装女士篇

女士面试着装要求如图 5.5 所示。

图5.5　女士面试着装要求

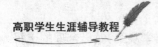

4.面试着装注意事项

①避免穿着颜色过于鲜艳的服饰。当服装颜色的饱和度很高时,给面试官的视觉冲击力很强,可能会凸显面试者不够稳重、不够认真。

②面试着装的第二大禁忌就是"不合身"。如何判断服装是否合身?最基本的检查方式就是"看肩膀"。真正合身的西装,肩膀部位应当是立于肩头的,如果西装的肩部向下坠,或者向里凹,都是不合身的标志。

③面试着装应避免有过大的 Logo(品牌标识)。比如,有些面试者家境优越,会选择奢侈品品牌,面试需要有质感的着装为第一印象加分,但切勿留下炫富的印象。

④着装不得体,比如过于暴露。在职场礼仪中,裙装最好选择包臀裙或者直筒裙,且长度以到膝盖为宜。而上衣选择有领有袖的衬衫更为合适。

⑤服装配饰过多。在面试中,男性的配饰选择较少,一般仅有领带、腕表。而女性由于选择范围比较广,个别面试者可能会佩戴过多配饰:耳环、手镯、手表、项链、胸针……总之,要让你的整体形象看起来更加的得体和专业,切勿让你的着装偏离面试的重点。

图 5.6　面试着装注意事项

(二)仪表

1.仪表礼仪

男性:头发整洁清爽,长度以不遮挡视线、不遮耳朵、不碰衣领为宜;面容干净,刮干净胡须,不留长指甲。

女性:以淡妆为宜,突出眼、唇,不建议使用香水;保持手部清洁,不留长指甲,不涂醒目的指甲颜色。

2. 表情管理

答题时做到面部放松,表情自然;保持微笑;面试时要适当地和面试官进行眼神交流,目光要自然、亲切、真诚。

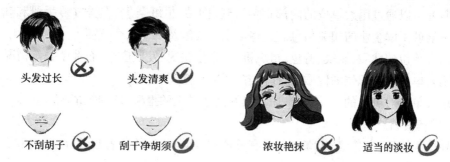

图 5.7　面试中的仪态管理

五、面试准备

大部分毕业生对求职面试都十分茫然,不了解面试技巧,不懂得企业所看重的和想要考查的能力,在面试时由于种种原因未能很好地发挥,因而错失良机。你与面试官或者 HR 面谈时,可以做到如表 5.18 所示的这四个"度"吗?

表 5.18　优秀应聘者在面试时表现出来的四个"度"

体现高度	增强信度	表现风度	保持热度
在交谈中展示自己的水平面。一方面是政治思想水平和强烈的敬业精神;另一方面是专业水平。对问题回答不能满足于"知其然",还要答出"知其所以然"	在交谈中展示自己的真诚。首先,态度要诚,交谈不要心不在焉;其次,表达要准,少用"可能""也许""大概"等模棱两可的词语;再次,内容要实,尤其是对自己的优缺点要一分为二,实事求是	在交谈中展示自己的气质。一方面要体现自身的外在美,另一方面更要体现内在气质。言语是一个人内在气质、涵养的外在体现,要注意用得体的语言展示自己的个人魅力	在交谈中展示自己的热情。做到:主动问候,精神饱满,悉心聆听

身处当今的信息时代,高校毕业生大多选择更为方便快捷的网上求职方式。那么在网上求职时应当注意哪些问题呢?

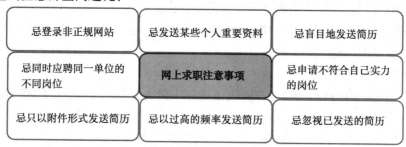

图 5.8　网上求职应注意的问题

面试是指用人单位在规定时间和空间内,通过当面交流来考核求职者的一种方式。通过面试不仅可以直接了解求职者的面貌、举止,还可以了解求职者的综合能力。

1. 面试前的准备

(1)了解企业

求职者可以通过用人单位的内部宣传资料、网站,报纸杂志、广告宣传手册和新闻媒体的报道等渠道了解企业的相关信息。这些信息主要涉及以下几个方面:

①用人单位的性质、规模、特色,组织机构、金融状况、发展前景、企业荣誉等情况。

②用人单位招聘职位的性质、工作内容、所需的知识和技能。

③用人单位对员工的工作要求、职责以及给予员工的报酬、培训等情况。

(2)准备资料

带好个人简历、自荐信、成绩单以及有关证书等资料;提前准备自我介绍,自我介绍示例如表5.19所示。

表5.19　面试中自我介绍

要点	提示	示例
我是谁	—	我是小明,毕业于××大学××专业,今天面试的岗位为××
职业相关经历介绍	举出几个与面试职位相关的经历,结合具体事例,善用数字	"在实习的两个月内先后帮助同事完成了××、××和××三个项目/报告,为公司带来××利润。" "公司破例允许我以实习生的身份在每日晨会上做宏观经济简报。"
我为什么应聘这份工作	结合工作要求,谈谈你为什么能胜任这份工作	××是我的强项,这份工作和我一直以来所做的以及职业生涯的发展非常匹配
个人其他值得一提的经历	能够给面试官留下深刻印象的个人经历	我曾经做过义工,曾经骑行去过西藏等

(3)面试训练准备

求职者在面试前有必要进行一些面试技巧训练。面试技巧训练包括学习聆听、敏捷反应、沉着应对、说话具有条理性、举止得体、熟知面试礼仪等。求职者可通过就业指导讲座、查阅有关面试的指导书籍、模拟面试等途径进行训练。

(4)面试状态的调整。面试时应当保持良好的状态,包括调整心情、准备好面试服装和资料、遵守约定的时间等。

2. 面试技巧

面试技巧包括答问技巧、发问技巧、谈话技巧和交谈心态等,具体内容如表5.20所示。

表 5.20　面试技巧

面试技巧		具体内容
答问技巧	1.把握重点、条理清楚	一般情况下回答问题要结论在先,议论在后,先将中心意思表达清楚,然后再做叙述
	2.讲清原委,避免抽象	面试官提问是想了解求职者的具体情况,切不可简单地以"是"或"否"作答,有的需解释原因,有的需说明程度
	3.确认提问,切忌答非所问	针对不知如何作答或者无法确定问题的情况,你可将问题复述一遍以确认"你问的是不是这样一个问题……",才会有的放矢,不至于答非所问
	4.适时沉默	保持最佳状态,好好思考自己的回答
	5.冷静对待,处事不惊	面试官中不乏"刁钻古怪"的人,他们可能故意"挑衅",令求职者难堪:这不是不怀好意,而是一种"战术性"提问,其意在于"重创"求职者,考察求职者的适应性和应变能力
	6.做到知之为知之,不知为不知	面试中常会遇到一些不熟悉、曾经熟悉现在忘了或根本不懂的问题。面对这种情况,回避问题是失策,牵强附会地回答更不妥,应诚恳坦率地承认自己无法回答,以赢取面试官的信任和好感
发问技巧	可以询问的问题	①应聘职位所涉及的责任以及所面临的挑战; ②在这一职位应当取得怎样的成果; ③该职位与所属部门的关系以及部门与公司的关系; ④该职位具有代表性的工作任务; ⑤切勿提问通过事先了解就能获得的公司信息
谈话技巧	1.谈话顺其自然	不要误解话题,不要过于固执,不要独占话题,不要插话,不要说奉承话,不要浪费口舌
	2.留意对方反应	交谈中要注意把握谈话的气氛和时机,这就需要随时观察对方的反应。如果对方的眼神或表情显示出对你正涉及的某个话题已失去兴趣,应当尽快结束该话题
	3.好的语言习惯	表达流利,用词得当,更重要的是运用了恰当的说话方式
交谈心态	1.展示真实的自我	面试面谈时切忌伪装和掩饰,一定要展现自己的真正实力和真实性格
	2.以平等的心态面对面试官	面试面谈时如果能以平等的心态面对面试官,就能够避免紧张情绪
	3.态度要坦诚	面试官一般都认为做人优于做事,面试时求职者一定要诚实地回答问题

3. 面试禁忌

①不良习惯过多。

②该正视时,目光游移不定(图 5.9)。

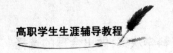

图5.9　面试禁忌——表情管理不当

③体态不端(图5.10)。

女生:双膝分开、叉开腿　　男生:含胸驼背、抖脚、跷二郎腿

图5.10　面试禁忌——体态不端

④急问待遇。

求职者:你们的待遇怎么样?

⑤不当反问。

面试官:关于工资,你的期望值是多少?

求职者:你们打算出多少?

⑥不合逻辑。

面试官:请你告诉我一次失败的经历。

求职者:我想不起我曾经失败过。

⑦提问不礼貌。

求职者:请问你们单位有多大? 请问你们在单位担任什么职位? 你们会是我的上司吗?

[探究与分享]

若下述案例中的当事人是你的朋友,你会给他们哪些建议?

案例1:

生涯决策:向左走? 向右走?

小李,25岁,独生女,国内某高职专科院校毕业。在校期间曾任班长、学生会副主席等职务,并获得国家奖学金、学校一等奖学金、优秀学生干部等荣誉称号。小李很"阳光",气质大方,言谈举止文明得体,能够清晰流畅地表述自己所面临的问题和对问题的独立思考。小李现在面临三个职业选择的机会:一是继续深造,通过专升本考试继续本科学习,而后再考研;二是回到父母工作所在地的某私企上班;三是选择去北上广等地打拼。站在生涯决策的三岔路口,是直行、向左走还是向右走?

案例2:

如何打造一份个人简历?

曹××,女,大学三年级,汽车制造专业,已向多家单位投递了简历,没有一家回应;也多次参加了宣讲会,人力资源专员收到了简历,两秒钟不到就放一边了,她很受打击。她的求职意向是汽车整车及零部件制造企业的技术岗位,在秋季招聘会上,她向多家企业递交了简历,但没有收到任何回音。眼看招聘高峰季即将过去,她很是着急。

案例3:

如何进行一次成功的面试?

洪×,女,大学三年级,汽车营销专业。自进入大学三年级后,洪×就开始积极投递简历,并先后收到4家单位的面试通知,就是没有通过一家面试。这对她打击不小,特别是最近她参加了一家知名企业的面试,自认为面试表现虽不算突出,但自己具有多次相关工作实习经历,且实习的平台层次也较高,成功的概率应该比较大。但结果再次让她失望了,她不知道问题出在哪儿,开始怀疑自己的能力。原本就不支持她外出就业的父母,在得知这些情况后,更加坚持让她返乡就业。与父母意见不统一,加上求职毫无进展,洪×的心情变得很糟糕。

第六章　生涯管理：成就绚烂人生

　　凡事都要脚踏实地去做,不驰于空想,不骛于虚声,而惟以求真的态度做踏实的工夫。

——李大钊

【知识目标】

　　1.了解人际关系管理。

　　2.了解压力管理。

　　3.了解时间管理。

【能力目标】

　　1.建立和保持良好的人际关系。

　　2.具备一定的压力调适能力。

　　3.能够运用所学知识进行时间管理。

【情感态度价值观】

　　1.学会倾听、学会向他人学习,真诚接纳人与人之间的差异。

　　2.正确认识压力,化压力为前进的动力。

　　3.养成时间观念,自觉珍惜时间。

［故事与人生］

迷茫的职业生涯

　　李畅大学毕业时找工作可谓一帆风顺,很轻松地在一个大城市找到了一份理想的工作。在去就职的火车上,李畅的情绪逐渐从离开校园和同学的惆怅中转向对未来生活的憧憬。同学中像她这么顺利地找到好工作的并不多,她觉得自己的未来是光明的。然而,到了这座城市后,李畅很快就遭遇了第一个打击:租到合适的房子太难了,房价也是一天一个价地往上涨,要想长期扎根于这个城市的话,不知道何年何月才能拥有自己的一个家。接着,工作中的不顺接踵而至,这个城市中的人似乎很看不起外地人,虽然周围的一些同事也只不过比自己在这里多待了几年,可他们看自己的眼神就好像在看一个彻头彻尾的土包子;还有脾气古怪的顶头上司,每次挨批,李畅根本不知道自己究竟错在什么地方,工作压力重重,通宵加班更是家常便饭。这难道就是李畅梦寐以求的工作和生活吗?

假如你是李畅,你可以运用哪些方法走出目前的困境?

第一节　人际关系管理

一、人际关系概述

俗话说:"成功不在于你知道什么,而在于你认识谁和谁认识你。"在当今世界,人们不仅可以通过面对面的接触,还可以通过社交网络、博客和个人网站来拓展人脉。随着你沿着职业阶梯向上攀登,你会越来越远离技术层面的工作,而人际关系和沟通能力将成为更重要的成功因素。抓住机会参加各种会议和特殊项目,将有助于你接触到日常工作圈子以外的人。

你是否有过这样的经历——你曾经作为某个小组或者团队成员为完成一个共同的目标与同伴携手并肩、忘我工作?在体育界和演艺界,这样的例子不胜枚举。试想一名你最喜爱的歌手,如果没有一支多才多艺的团队的支持,他能取得成功吗?作为团队成员,要学会倾听和向他人学习,尽管他人解决问题的想法或做法与自己的完全不同。作为团队成员,还要真诚地为团队出谋划策,表现出你对参与团队合作富有极大的热情和意愿。

二、人际关系理论的发展历程

心理学家埃里克森虽然是精神分析学派中的一员,但他反对弗洛伊德的说法,认为"六岁以前的发展便决定其一生"是错误的,人的发展是持续一生的。埃里克森提出了人生发展八大阶段理论。在人生发展的八大阶段中,每一阶段都面临着一个重要的心理危机,也都有其重要的人际关系焦点(表6.1)。

表6.1　人生发展的八大阶段

阶段(大约年龄)	社会心理危机	人际关系焦点
出生~1岁	信任 VS 不信任	母亲或母亲的替代者
2~3岁	自动自发 VS 害羞怀疑	父母
3~5岁	积极 VS 罪恶感	家庭
6~11岁(青春期开始)	勤勉 VS 自卑	邻居、学校
12~20岁(青春期)	自我认同 VS 角色混淆	同伴团体或圈外人、模仿的对象
21~30岁(成年期前期)	亲密 VS 孤独	友谊、性、竞争、合作等的伙伴
31~60岁(成年期中期)	创造 VS 停滞	家庭或工作伙伴
61岁~生命终点(成年期后期)	圆满 VS 绝望	"人类"、趣味相投者

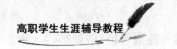

（一）人生八大阶段与人际关系发展历程

根据表6.1，我们依次审视这八大阶段，以此作为了解人一生中所有人际关系的基础。

1. 信任 VS 不信任（出生～1岁）

在生命的第一年中，最重要的是形成对世界信任或不信任的基本态度。这种基本态度来自孩子被照顾的品质，尤其是母亲的照顾，因此母亲或母亲的代替者便成为这个阶段中人际关系的焦点。如果孩子受到母亲很好的照顾，就能顺利地形成对世界信任的态度，对这个世界充满希望与好奇。信任与不信任的危机并非在生命的第一年就彻底解决，它在生命的每一个时期都有可能出现，只不过第一年是所谓的关键期。在这个时期，个体所遭遇的人、事、物都会对他产生不可磨灭的影响。

2. 自动自发 VS 害羞怀疑（2～3岁）

此时，孩子开始独立地做许多动作，如走路、开关门等。这个阶段最重要的任务是发展个体的自主性，也就是个体对外在环境的控制感以及对某种动作技能的胜任感。而这个阶段人际关系的焦点是与之朝夕相处的父母。如果父母缺乏耐性，急着要求孩子做成某些事，就容易使孩子对自己的能力产生怀疑，容易害羞，成年以后仍然容易怀疑自己的能力。当然，如果孩子发展出过分强烈的自主性，也容易造成日后刚愎自用的独断个性。因此，比较健康的模式是在自动自发与害羞怀疑之间取得一个适当的平衡点。能否做到这一点，主要看父母在这个关键期是否能适度地训练孩子，并给予正确的反馈。

3. 积极 VS 罪恶感（3～5岁）

孩子开始学习一些游戏、活动，如打羽毛球、打篮球、骑自行车等。在这些游戏与活动中，孩子可能会积极进取，也可能会有罪恶感。关键在于家庭成员与孩子的互动，因此家庭是这个阶段人际关系的焦点。如果家庭成员（尤其是父母）认真陪孩子游戏、回答孩子提出的问题，那么孩子会发展出积极进取的特性；反之，如果孩子付出了许多努力，得到的结果却是被取笑或轻蔑时，则会导致孩子产生罪恶感，容易自责，不敢轻易尝试新事物。

4. 勤勉 VS 自卑（6～11岁）

孩子开始学校生活，也开始有些创造性的活动，如画图、劳动、做家庭作业等，孩子在这个阶段会努力表现自己，以赢得他人尤其是同学和老师的注意，所以老师和同学是这个阶段人际关系的焦点。如果在这个阶段孩子有良好的人际关系，并且其在创造活动、学习表现等方面获得赞赏，那么就会激发出孩子勤勉向上的特性；反之，如果人际关系不佳，而且其努力完成的作品也未被肯定，则会导致孩子产生自卑感。也就是说，孩子在这个阶段已经开始家庭以外的社交生活，生活重心除了学习新事物外，也开始注意他人对自己的反馈，并且会和其他孩子比较。因此到底是发展出勤勉还是发展出自卑，主要看孩子与同伴团体和其他人之间的人际关系。

5. 自我认同 VS 角色混淆（12～20岁）

此时个体的儿童期已告结束，因为性机能已开始发展、身体快速成长，而心理的成长跟不上生理上的急速改变，于是就面临着成长的压力。这时个体开始关注自身的处境，并尝试支配环境，以应对突然扩大的世界。因此，这个阶段最重要的是发展自我认同，也就是对自己有清楚的定位。如果一个人过去已经发展出信任、自主、主动与勤勉，则在此阶段，他会整合所有过去、现在以及对未来的期望等资料，从而了解自己是怎样的人，未来将如何，形成自我认同。反之，如果一个人带着不信任、怀疑、害羞、自卑，到了这个阶段，多半会对自我感到迷茫和不确定，即所谓的角色混淆。

当然，这个阶段能否顺利地发展出良好的自我认同，除了过去的发展情况外，此阶段的人际关系焦点——同伴团体及模仿对象也是重要的因素。个体在这个阶段由于认知范围的扩大，不再局限于家庭和学校，因此所属的同伴团体会直接影响到个体对自己的认识和定位。但由于个体在不同时间可能属于不同的团体，因此少年时期的自我认同也会随着改变。这种变化本身是好的，可以帮助青少年寻找真正的自我。但是如果不慎接触到不良组织后自己不自觉，就会带来极坏的影响。

6. 亲密 VS 孤独（21~30 岁）

这个时期个体开始向人生的另一里程碑——成年期前期迈进，大多数人在这一时期开始工作、结婚，形成本阶段的重要人际关系——亲密关系。所谓亲密是指能关心他人，与他人分享经验的能力。伴侣之间的亲密关系，对个人情绪和身体健康大有帮助。拥有和自己分享苦乐的伴侣的人比没有伴侣的人更健康、快乐。未能拥有亲密关系的人，因为不愿意或不能与人分享自我，不愿意承担亲密的后果（如照顾、爱护伴侣，培育儿女等），最终成为孤独的人。

影响这个时期发展出亲密或孤独的人际关系的焦点是个人的亲密伙伴。这些亲密伙伴可能是朋友或配偶，但配偶更重要。埃里克森甚至认为这时期的幸福快乐，建立在亲密的充分发展上，而亲密完全发展的主要表现是：性爱的完满获得，双方都互相信任，愿意分享工作、生育及娱乐的情趣。因此在成年期的开端，若能顺利地建立良好的亲密关系，将有助于往后人生旅程的展开。

7. 创造 VS 停滞（31~60 岁）

这个阶段正值成年期中期，是开创事业的中心阶段。埃里克森认为这个时期的个体，不管是男性或女性都精力充沛，活力十足。

他们对社会贡献心力，对下一代付出关心，是最具创造能力的阶段。这种创造能力不但使个人的心智获得发展，心理得到满足，生活也因此而充实。

但是如果个体在之前的阶段发展出负面结果：工作、婚姻、家庭方面一直受挫，则此时的创造力便会减弱，整个生命会停滞不前。一个对生命有停滞感的人，常会感到迷失、疲倦无力、脱离现实，严重的甚至对所有事物采取放弃的态度，有厌世思想。

既然工作、事业与婚姻、家庭是此阶段的重心，那么工作伙伴及家庭成员便成为此阶段人际关系的焦点。拥有工作上的良好人际关系，有助于事业的开创，而良好的家庭生活则可成为扩展事业的最大精神支柱。

8. 圆满 VS 绝望（61 岁~生命终点）

这是人生最后一个阶段，当生命接近终点时，个体开始整理自己过去的点点滴滴，反省

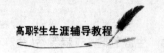

此生的意义与价值。如果以往的发展是正向的、有成就的,那么个体在这个阶段便会感到满足和自豪。

反之,个体如果认为此生充满挫折与遗憾,就会有绝望的感觉。到生命末端觉得绝望的人比较缺乏坦然面对死亡的能力,因此随着年龄的增长,越来越焦虑,总想从头来过,但是时不我待,只能徒增伤感。

在这个阶段,也许配偶已过世,儿女离家创业,因此,人际关系的重点在于趣味相投的朋友,比如集体晨练、扭秧歌、跳舞等群体活动中的朋友,并且所关心的是与"全人类"有关的大事,不仅仅是自己和家人。

(二)人生主要的四种人际关系

综合埃里克森的人生发展八大阶段理论,可以归纳出人的一生中,有四种主要的人际关系:

1. 亲子关系

亲子关系即父母与孩子的关系,这种关系是持续一生的。在年幼时期,父母亲对待孩子的方式会影响其日后的发展;在成年期当自己为人父母时,自己与孩子的相处方式也会影响孩子日后的成长。因此,了解亲子关系的相处之道,虽无法回到过去以改善与父母的关系,至少可以为将来自己教养孩子做好准备。

2. 同伴关系

同伴关系即个体与朋友之间的关系。在青春期,朋友与朋友团体会影响个体的自我认同和自我定位;在成年期甚至年老期,朋友也扮演着很重要的角色。因此,对友谊本质的认识与了解,有助于自己与朋友发展出不错的关系。

3. 亲密关系

亲密关系可以看作是自己与异性或配偶的关系。在成年期前期开始,个体除了朋友外,也开始向往爱情、结交异性朋友,直到结婚后开始漫长的婚姻生活。婚姻对人生而言是一件大事,良好的婚姻不但使人幸福、充实,更能支持个人迈向事业高峰。因此,能否与异性朋友、配偶建立稳定、正常的亲密关系将影响一个人一生的成败。

4. 工作中的人际关系

如果一个人从 25 岁工作到 60 岁退休,一生中的工作时间大约占人生全部的 2/3。既然人的工作时间如此漫长,如何在工作上发展自我,除专业技能外,人际关系也非常重要。获得上司的赏识、赢得同事的支持是人生事业发展的一个关键,了解并解决好这些问题将有助于个体迈向事业的高峰。

三、人际交往能力的内涵

发展人际交往能力有助于建立和谐的人际关系,提高生活质量与工作质量。

(一)人际交往及其能力的含义

交往是指两个以上的人为了交流有关认识性与情绪评价性的信息而互相作用的过程。

人际交往作为人们共同活动的形式,实质上是把人的观念、思想、情感等作为信息进行交流的过程。苏联社会心理学家安德烈耶对人际交往的实质做了三种相互联系的区分:

①沟通方面,即交往过程中个体信息的互换。

②相互作用方面,即个体之间活动的交流。

③知觉方面,即交往双方的人际知觉以及在此基础上的相互了解。

(二)人际交往的功能

美国卡内基·梅隆大学对1万人的个人案例进行分析研究后发现:15%的成功者成功的原因都是由于技术熟练、聪明和工作能力强,85%的成功者主要是由于具有良好的人际交往能力。随着社会的发展,人际交往的功能越发显得重要。良好的人际交往能力是建立良好人际关系的基础和前提,它有利于人的心理健康发展,有利于人的自我意识的发展与完善,有利于人克服困难、实现事业的成功与人生价值。

①人际交往是身心健康发展的基础。一个人从诞生的那一刻起就开始了与人类社会的交往。从某种意义上讲,合作是生存和实现自我价值的最好途径。人与人之间的交往与情感融洽有益于身心健康。良好的人际关系可以带来好心情,好心情可以催人奋进,从而获得成功。

②人际交往有助于促进智能等心理品质的发展。在学习群体中,和谐的人际交往可以使个体通过彼此之间的相互切磋、相互作用、相互影响,在智能方面发生互补,有利于变换认知角度,改进思维方法,开拓解决问题的途径,促进智能的发展。

③人际交往能促进自我完善。"以人为镜"是自我完善的重要环节。在与他人交往的过程中,人们可以通过自己与他人的比较,以及他人对自己的态度和评价,自己在他人心目中的形象和在社会中的地位加以思考,进一步全面、客观地认识自己、调整自己和纠正自己。

④人际交往生涯活动的选择。人们在选择自己的职业前,都有一个职业理想,职业理想的选择往往受所接触的亲友、同学的影响,在与人交往的过程中,人们会熟悉他们的职业状况和意义,容易受他们的影响和感染,对其职业发生兴趣。人际关系不仅影响职业理想的选择,而且影响职业理想的实现。如果处于和谐的人际关系中,在实现职业理想时,个体就会得到周围人的赞许、关心和支持,这一宽松的心理环境有助于个体最大限度地发挥主观能动性去实现自己的职业理想。

(三)人际交往的五大误区

1.喜欢评论他人,不懂得赞美

美国著名心理学家威廉·詹姆士认为"人类本质中最殷切的需求是渴望被肯定"。

2.企图改变他人

要改变他人,先改变自己。

3.付出前先想回报

付出不应有杂质,不能用斗量。

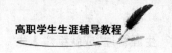

4. 缺乏承诺和责任感

应为自己的行为作出承诺,并且实践承诺,勇于承担你对身边朋友的责任。

5. 沟通时以自我为中心

从未考虑过对方心里真正想要的、喜欢的是什么。

四、人际交往能力的培养与提升

人际交往能力主要表现在对人际认知准备、人际情绪控制和人际沟通训练三个方面。人际交往看似非常简单,实则是一门极高深的科学,一种饱含真善美的艺术,要想真正做到"随心所欲而不逾矩"绝非易事。为使人际交往从自发走向自觉,从被动走向主动,个体就必须掌握人际交往中一些基本常识,并加以灵活运用。

(一)人际认知准备

人际交往与人际认知是密不可分的。任何人际交往都包含有认知因素,只有在对交往对象准确了解的基础上,并根据不同的对象采取相应的交往方式,才能顺利开展人际交往。在日常的人际交往中,由于受主观心理因素的影响和客观条件的限制,个体对他人往往不能形成客观、全面、正确的认知。这种认知偏见会因为循环往复而不断加深,以致形成交往障碍。只有努力克服认知偏见,尽可能地使我们的主观印象与客观实际相符合,才能正确对待他人,唤起对方的积极回应,保证人际交往的顺利进行。

(二)人际情绪控制

良好的情绪状态是人际交往正常进行的必要保证。情绪稳定,风度得体,容易跟交际对象从情感上互融互通,从而达到思想看法上的一致,可以有效地保证交际质量。现在的年轻人有许多是独生子女,有的自我意识较强,考虑问题习惯以自我为中心,这样容易导致工作中出现人际关系紧张。因此,对于在校大学生来说,要学会在日常人际交往中对自我情绪加以控制和调整,保持良好的情绪状态,从而适应千差万别的交际情境。

(三)人际沟通训练

沟通是人际交往中最重要的内容。良好的沟通能力是发展和谐人际关系的关键。在职场中,沟通能力强的人能与周围人建立良好的关系,保持愉悦的心情,助推自己的生涯发展。大学生也要利用一切机会,多与他人(包括教师和院校领导、学长和同学、家人和朋友、熟人和陌生人、企业高管和政府官员等)进行沟通,尽可能提高自己的沟通技巧。

五、影响人际认知的主要心理因素

(一)最初印象

最初印象是指初次对人知觉时形成的印象。这种印象往往最深刻,在以后的人际知觉或人际交往中不断在头脑中浮现,并影响新的印象。

(二)晕轮效应

在人际知觉时,人们常从对方所具有的某个特征而泛化到其他一系列有关的特征上,也就是从所知觉到的特征泛化推及未知觉到的特征,根据局部信息形成一个完整的印象。

(三)定型倾向

定型倾向是指根据社会上对某一类人产生的一种比较固定、概括而笼统的看法,把某个人的一些容易辨别的特征归属于这一类人,随后又把属于这类成员所共有的典型特征归属到他人身上,并以此来知觉和判断他人。

(四)先入为主

先入为主是指对人的知觉并非出于对客观对象的直觉,而是凭空臆造后又把这种主观臆造投射到对象身上,因而就知觉到原先并不存在的东西。

(五)投射作用

投射作用是指在人际交往中,人们往往把自己的特征归属到其他人身上,假设他人与自己是相同的,利用自己去判断他人。

(六)情绪效应

情绪效应是指认知主体的情绪状态或特定心境会使自己在对人知觉时戴上有色眼镜,看出来的人和事都染上了自我的情绪色彩等。

[探究与分享]

【环节1】

慧眼识人

(一)导入环节

通过预热提问,提高学生对课题的关注,激发其兴趣。

(1)根据过往交友的经验,你觉得自己有双识人的"慧眼"吗?

(2)如果你可以"慧眼识人",你觉得能传授的经验是什么?

(3)人际交往中,你更愿意相信"第一直觉"还是"日久见人心"?

(4)你觉得在面试场合,面试官是怎样看人的?

(二)展开环节

呈现材料和问题,激发学生思考。

材料1:吉姆走出家门去买文具,还和他的两个朋友一边走一边晒太阳。他走进了一家文具店,店里挤满了人。他一边等着店员的招呼,一边跟一个熟悉的朋友聊天。买好文具往

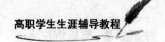

外走时遇到熟人,就停下来打了个招呼。后来告别了朋友,在去学校的路上,他又遇见了前天刚认识的女孩,彼此交谈几句就分开了⋯⋯

材料2:放学后,史蒂芬独自离开教室走向了校门。走在回家的路上,阳光很好,他走在马路背阴的一侧,路上见到了前一天认识的一个女孩。他穿过马路走进了一家冷饮店,店里挤满了学生,还看到了几个熟悉的面孔。他安静地等待着,直到服务生看到他,才点了一杯冷饮。他坐在一张靠墙的桌子上喝完了冷饮,然后就回家了。

结合以上两段材料,你同意以下哪几个判断?

(1)吉姆是一个性格外向的人。

(2)史蒂芬是一个性格外向的人。

(3)吉姆对人比较友善,乐于与人交往。

(4)史蒂芬对人比较友善,乐于与人交往。

(5)吉姆比较安静,不太喜欢跟人说话。

(6)史蒂芬比较安静,不太喜欢跟人说话。

(三)深入阶段

通过游戏互动,考查学生的眼力。

游戏规则:下面将分别呈现6个不同人物的单人照片,每张照片的呈现时间为15秒。请根据自己的感觉,对6个人的性格和人品做出大致的判断,并排出大致的顺序。

(四)升华阶段

解释人际交往过程中的心理学知识。

第一印象也称首因效应、优先效应,是指第一次接触某人或某物时所产生的深刻的印象。第一印象中,个体会在头脑中形成"预判断"机制,后续的判断更倾向于"证实"自己第一印象的正确性,而非自我否定,即每个人都有自圆其说的倾向。第一印象的四个特征:

表面性:外貌、服装和仪表等信息;

片面性:往往失之偏颇,以偏概全;

类化性:不由自主地先归类、后贴标签;

归因模式:总是把表面外部特征归因为内心情感和思想的流露。

(五)结束阶段

分享与总结:谁都希望自己能慧眼识人,但残酷的现实是生活中的绝大多数人都"慧眼难识人"⋯⋯与其执着地相信自己拥有"看人的直觉",不如相信一句老话:路遥知马力,日久见人心!要充分重视自己给别人的第一印象,不是虚伪,只是为了让自己的人生少一些后悔和遗憾。

【环节2】

能力测试——你算是受欢迎的人吗?

根据你的实际情况,回答下列问题。如果你同意题目的说法回答"是",否则回答"否"。

(1)当你正忙着做事,别人向你打招呼:"你好!"你会停下来认真回答他们吗?

(2)你是否自动地和不经思考地随便发表意见?

(3)你喜欢独自吃饭吗?

(4)你是否喜欢看新闻?

(5)你是否觉得你的3位最好的朋友都不如你?

(6)你是不是爱向别人吐露自己遭受的挫折以及种种问题,找别人"诉苦"?

(7)你常向别人借东西吗?

(8)你和同学一起出去,是不是一定要大家平均分摊费用?

(9)有时你会与朋友谈论一些他们不感兴趣的话题,而这些话题你有兴趣吗?

(10)打公用电话时你是否总是说个没完,让其他人在一旁等得着急?

(11)你是否把自己喜欢的画挂在家里的客厅?

(12)告诉别人一个事件时,你是否喜欢主导话题,并且把细枝末节都说得很清楚?

(13)你肯不惜金钱和时间招待朋友吗?

(14)你认为自己说话毫无隐讳的态度对吗?

(15)你跟朋友约会时是否让别人等你?

(16)你是否经常发现朋友的短处,要求他们去改进?

(17)你喜欢比你小的孩子吗?

(18)你是否喜欢拿别人开玩笑,丝毫不顾别人的心情、自尊?

(19)你在打牌时是否喜欢把牌散开又合起来,不停地反复?

(20)你是否认为人到了一定年龄就要开始恋爱是愚蠢、可笑的?

(21)你确实不喜欢的人超过7个吗?

(22)不到每个人都疲倦之极,你就不会告辞吗?

(23)你讲话是不是常常用"坏透了""气死人""真要命"一类字眼?

(24)你的同桌或周围的同学会惹你大发脾气吗?

(25)你讲的故事或轶事总是又长又复杂,别人得耐下心来才听得进吗?

(26)你爱好音乐、运动等,别人不喜欢这些,你是否觉得他不值得交往?

(27)你言而无信吗?

(28)你是不是常常当面批评家里人、好朋友或同学?

(29)你遇到不如意的事,是否精神沮丧、意志消沉?

(30)你自己运气坏而你的朋友成功时,你是不是真的替朋友高兴?

(31)你喜欢跟人聊天吗?

(32)你是否坚持要朋友阅读你觉得有趣或值得一读的东西?

答案与解析:把你的选择比较一下。彼此相同,就算一分。得分越多,就表示你越受人欢迎,最高分是32分,但是,如果你的分数不到32分,你也不要认为自己不受欢迎。只要有21分,你就是一个很讨人喜欢的人。

这些问题提示我们什么样的行为受人喜欢,什么样的行为令人厌恶。因此,如果你的得分不到21分,不妨改变一下你的做法,将与答案不一致的做法改过来,你也会成为一个讨人

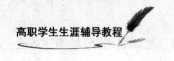

喜欢的人。

【环节3】

小游戏中的人际关系

请同学们做一个游戏。

以两人为一组,面对面地站着,用你的右手和你的拍档握手,等到主持人说"开始"时,你就把对方的手拉过来,靠在你的腰上,这样你就得一分;万一被你的拍档拉过去,靠在他的腰上,那么他就得一分。时间限定为30秒,谁的得分最多谁就是获胜者。

结果:有的人得分可能在20分以上,而有的人得分可能在5分以下。

思考:为何会出现这样的结果呢?

第二节　压力管理

一位研究压力的专家这样写道:"对历史、人类学,特别是对文学,无论是圣经、希腊文学、莎士比亚、但丁,还是陀思妥耶夫斯基——只要有些许了解,就会明白人生来就缺乏宁静。"伴随着物质文明的长足发展,现代人正遭遇着空前巨大的压力。既然压力的普遍存在已经成为不争的事实,那么如何应对压力就成为不容回避的问题。达尔文曾说过:"能够生存下来的,既不是最健壮的,也不是最聪明的,而是最能够适应变化的物种。"这句话突显了压力管理在生存中的重要作用。对压力的有效管理是"生活的艺术",因此,本节将重点讨论压力的类型、压力的来源、压力的影响,并重点讨论如何调适压力。

压力,原意指物体所承受的与表面垂直的并指向表面的作用力。物理学上的压力,是指发生在两个物体的接触表面的作用力,或者是气体对固体和液体表面的垂直作用力,或者液体对固体表面的垂直作用力。与这两个概念不同,本节讨论的压力主要是指个体在社会生活中所承受的身心压力,即当人们去适应由周围环境引起的刺激时,人们的身体或者精神上的反应,它可能对心理和生理健康状况产生积极或者消极的影响。

一、压力的类型

一般情况下,我们把身心压力分为不良压力和中性压力,其中多数情况下压力属于不良压力。

(一)中性压力

当个体的身体和心理处于唤醒状态,但个体对内部和外部需求做出了一种中性的反应时,他几乎感受不到来自这些需求的任何压力。在这种情境下,在大部分时间里,个体感受到的压力是中性的,无所谓有利或有害,可以把它称为中性压力。

(二)不良压力

多数情况下,压力被唤醒过高或过低时,不良压力就会随之而来。个体是否把所经历的事情看作有害事件,既取决于该压力源被感知的程度是否超过了他应对该压力源的心理资源,也取决于个体的健康是否遭到了威胁。只有当个体把它作为有害事件来看待时,它才会变得令人烦恼。如果压力事件确实会对个体的健康造成危害,且个体没有十足的把握去解决它,这种压力就是不良压力。不良压力会给人的身心健康带来一定的影响,以下是一些常见的不良压力症状:注意力不集中、肩部绷紧、抑郁、坏脾气,易发火、腰疼、思维混乱、双手发抖、急躁、语速过快、胃绞痛、焦虑、易怒等。这些症状被视为警告信号,提示我们需要做出改变。

二、压力的来源

压力是如何产生的? 一般来说,压力的来源有两个:心理因素和环境因素。

(一)心理因素造成的压力

从某种程度上说,压力是一种主观现象,取决于当事人如何想、如何解释与如何应对,通常来说,以下两种心理因素会给个人带来压力。

1. 挫折

挫折是因个体的需求和想达到的目标被阻碍而产生的。按照引起挫折的原因,我们可以把挫折分为外因挫折和内因挫折。其中外因挫折是因外在环境的阻碍而引起,如意外事件、不和睦的人际关系、偏见、歧视等;内因挫折是因个体内在或本身的阻碍引起的挫折,如身体残疾、能力与目标不匹配、个性特征等。

2. 冲突

压力还可能因两个或多个生活事件的冲突而产生。冲突通常可以分为三种类型:

(1)趋避冲突

趋避冲突即须从两个或多个目标中选择一个,且每个目标各有其缺点。比如在高薪忙碌的工作与低薪稳定的工作之间必须作出选择。

(2)双避冲突

双避冲突即个体必须在两个或多个不想要的目标中选择一个。我们常说的"要么上刀山,要么下火海"就是这种类型的冲突。

(3)双趋冲突

双趋冲突即个体在两个或多个具有吸引力的目标中,只能选择其中一个。比如你去买冰淇淋,巧克力味和香草味的你都爱吃,但是身上的钱只够买一个,这时候你就面临双趋冲突。

在现实生活中我们往往同时会面临着多种类型的冲突,甚至是三种类型的叠加,让个体感受到无形的压力。

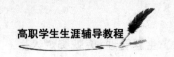

（二）环境因素造成的压力

在现实生活中，还有许多压力来自外在环境的改变。通常包括以下两个方面：

1. 社会支持

社会支持包括工作、人际交往等多个方面。研究表明积极的社会关系能够缓和或降低压力对个人的影响，而社会支持缺乏或人际关系不和谐会使压力增大。

2. 家庭关系

家庭关系主要是指家庭成员之间的关系。有研究表明，个人精神方面的疾病与其配偶的心理健康呈现出关联性，假如配偶有心理方面的困扰，则另一半出现精神症状的概率会增加。

（三）常见的压力源

研究表明，对压力源的充分识别，有助于我们成功地调节和应对压力。作为大学生的你，当前面临哪些压力呢？请结合你的实际情况填写如表6.2所示的压力源识别表，尝试着找出你的压力源。

表6.2　压力源识别表

序号	压力源	压力等级（分数越高代表程度越高）					
1	考试	5□	4□	3□	2□	1□	0□
2	吵闹的室友	5□	4□	3□	2□	1□	0□
3	工作与学习的冲突	5□	4□	3□	2□	1□	0□
4	父母压力	5□	4□	3□	2□	1□	0□
5	需求冲突	5□	4□	3□	2□	1□	0□
6	大学官僚主义	5□	4□	3□	2□	1□	0□
7	会见陌生人	5□	4□	3□	2□	1□	0□
8	停车问题	5□	4□	3□	2□	1□	0□
9	钱太少	5□	4□	3□	2□	1□	0□
10	择业	5□	4□	3□	2□	1□	0□
11	其他	5□	4□	3□	2□	1□	0□

三、压力的影响

压力会对我们的身心带来哪些影响呢？通常来说，压力的影响包括消极负面的，也包括积极正面的。

(一)压力的负面影响

压力对个体的负面影响主要体现在以下几个方面:

1.压力影响个体的身心健康

压力会对人的身心健康带来不良影响。通常来说压力导致疾病的方式有以下四种:降低身体免疫力,如在紧张的备考期间更容易感冒;增加突发性疾病的患病风险,如突发性的心脏病或紧张性头疼;加重已有的疾病或引起旧病复发,如关节疼痛加剧等;个体为减轻压力往往会采取不恰当的应对方式,如抽烟、酗酒、暴饮暴食或熬夜等,这些不良的生活方式都会给个体健康带来威胁。

2.压力会导致工作效率和人际关系的退步

压力的焦虑情绪会影响我们在工作和生活中的行为表现。

3.压力会降低个人的适应能力

压力会损耗过多的精力和体力,进而导致个体对周围环境的适应能力降低。

(二)压力的正面影响

在了解压力的正面影响之前,我们先来看一则小故事。

鬼谷路

一位名叫勒斯里的人,为了领略山间的风景,一个人来到一片陌生的山林,最后迷失了方向,正当他一筹莫展的时候,走来一位挑山货的美丽少女。少女对他嫣然一笑,在得知他的处境后,愿意带他走出丛林。

在出发前,少女说:"先生,前面就是我们这儿的鬼谷,是这片丛林最危险的路段,一不小心就会摔进万丈深渊。我们这儿的规矩是路过此地,一定要挑点或者扛点什么东西。"

勒斯里惊问:"这么危险的地方,再负重前行,那不是更危险了吗?"

少女笑了,解释道:"只有你意识到危险了,才会更加集中精力,那样反而会更安全。这儿发生过好几起坠谷事件,都是迷路的游客在毫无压力的情况下一不小心摔下去的。我们每天挑东西来来去去,却从来没人出事。"

于是勒斯里接过少女递过来的两根沉沉的木条,扛在肩上,小心翼翼地走过了这段鬼谷路。

从这则故事中,我们不难发现压力并不总是负面的,具体来说,压力的正面影响有以下两个方面:

1.有助于解决问题

正如上述故事描绘的那样,当个体感受到压力后,往往会集中全部的精力来解决面临的问题,也更有利于问题的解决。

2.有助于增强个体的调适能力

在个体承受压力的同时,我们也在探寻解决压力的方法。而当我们克服了压力时,就会得到新的成长,增加自信,进而提高应对压力的能力,减少面对新压力时的恐慌。

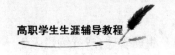

四、压力的应对策略

(一)应对压力的两种倾向

在应对压力时,个体既要保护自己的身心不受损害,又要达到压力源的要求,通常有任务取向和防御取向两种应对模式。

1. 任务取向

当个体有把握可以应对压力时,通常会同意并接受该压力,进而选择采取直接行动去达到压力源的要求,这就是任务取向。常见的做法包括改变自己或外在环境,或者二者同时进行。例如,职业女性最常面临的家庭与事业无法兼顾的压力,个体采用的任务取向的应对模式通常包括请丈夫多帮忙或请佣人改变处理家务的方式,或降低自己对事业的要求,转而以家庭为重心等。

2. 防御取向

当个人感觉无法处理压力时,为保护自己不受伤害,会倾向于采取防御取向的应对模式。以下是一些常见的心理防御技术。

(1)否认

否认是心理防御机制最基本的表现方式之一,为保护自己不在瞬间被极具威胁的事实打倒,个体往往通过拒绝接受或拒绝相信那些引起焦虑和压力的信息而把自己从不愉快的现实中解救出来。比如,在有关死亡、疾病和类似的痛苦经验中,人们常常会运用否认。

案例1:

否认

假如你被告知有个朋友或亲人突然死亡,你会说:"不可能,你们搞错了!我不信!"或者你被告知得了绝症,只有三个月的生命,你会想:"不可能吧,肯定是医生把别人的检查结果和我的弄混了。"

(2)投射

投射即通过夸大别人的问题,转移个体对自己问题的注意力,从而减轻焦虑。比如没有通过期末考试的同学,一想到还有同学比自己"挂掉"的科目更多,感受到的压力程度就会减轻。

(3)合理化

合理化是指为了给自己的行为提供解释而编造某些合理的、但不真实的理由的做法。我们先来看以下的案例。

案例2:

合理化

学期末,假如有个学生没有完成老师开学初布置的论文,他可能会解释说:"前些天我生病了,一直在养病。昨天去图书馆的时候发现自行车被偷了,后来步行到图书馆,发现想借的书被别人借走了。但我还是尽量完成了论文,但是打印的时候刚好打印机没墨了,那个时候已经很晚了,所以今天没法交论文给你。"

案例中该学生的做法就是合理化。如果我们接着问：为什么直到学期末才想起论文的事？这个学生可能会提出另一套合理化的解释以减轻来自外界的压力。但是，如果我们不断地对他的解释质疑，迫使他放弃合理化的方式保护自己，他便可能产生焦虑情绪，感到较大的压力。

我们几乎常常自动、习惯地运用上述心理防御机制却不自觉。虽然这些心理防御机制有积极作用，可以保护个体在严重的情况下不致受到伤害；但是其消极作用也十分明显：一方面，为了控制焦虑，个体需要花费大量的精力来维持一个虚假的自我形象，从而扭曲事实、自我欺骗；另一方面，这种方式会降低个人采取行动解决问题的积极性，从而减低人的适应能力，在应对其他压力时变得力不从心。

（二）应对压力的支持系统——压力缓冲盾

压力缓冲盾是应对压力的支持系统模型（图6.1），压力缓冲盾的内部分为五个区域，分别对应着：生活经验、支持系统、态度/信念、自我照顾身体的习惯、行动技巧。压力缓冲盾的意义在于，如果我们能充分运用以上五个区域中的资源来调适压力，就好像我们手持盾牌保护自己，进而有效地调适压力，让自己不致受到压力的伤害。

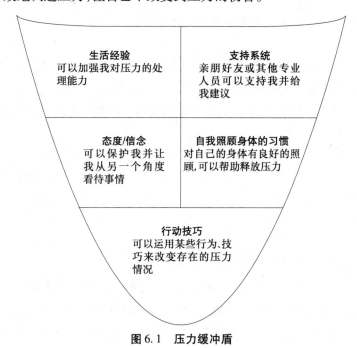

图6.1　压力缓冲盾

1. 生活经验

随着年龄的增长，个体接触的社会和世界越来越广、经历的事情越来越多并且越来越复杂，生活经验也会变得越丰富。个体从以往生活中汲取的经验，可在面临压力时提供多种解决方式，从而缓冲当前面临的身心压力。因此，在日常生活中，要抱着开放的胸怀和积极的生活态度，接纳与自己不同的人、事、物，增加自己的见闻和阅历，积累更多有利于应对压力的生活经验。

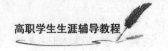

2. 支持系统

个人与社会是相互依存的整体,个人无法离开社会而独立存在,社会也不能离开单独的个体而存在。我们从小在家庭、学校和社会三大系统的相互作用中完成社会化进程并获得成长。因此,个人在面临压力时,包括亲人、朋友、同事、团体和组织在内的个人周围的支持系统可以给予一些帮助,继而缓解一部分身心压力。

3. 态度/信念

在生活中,我们发现同一件事,不同的人会产生不同的反应。这是因为,个体的态度和信念具有差异性,对事情的解读不一样,就会产生不同的反应。认知心理学派认为,压力情绪的持续与否完全取决于个体对自身感受到的不适做何解释,正面的解释有助于我们缓解和应对压力,负面情绪则适得其反。因此,树立起正面的信念、积极的态度,对缓冲心理压力、保护自我具有一定的积极作用。

4. 自我照顾身体的习惯

个体面临压力时,身体可能会出现肌肉紧张等情况,某些部位也会因持续使用而倍感疲乏,因此,为应对压力,我们需付出比平时更多的体力。如何让身体从紧张状态中恢复过来?研究表明,适量的运动、正常均衡的饮食、适度的睡眠、定期的健康检查和休息等自我照顾身体的习惯,可以帮助我们拥有充沛的体力去应对压力。

5. 行动技巧

面临压力时,可通过有效的行动技巧来帮助我们缓解压力,常用的行动技巧包括:冥想、放松、静坐及治疗性按摩等需要自己练习的技巧;学习更有效率的做事方法,如不断学习新知识以帮助自己下判断、做决策,学习实用的管理技巧以协助工作及日常生活的管理;散步、听音乐、赏花等休闲方式。

以上压力缓冲盾的五个区域,是个体可用来缓冲身心压力的五个方向,在个体面对压力时,可根据实际情况综合使用。个体既可从过去的生活经验中获取有用的资料,协助认清压力情况,也可向亲人、朋友寻求支持和援助;在疲惫时可运用某些行动技巧来恢复体力,进而达到事半功倍的效果。

(三)能产生持久效果的十大压力应对策略

为了顺利地度过一天或一周的工作时间,每个人都有自己偏好的保存精力、重振精神的方法,这些方法通常被称为压力应对策略。它们能帮助减缓压力产生的负面影响,进而帮助我们应对压力,使得我们在一天或一周的工作结束后,还能保持一种相对健康的状态。

在面对压力时如何选择适合自己的应对策略呢?以下是常见的能产生持久效果的十大压力应对策略,可以从下列清单中选择适合自己的策略,并定期做出调整。

1. 面对压力时,强烈地表达自己的情绪

在面对上司不断加码的要求或遇到棘手的问题时,你大概会压抑自己的感受,让自己尽量不受肾上腺素的影响,尽量不冲动。为了不受这些与压力有关的改变(包括血压上升)的影响,你需要一种释放机制。不同的做法适合不同的人,不过让自己处于一种能大喊、大哭、放声大笑、动手击打某个物件甚至尖叫的环境，的确能够让你在某种程度上释放压力。在工作场所，更温和、更聪明的做法就是找到一个最合适的人，向其表达周围的人对你产生的影响。

2. 适度的剧烈运动

适度做一些剧烈运动，可以迅速宣泄情绪，重新平衡自己的能量。运动不仅可以促进身体健康，也有益于心理健康。有规律的运动可以减低压力和焦虑。在生理上，运动促进脑啡的分泌，使个体有舒适的感觉，而规律的运动可使胆固醇的储量增加，增强身体对抗压力的能力。在心理上，运动可使个人从焦虑的思想中抽离，甚至使人产生意识状态的改变。而且，经常运动的人常常与他人接触，这也有利于缓解压力。

我们经常会产生一种心理需求，想要发泄心中的怒气和沮丧，改变无聊的状态。运动能助你重新平衡体内的化学元素，最终让你保持专注并冷静下来，从而理智地应对压力。

练一练：

有哪些运动能让你回归正轨？

当你进行某项运动时，你知道它能增加自己的活力、改善自己的心情？

你是否考虑过跑步、游泳、竞走、跳舞、尊巴舞、打壁球或踢足球？

3. 使用治疗性帮助

为自己提供一个坚强的后盾，创造一个安全空间，在这里，你可以不受评判地被人倾听，可以让别人告诉你该怎么做。如果你对自己的心理状态、情绪、财务以及法律问题感到焦虑的话，可打电话或者与咨询师见面，就算是勇敢地迈出了治疗的第一步。拥有一个安全、保密的环境，可以谈论个人困境，会给我们的生活带来多大的改变。比起让事态继续发展、让自己处于高压的环境中，尽早接受治疗性帮助，对自己和他人都是更好的选择。

4. 在慢速的活动或练习中放松

通过练习普拉提、瑜伽、冥想和接受身体治疗、深度按摩，我们很容易就能放松下来。当你感觉自己没有能量了，或者感觉工作、生活陷入了停滞，这些活动尤其能释放能量。越来越多的雇主和管理者都意识到，如果员工拥有积极的情绪、健康的身体和精神状态，那么其工作状态也会大不同。在工作场所最基本的方法就是坐在办公桌前进行小幅度的锻炼或者冥想，这不会引起其他人特别的关注或者担心，却能增加你的活力、专注力以及工作效率。

此外，以下两种方式可让你有技巧地通过肌肉的松弛和神经的舒缓来达到放松和疏解压力的目的。

操作清单 1

默数及想象式的放松

1. 准备工作：选择一个安静的房间，平躺在床上或坐在沙发上。

2. 操作步骤：

（1）从十数到零，随着数字的减少，个人变得越来越放松。

（2）默数每一个数字时，配合着呼吸，感觉到将紧张随着呼吸重重地吐出。

（3）当默数至零时，轻快地感受放松后的感觉。

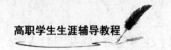

（4）配合想象放松法，闭上双眼，想象放松每部分紧张的肌肉。

（5）想象一个你熟悉的、令人高兴的、具有快乐联想的景致（校园、公园等）。

（6）仔细观察你刚才所联想到的景致，寻找细致之处。如果是花园，找到花坛、树木的位置，尽量准确地观察它们的颜色和形状，并想象那儿的味道。

（7）展开想象的翅膀，幻想你来到一个海滩（或草原等开阔地带），你躺在海边，周围风平浪静、波光粼粼、一望无际，你心旷神怡，内心充满宁静、祥和。

（8）随着景象越来越清晰，幻想自己越来越轻柔，飘飘忽忽离开躺着的地方，融入环境中。阳光暖暖地照着你，微风轻拂着你。你已成为环境的一部分，没事要做，也没有压力，只有宁静和放松。

（9）这种状态停留了一会儿，然后想象自己又慢慢躺回海边，周围是蓝天白云、碧海银沙，景象逐渐离你而去。

（10）当个人完成想象之旅后，要想象自己回到现实空间，慢慢地由三数到一，渐渐地回复清醒的状态，但仍然是十分轻松的。此时，头脑平静、全身放松，非常舒服。

3. 特别说明：运用此放松法在勾画个人的想象空间时，要注意以下几点：

①要刻画一个清楚且愉悦的景象。

②尽量使景象中能包括五种感官，例如"闻"到花香，"摸触"到青翠的草地，"听"到小鸟在树上唱歌，"尝"到甜美的果子及"看"到白云飘在天边。

操作清单2

渐进的肌肉放松

1. 准备工作：选择一个安静的房间，平躺在床上或坐在沙发上，运用吸气吐气渐进地放松身体的肌肉。

2. 操作步骤：

（1）分别拉紧身体不同部位的肌肉。

（2）让紧张的肌肉部位持续约5秒钟。

（3）慢慢地放松拉紧的肌肉，同时，默默地说："放松！紧张随之而去。"

（4）再深吸气。

（5）重重地吐出，并默默地说："放松！紧张随之而去！"

每天大约花20～30分钟做放松运动，这是一种简单、有效又实用的方法，能帮助我们在紧张时平静下来，而后有稳定的情绪来处理压力。

5. 享受音乐、广播、电视节目或电子游戏

在享受音乐、广播、电视节目或电子游戏时可以忘记工作中的不顺，最终让负面情绪逐渐消失。在这里，我们介绍几种基本的音乐治疗法。

音乐治疗法

1. 创造性音乐治疗法

这种疗法主要是发展自我表现、沟通，以及增进人际关系等技巧；另外也帮助个体建立

较丰富的人格特质,增进个人以及人际间的自由度和创造力,希望人们能够改掉过去较为病态的行为模式。

2.自由、即兴的治疗训练

最有效的是运用在自闭症小孩身上。

3.分析式音乐治疗法

这种方法是用音乐中的文字或者其他的象征音乐,去探讨当事人的内心世界并且辅助其成长。这类疗法通常适用于有情绪或人际关系有问题的成年人。

4.半口语式治疗法

这类疗法多半运用于情感与沟通方面,因当事人不接受全部口语治疗的方式。

5.与其他治疗法配合

比如,治疗师们将舞蹈与音乐相配合,发展出一套新的疗法,而音乐用于心理治疗已经很久了。

6.参加积极的社交活动

当你需要放松、释放被压抑的能量、让自己更积极地与他人相处时,参加派对和社交活动就是一种理想的释放方式。积极的社交活动能让我们在人际互动中找到被欣赏、被重视的感觉,获得正能量以应对压力。

7.陪伴孩子或宠物

对于很多人来说,与宠物或孩子一起玩能带来一种踏实的感觉,在完成了极富挑战性的工作回到家后尤其如此。宠物什么要求都没有,只要你把关注集中在它们身上,全心全意地陪伴它们。在这个过程中,你能得到毫无保留的爱、关注和身体接触;而在工作中,这些通常都是缺失的。

8.充足的睡眠

睡眠能让你的身体得到恢复,帮助你脱离压力状态。你可以放松下来,进入由无意识状态控制的快速眼动睡眠。很多时候,当我们从良好的睡眠中醒来,要么清楚地知道自己需要做什么,要么对手头的某个问题有了更清晰的思路。在面对压力时,可以尝试打个盹、午睡或者小睡一会儿,通过良好的睡眠助你获得应对压力的能量。

9.有效的倾诉

给朋友打电话或发短信已成为很多人遇到问题时的第一选择,成为最受欢迎的解压大法。"心中有块垒,不吐不快"是许多人在压力来临时的共同感觉。的确,过分压抑自己的情绪并不是一件好事。如果真的感觉压力难以承受时,不妨向信赖的朋友吐吐苦水。这种方式可使个人的情绪得到缓解,也会得到朋友的分担和帮助。因此,倾诉也是调适压力的一种有效方式。

当我们感到困惑、不知道该做什么或者将要做出一个可能让自己感到焦虑的决定时,联系信任的人通常能给我们一定的帮助。相信他们知道如何更好地支持我们,如何恰当地激励我们。他们通常能为我们提供帮助,或者为我们指出前进的方向。然而,我们很多人有时候对他人的信任并不充分,不认为他人会支持自己,或者我们觉得很难开口寻求帮助。当你

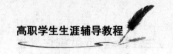
陷入困境时,首先会联系谁?

　　10.尝试更换环境

　　对于那些长期在嘈杂、开放式办公环境下工作的人,或者在工作时间里需要接触大量人员的人,让其处于一个能让自己平静下来的环境就变得至关重要。当你在当前的环境中感受到压力时,可寻求适当的机会更换环境,在新的环境中恢复初始状态后,再次回到之前让你感受到压力的环境中,进而有效地应对和处理生活中的各种难题。

　　练一练：

　　现在抽时间考虑一下自己目前在工作上的应对策略,想一想还能再做些什么?

　　1.什么方法对我有效?

　　2.周围的人使用的哪些有效的方法我也可以使用?

　　3.我愿意接受哪些建议并更加努力地付诸实践?

　　在这一节里,我们讨论了压力的类型,准确识别了压力的来源,客观地认识了压力的负面和正面影响,重点探讨了压力调适的理论并找到了有效应对压力的策略和方法。面对压力,采取这些方法能确保我们拥有更好的内部应对机制。在工作和生活中,当你发现自己处在一个高速、连续、高要求的压力环境时,采取有效的压力应对策略,可以让你从中获得巨大收益,帮助自己保持专注,继续充满活力地、高质量地完成工作。因此,如果压力太大了,暂停,慢下来,再出发。

［探究与分享］

　　一、观察你对压力态度的变化

　　学完本节,你对压力的态度是怎样的呢? 以下是十条关于压力的一般认识,对于每一条你是赞同还是不赞同? 请在表6.3中作答并记录你的答案,注意观察自己对压力态度的变化。

表6.3　压力态度调查表

序号	对于压力的认识	你的态度	
1	所有压力都是有害的	赞成（　）	不赞成（　）
2	压力管理的目标应当是消除压力	赞成（　）	不赞成（　）
3	良好的生活状态应该没有压力源	赞成（　）	不赞成（　）
4	压力越少越好	赞成（　）	不赞成（　）
5	如果他足够努力,就总是能适应困难的环境	赞成（　）	不赞成（　）
6	遗传因素决定某些人总处于高压状态	赞成（　）	不赞成（　）
7	不良压力只具有消极影响	赞成（　）	不赞成（　）
8	身体锻炼消耗体能,否则这些能量可用于应对压力	赞成（　）	不赞成（　）
9	冥想是无稽之谈	赞成（　）	不赞成（　）
10	压力只会影响成人	赞成（　）	不赞成（　）

二、"压力缓冲盾"的实践

"压力缓冲盾"包括生活经验、支持系统、态度/信念、自我照顾身体的习惯及行动技巧等五大资源。请与朋友或同学们一块讨论某种压力情境，反省自己周围所拥有的资源，并在表6.4中记录下每个能帮助自己应对压力的资源。朋友或同学们可以组成小组，一块分享各自对"压力缓冲盾"的应用经验，交换心得以增强自己脆弱的部分，让自己的抗压能力越来越强。

表6.4　"压力缓冲盾"实践表

压力情景描述		
资源类型	资源详情	资源提供的支持
生活经验		
支持系统		
态度/信念		
自我照顾身体的习惯		
行动技巧		
反思与总结		

实施步骤及建议：

1. 小组成员以5~6人为佳，不指定主持人，按约定顺序轮流分享自己的压力情境，每个人的分享时间控制在5分钟以内。组员A分享完毕后，小组进行3~5分钟的讨论，帮助A厘清在生活经验、支持系统、态度/信念、自我照顾身体的习惯、行动技巧等方面的资源详情及其提供的支持，在此过程中A需要做好记录。

2. 在小组成员轮流分享完自己的故事后，花10分钟左右进行复盘和总结，小组成员间分享心得体会，在交流中加深对"压力缓冲盾"这一压力支持系统模型和工具的理解。

3. 1~2周后，小组成员再次会合，分享近段时间组员在应对压力上的实际案例，加深对工具理解的同时，切实学会运用此工具帮助自己应对压力。

实践活动

寻找压力源

准确地识别压力源，有助于我们积极高效地应对压力。通常来说，压力由以下几类因素造成：一是由罕见事件造成的，如自然灾害（"5·12"汶川地震）、恐怖袭击（"9·11"恐怖袭击事件）、突然患病以及亲人亡故，这种压力是随机的、突然的、震撼的；二是人在成长过程中因急剧的变化或转变导致的，如迁徙、升学、升职、孩子出生、中年的迷惘、退休等，导致的压力相当普遍和常见。

我们经常会遇到的压力源包括：亲人去世、家里经济条件不理想、学习条件差、宿舍条件

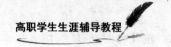

差、升学、没有业余爱好或消遣、嫉妒学习成绩比自己优秀的同学、几乎不锻炼身体、朋友关系紧张等。从工作和生活的各个方面,你可以很轻松地找出2~3个主要的压力源,请找出压力背后触发它的原因,有助于理解为什么它会给你造成压力,进而制订一项减压行动计划。

请同学们根据自己的实际情况,完成表6.5,记下每天面对的来自各个方面的压力、对自己身心产生了哪些影响以及处理的方式和效果,2~3个星期后,再统计分析这些记录,准确识别你所面临的压力源,并找出适合你的处理方式。

表6.5　个人压力源跟踪记录表

	压力源	对生理、心理产生的影响	当前的应对策略和效果
社会			
家庭			
个人 (学习、工作、情感)			

第三节　时间管理

一、时间管理的含义

时间管理是指在单位时间内,以提高效率和加强效果为目的而展开的对时间控制的工作。对于在校大学生而言,就是在日常活动中有目的、有计划地使用科学的时间管理技巧,有效地支配可用时间,合理地安排个人生活,完成自己的预期目标的过程。时间管理的目的是保证将有限的时间投入实现人生目标的事务中,从而获得"三效"(表6.6)。

表6.6　时间管理的"三效"关系

时间管理的目的	特点
效果	确定的期待结果
效率	特定时间内完成的工作量
效能	行为、手段的正确性和效果的有利性

二、为什么要进行时间管理

(一)时间是一种不可再生资源

达尔文说:"敢于浪费哪怕一个钟点的人,证明他还不懂珍惜生命的全部价值。"现代管理大师彼得·德鲁克也曾说:"不会管理时间,便什么都不会管理。"同样,中国古代有俗语:"一寸光阴一寸金,寸金难买寸光阴。"这些都从不同层面指出了时间的永恒性、不可储存性及无可替代性。时间无处不在,但又难以琢磨,它对不同的人有不同的意义。要真正地了解并管理时间,就必须对时间的本质有深刻的认识。时间有五项独特性,我们可从这五个维度去理解:

1.不可伸缩

时间在宇宙中的供给量是固定不变的,在任何情况下都不会增加也不会减少。时间的长短、宽窄,既不能被延长也不会被缩短,它始终以不变的形态存在着,每天都是 24 小时,所以我们无法"开源"。

2.不可积蓄

时间不像人力、物力、财力和技术那样可以被积累和储蓄起来,它以不变的方式前行,从不停止流逝,不论我们愿不愿意都必须消费时间,所以我们无法"节流"。

3.不可取代

任何一项活动都有赖于时间的积累,也就是说,时间是任何活动都不可缺少的基本资源。因此,时间是无法取代的。

4.不可逆转

时间一旦流逝,就会永远消失,任何事都不能阻止它的步伐。所以曾国潘说:"天可补,海可填,南山可移;日月既往,不可复追。"

5.不可再生

时间不同于动植物,动植物可以繁衍生息,而时间却转瞬即逝。花费了金钱,尚可赚回,倘若挥霍了时间,任何人都无力挽回。因此,时间以其特有的性质决定了它是世界上最珍贵的资源之一。

(二)每分每秒都意义非凡

在人们的日常生活中,通常以秒、分、时、日、月、年等单位计量时间,其中最小的单位是秒。有些人认为一分一秒太短,浪费了也无妨,但是宇宙中每一秒都在发生着让人感叹的变化——你的指甲能长出 1.2 纳米;你的头发能长出 4.5 纳米;你上小学的儿子能长高 1.8 纳米;你能走出 1.2 米;你的神经元信号能传导 1.6 ~ 600 米;菲尔普斯能游出 2.3 米;博尔特能跑出 12 米;高尔夫球能飞出 60 米;子弹能飞出 400 米;黑鸟侦察机能飞出 987 米;北美 X-15 火箭动力飞机能飞出 2 020 米;国际空间站飞行了 7 743 米;地球绕着太阳飞行了 30 千米;太阳系绕着银河系飞行了 216 千米;银河系朝着仙女座星系飞行了 550 千米;光飞行了 300 000 千米……

(三)把时间用在正确的地方

根据不同的用途,我们可将时间划分为工作或学习时间、休闲时间、家庭时间、个人时间、思考时间等。

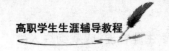
1. 工作或学习时间

为了谋生以及充实生活而花费在工作或学习上的时间,称为工作或学习时间。工作并不是生命的全部,活到老、学到老的终身学习观念已经来临,学习的重要性与日俱增,每个人都必须抽出一部分时间来学习新知识或者熟悉新事物。

2. 休闲时间

休闲时间包括花费在休息、睡眠及体育活动上的时间。人生就像马拉松,别一开始就猛冲,浪费甚至透支了体力。懂得放松,养成一种良好的睡眠、休闲以及运动习惯,能帮助我们将个人身体状况调整到最佳状态。

3. 家庭时间

家庭是我们的避风港,我们需要跟家人真心相处,珍惜亲情,不要等到失去时才懂得亲情的可贵。

4. 个人时间

个人时间是用来修身养性、充实自我的时间,是完全属于个人独自享受的时间。个人时间就是自己跟自己约会的时间,每个人不论是求学还是工作,甚至是待在家中,都有一段不允许被侵犯的个人时间。利用这些时间,人们可以充实自己,和自己对话。

5. 思考时间

思考时间就是思考过去、现在和未来的时间。思考时间可着重用于计划自己未来的发展,也可用来反省自己以前所做的事情是否正确,是不是值得等。思考如何改进,如何调整,如何让自己变得更好,不必为了什么特别目的而思考,可以天马行空地想象,也可以胡思乱想。如果想到了一些好的想法或者理念,可以立刻记下来。

国内曾有学者以 9 所不同层次的高职院校学生为对象,调查了他们平时在各种事情上所花费的时间,如图 6.2 所示。

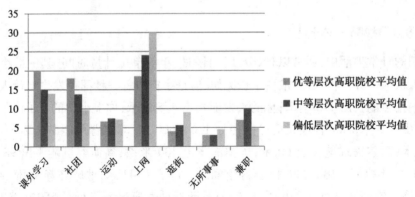

图 6.2 三类高职院校学生单周各事件耗时比较(单位:小时)

调查结果显示:不同层次的高职院校学生在上课、睡觉、吃饭的时数相差不大,但在课外学习时数却相差较大,优等层次高职院校的学生在课外学习的时间平均每周为 19.8 小时,中等层次高职院校平均每周为 15.86 小时,偏低层次高职院校平均每周为 13.9 小时。不同级别的高职院校学生花在社团活动上的时间也有较大差异,优等层次高职院校的学生花在社团活动上的时间平均每周为 17.6 小时,中等层次高职院校平均每周为 14.23 小时,偏低层次高职院校平均每周为 9.5 小时。而逛街、上网、无所事事等这些耗时又没太大意义的事情,偏低层次高职院校的学生花的时间更多,每周上网时间超过 30 小时,逛街超过 8 小时,无所事事超过 4 小时。

从这个调查中我们可以发现,对于在校学生而言,应当尽量将时间用在正确的地方,而不是无所事事,每种时间在每一天 24 小时中所占比例影响着将来职业生涯的方向和质量。

三、如何进行时间管理

（一）了解时间管理的理论

人与人之间的差异,很大程度上是由对时间的处理方式不同造成的。因此,许多学者十分关注时间管理,他们的探索也推动了时间管理理论的发展。具体来说,迄今为止,时间管理理论经过了四个发展阶段。

第一代时间管理主张将目标细化,通过运用便条和备忘录等工具,提醒和督促个人按时执行计划。第二代时间管理强调运用计划与日程表,已经开始意识到计划未来的重要性。第三代时间管理强调优先顺序,依照轻重缓急制订短、中、长期目标,再逐日订立实现目标的计划。第四代时间管理要求始终把个人精力的焦点放在"重要"的事务上,判断"重要"的标准就是目标,凡是有利于实现目标的事务均属重要,越有利于实现核心目标就越重要。其实,从第一代到第四代时间管理理论并没有优劣之分,人们可以根据自己的偏好和实际情况选择某一种时间管理方法,或将几种方法综合运用。四代时间管理理论比较如表6.7所示。

表 6.7　四代时间管理理论比较

	使用的工具	优点	缺点
第一代	1. 备忘录 2. 便条	1. 随机应变 2. 压力小 3. 亦步亦趋	1. 主观性不强 2. 管理随意 3. 容易遗漏事情 4. 无组织
第二代	1. 计划表 2. 日程表 3. 约会登记簿	1. 注重计划 2. 强调责任与效率	1. 缺少针对性 2. 目光短浅 3. 易受外因干扰 4. 效果不显著
第三代	1. 计划手册 2. 时间管理手册	1. 利用长期、中期、短期目标的作用 2. 将价值观转化为目标和行动 3. 生活有条理	1. 灵活性和自发性不足 2. 缺乏团队观念 3. 降低个人生活品质
第四代	1. "罗盘" 2. 个人管理	1. 追求集体利益 2. 强调选择最重要的事情,然后把这件事做到最好	1. 过分体现集体利益 2. 强调牺牲个人幸福来确保团体利益

(二)掌握时间管理的策略

1.科学地制订计划

世界上每天都有几十亿人在忙忙碌碌,但同样都在忙,有的人忙得团团转,有的人却不紧不慢。我们要想成为做事可靠的人,首先要具备时间意识,懂得时间管理,善于制订计划。

(1)切实可行的目标——SMART目标管理法

SMART目标管理法是由管理学大师彼得·德鲁克在《管理实践》中提出来的。德鲁克认为管理者一定要防止陷入"活动陷阱",在工作中不能只顾低头拉车,而不抬头看路,最终忘了自己的主要目标。对于大学生而言,可以利用这一方法来帮助自己制订切实可行的目标。

SMART是五个英文字母specific(具体的)、measurable(可测量的)、attainable(可实现的)、relevant(相关的)、time-bound(有时限的)的首字母简称。

S:在制订目标时,目标应当尽量清楚、具体化,不能太笼统。例如,一个英语成绩欠佳的大学生,想要改变学习落后的状况,他给自己设立了学习目标:"我英语一定要取得好成绩。"这个目标就是含糊的,因为他没有具体地指出什么样的成绩才能算得上是"好成绩"?不具体、无法量化的目标具有虚伪性,无法评估。再如:"我每周要参加一次英语角,看一场原版英文电影,并在下学期通过大学英语四级考试。"与前一例比较,这一目标就清楚、具体得多,在评估自己是否实现目标时,也会很直接明了。

M:我们制订的目标最好是可观测的、客观的,而不是主观的。比如,想要提高自己的社会实践水平,你的目标可以是撰写一份3 000字以上的实践报告,也可以是暑假期间参加不少于100小时的社会实践,而不仅仅是"提高社会实践水平"。

A:目标应当是可实现的,不实际的目标只会给自己造成不必要的压力和挫折。目标并非定下后就绝不更改了,随着对目标的了解,我们可以对目标做些弹性的调整。如果一个目标确实行不通,那就需要重新制订目标。例如,你原本的目标是今明两年要环游世界,但由于受新冠肺炎疫情的影响,这个目标显然不可能在今明两年内实现,需要进行相应的调整。

R:一个目标和其他目标之间必须紧密相关。如果实现了一个目标,但这个目标与其他目标并无关联,或者关联度很低,那么这个目标即使实现了,意义也不大。比如,一名机电专业学生的目标是学好法语,学习一门外语固然好,但这个目标与他的专业并没有直接的联系,完成它所能产生的效用就十分有限。如果把学法语换成学习编程,这就和他的学习、工作联系紧密,助益效果就会很明显。

T:目标必须有完成期限。比如,"在2022年1月1日前完成某个科目的作业",那么"2022年1月1日"就是一个确定的时间限制。假如没有这样的时间要求,就可能造成拖延。因此,在制订目标时,要根据工作任务的轻重缓急拟定完成目标任务的时间要求,并定期检查目标的完成进度,再根据进展情况及时地调整工作计划和目标。

(2)分清事情的轻重缓急——六点优先原则

不会时间管理的人往往有一个坏习惯,就是分不清事情的轻重缓急,任何事情总要等到迫在眉睫才会动手处理,结果总是毫无章法地忙乱,把自己弄得疲惫不堪不说,还毫无效率。如果你是这样的人,不妨试试六点优先原则。

美国伯利恒钢铁公司曾一度面临倒闭,为了走出困境,使公司起死回生,总裁理查斯·舒瓦普就向效率大师艾维·李咨询,艾维便提出了"六点优先工作制"的时间管理方法(图6.3)。艾维先是拿出一张纸,让对方在纸上写下明天要做的事。总裁把第二天要做的事一一列在纸上。艾维又让他从中选择他认为重要的事,然后按照重要程度依次排序。总裁仅用了几分钟就把挑出来的6件事标好了序号。

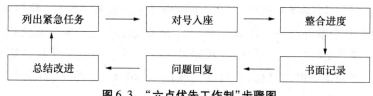

图6.3　"六点优先工作制"步骤图

然后艾维告诉总裁:"这就是我给你的方法。从明天起,先全力以赴地完成第一件事,然后做第二件事,按照从1~6的顺序把这6件事都完成。坚持一段时间后,如果你认为有效,可以推行至高层管理人员,如果依然有效,可以继续往下推行,直到你公司的每一位员工都使用这个方法。"

总裁接受了艾维的建议,马上将这个方法付诸实践。很快,这家公司慢慢有了起色。5年后,伯利恒钢铁公司从一家濒临破产的公司转变为美国最大的私营钢铁企业之一。艾维因此收到伯利恒钢铁公司总裁寄来的2.5万美元的支票酬劳。这一时间管理方法也被管理学称为"价值2.5万美元的时间管理方法",其核心就是六点优先原则。

六点优先原则看起来很普通,但真正坚持做下去就会发现内有乾坤。首先,我们要将生活和工作中的大小事情进行排序,再挑出6件事,然后按照重要和紧急程度依次完成。只要保质保量地完成优先级最高的这6件事,我们每一天的时间就能高效利用起来。

(3)分解目标、层层突破——剥洋葱法和多杈树法

只有明确的目标才能带给我们实实在在的安全感和力量感。但大学生由于年龄和社会阅历的限制,常常不知道自己要做什么,要成为什么样的人,就如同没有航向的船,不知道要往何处去。此时,可以将人生的大目标一步步分解成小目标,再将小目标细化成具体的行动,直到无法再分解为止。这两种方法就是剥洋葱法和多杈树法。

剥洋葱法就像剥洋葱一样,先将大目标分解成一个个小目标,再把每一个小目标分解成若干个更小的目标,直至分解到最后一步,剩下的就是行动了。而实现目标的过程跟"剥"的过程刚好相反,是低级到高级,由小目标到大目标,层层递进。

比如,我们做人生规划时就可以用到这个方法。先明确自己的人生理想是什么,然后将理想明确为终极目标,再将终极目标分解为10年或5年的长期目标;再继续分解下去,分成若干个3年的中期目标,接着分解成1年或半年的短期目标;然后再将每个短期目标进一步细分为月目标、周目标、日目标;最后分解到该如何做、做什么等。总之,不管我们的目标有多大,最后都要分解为具体的行动。

马拉松世界冠军山田本一就是利用剥洋葱法获得了成功。1984年,在东京国际马拉松邀请赛上,名不见经传的日本选手山田本一出人意料地夺得了世界冠军。当记者问他凭什么取得如此惊人的成绩时,他说了这么一句话:"凭智慧战胜对手。"当时,不少人都认为这个偶然跑到前面的矮个子选手是在"故弄玄虚"。10年后,这个谜底终于被揭开了。他在自传中是这么写的:"每次比赛前,我都要乘车把比赛路线仔细看一遍,并把沿途比较醒目的标志画下来。比如第一个标志是银行;第二个标志是一棵大树;第三个标志是一座红房子……这样一直画到赛程的终点。比赛开始后,我就以跑百米的速度,奋力地向第一个目标冲去,冲过第一个目标后,我又以同样的速度向第二个目标冲去。起初,我并不懂得这个道理,常常把我的目标定在40千米外的终点那面旗帜上,结果我跑到十几千米时就疲惫不堪了。我被前面那段遥远的路程给吓倒了。"因此,对长期目标进行划分,核定每天应该完成的工作量十分必要。因为一个完整全面的目标,不可能一蹴而就,如果不作划分,就会因为目标的长期性和艰巨性而丧失完成的信心和坚持的勇气。

(4)统筹兼顾、有的放矢——九宫格日记法

生活在现代都市,要协调好生活的方方面面并不容易。我们既要工作,也要学习;既要平衡家庭,也要发展爱好。我们常常是做了一件事,耽误了另一件事,很难把一切都协调好。如果你也是这样,可以试试用九宫格日记法来管理自己的时间和目标(表6.8)。

表6.8　九宫格日记法示例

工作	健康	家庭
制订班级新学期班会计划; 争取评上"优秀学生干部"	坚持每天运动30分钟; 均衡饮食每天喝8杯水	每天给家里打一个电话; 小长假陪伴家人
理财	我	休闲
每天听财经新闻; 每周预留10%生活费用于储蓄	2022年1月1日 天气晴 大二学生 机电专业 2023年专升本	每周看一次英文电影
学习	人脉	心灵
每天坚持1小时英语阅读; 每天坚持1小时数学练习	维持现有人脉圈子; 和老朋友定期聚会; 结识共同爱好的朋友	情绪管理; 做好自己

不同于传统的流水账式日记,九宫格日记法是用填空的方式来记录每天的工作和生活。方法很简单:先画好一个九宫格,或者准备一本九宫格日记本。在格子正中间写上日期和天气,周围的格子可以视自己的情况填写认为需要平衡的方面,如工作、健康、家庭、理财、休闲、学习、人脉、心灵等。然后每天对照表格在对应的格子中填写任务并分配相应的时间。

比如健康,可以在一天结束后打开九宫格日记本,在对应健康的那一格下面写下第二天要达到的锻炼目标,如慢跑3 000米、游泳30分钟等。如果某个目标需要长期坚持才能实

现，比如说期末考试取得第一名，可以在学习的那一格写上"期末考第一名"，并且在每天的日记里写上相同的目标，直到激励自己实现目标为止。

坚持九宫格日记法的好处在于，它会"逼迫"你去思考和平衡自己生活的各个方面，防止对某一方面关注过多而忽略了其他方面。比如，很多上班族把精力花费在工作和休闲上，而忽略了自身的健康，如果在九宫格中设置了"健康"项，那么这个小小的格子就会时刻提醒你关注健康。而且，九宫格每个格子就那么大，只需要简明扼要地记录下自己的心得和目标，每天花费几分钟就可以完成，省时省力，正好符合上班族的要求。

不过，使用九宫格日记法还需要注意以下几点：

①尽量让每个格子都有目标。如果你的九宫格中的某个格子常常是空着的，你没有给自己安排任何任务，那就说明这方面失衡了，需要引起重视。

②每个格子的目标不得超过3个。人的时间和精力有限，每个格子中设置的目标数量不宜过多。试想一下，一共8个格子，每个格子即使安排3个目标，也有24个目标，人很难在一天内完成过多的任务，最终很可能什么目标也没有实现。

（5）未雨绸缪、有备无患——重视时间管理中的墨菲定律

墨菲定律是美国工程师爱德华·墨菲提出的著名论断，他认为事情如果有变坏的可能，不管这种可能性有多小，它总会发生。在时间管理中，我们也能看到墨菲定律的影子。例如，与新朋友约定某个时间面谈，你不希望因迟到给对方留下不好的印象，尽管你提前准备，但还是因堵车迟到了30分钟；老师布置了期末作业，你希望按期交付，却在截止日期快到时，因为电脑坏了而让进度陷入停滞；你的同学因某件小事对你产生误解，你急于解释，结果越描越黑……

从墨菲定律中我们可以得到一些启示：无论科技多么发达，无论我们解决问题的手段多么高明，有些不愉快的事情总会发生，所以，我们应当尽可能地想周到、全面规划，具体可以从以下几个方面着手：

①事先周密计划。我们所做的任何一件事情都不像表面看起来那么简单，其背后往往隐藏着很多问题或者原因，如果只是简单地对待，不去深入探索、谨慎分析和周密计划，很可能把事情搞砸。所以，在开始做事前，一定要了解清楚事情的前因后果，并设想各种可能发生的情况，判断事情发展的趋势，尽量减少小概率事件的发生。

②预留出一定的时间。事情实际所花费的时间通常比你预计的时间长。《西游记》中，唐僧对唐太宗说预计需要三四年的时间将真经取回，实际却足足花了14年的时间。所以，我们在做计划时，越庞大、越复杂的事情，尤其是自己不熟悉或没把握的事情，就要多预留一些时间。根据墨菲定律，即使你事先想得很周到，还是有可能在你意想不到的地方出错，这时就需要多预留一些时间来进行补救。

③建立应急预警机制。既然错误无可避免，最好的应对之法就是事先建立预警机制，对各种可能发生的情况和问题，提前构思好应对的策略和解决办法，必要时可以组织相关人员进行模拟演练。这样，即使错误发生了，我们也能在短时间内迅速解决，从而避免因事态扩大造成更严重的后果。

2.合理地分配时间

（1）二八时间分配法

意大利经济学家帕累托在研究19世纪英国人的财富和收益模式时发现，财富在人口分配中存在着极大的不平衡，80%的财富流入20%的人手里，而且这种现象在不同时期或不同国家都普遍存在。于是，帕累托认为，在人类活动中，原因和结果、投入与产出、付出与回报之间存在一种内在的失衡，这就是二八法则，也称为帕累托法则。二八法则应用到日常生活中，分配比例不一定如此准确，但对于个人工作、学习和生活来说，是具有重要意义的。我们要把注意力和时间集中在具有关键效果的重要事情上，掌握了最关键的20%，就意味着掌握了另外的80%。

例如，潘×大学毕业后，应聘到一家企业做总经理助理。总经理向她介绍了公司的情况和现状，并且交给她两件事情，一件是解决公司资金周转问题，另一件是处理员工日常供给问题。潘×心想，解决公司资金周转虽然重要，但不是十分紧急，解决员工的日常所需不重要但紧急，那就哪个紧急先处理哪个吧。但是公司琐事太多了，每天都有人来找她反映问题，而且这些问题看起来都很紧急，她不得不在各个部门间跑来跑去，几乎把时间都用在处理日常琐事上。当总经理问她另一项工作进展时，她才发现自己把最重要的事情给忘了。总经理认为潘×不善于分配和管理自己的工作时间，以"不适合助理这项工作"为由将她辞退了。

在职场上，像潘×这样不善管理时间的人很多，他们不明白，处理工作中的事情有一个重要原则，就是把时间和精力优先用来处理最重要的事务。那么，如何运用二八法则来帮助我们利用20%的时间抓住80%的要事呢？我们可以利用时间象限法。

（2）四象限时间管理法

四象限时间管理法是按照事情紧急性程度和重要性程度的不同，将全部任务划分在四个象限中：

第Ⅰ象限是"重要且紧急的事情"，是必须以高优先级去完成的事情，但所占的比例一般较小。而有人做事无轻重，看似每天都忙，但其实是对第Ⅰ象限事情的误解。

第Ⅱ象限是"重要但不紧急的事情"，较于其他三个象限，是最有价值的，而这些事情通常最易与第Ⅲ象限的事情混淆，搁置不提。属于第Ⅱ象限的事情虽不同于第Ⅰ象限的事情存在时间上的紧迫性，但却是真正对个人未来发展产生非凡影响和意义的事情，是值得人们格外注意的一个象限。

第Ⅲ象限是"紧急但不重要的事情"，虽然不重要，处理起来也需花费相当的时间，却不会带来多大的效益。这一象限的事情带有很大的欺骗性，是时间管理的"陷阱"所在。比如，逛街购物、选择生活必需品、同学结婚等，看似紧急的事情，实际上并不那么重要，人们往往因为它们而着急，反而花费了很多宝贵的时间。

第Ⅳ象限是"不重要也不紧急的事情"，通俗点说就是消磨、打发时间的事情，如玩游戏、看小说、上网、看视频等，这些事情大多是一些琐碎的生活杂事，既没人催促着你，也不会产生任何重要的影响。花费时间做这类事情，只是在浪费时间和消耗生命，是一个根本没有必要进入的象限。因此，为了规避第Ⅳ象限的事情，最值得一提的方法是时时处处留心关注对自己重要但不紧急的第Ⅱ象限,当实在无事可做时可抽出少量时间去处理此类事情。

从图6.4中可以看出,相对于第Ⅰ、第Ⅳ象限,第Ⅱ和第Ⅲ象限的事情是最难以区别的,关键原因在于第Ⅲ象限对人们具有迷惑和欺骗性,它们用非常紧急的表象掩盖了很重要的事实,从而消耗了大量时间。因此,若按照事情的紧急与否很难去区分这两个象限里的事情,要将它们区分开,必须借助外力——"重要性"。如果的确重要就将其划入第Ⅱ象限积极处理,如果它不重要则划入第Ⅲ象限看情况完成。

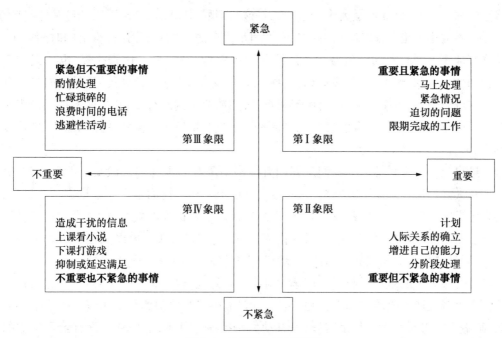

图6.4　四象限时间管理法

使用四象限时间管理法请谨记:优先去做第Ⅰ象限的事情;坚决不做第Ⅳ象限的事情;设法摆脱第Ⅲ象限的事情;积极投资第Ⅱ象限的事情。我们可以根据在不同象限内所花费的时间,大致了解一个人的性格类型和工作风格。四象限工作类型如表6.9所示。

表6.9　四象限工作类型　　　　　　　　　　　　　　　　　　　　单位:%

第Ⅰ象限 重要、紧急	第Ⅱ象限 重要、不紧急	第Ⅲ象限 紧急、不重要	第Ⅳ象限 不重要、不紧急	工作类型
0	0	40	60	完全迷茫型
25	5	30	40	漫无目的型
50	5	25	20	忙碌大众型
80	10	10	0	工作狂型
40	40	10	10	高效人士型
40	50	5	5	高效冠军型

你的工作类型是:＿＿＿＿＿＿＿＿＿＿＿＿＿＿＿＿＿＿＿＿＿＿＿＿＿＿＿＿＿＿

（3）充分利用闲暇时间

爱因斯坦说："人的差异产生在业余时间。"胡适也曾说："一个人的前程往往全靠他怎样利用闲暇时间,闲暇定终身。"闲暇时间是一笔宝贵的财富,我们能不能利用好闲暇时间,决定了我们的现在和未来。

我们每天有多少闲暇时间可供自己自由支配呢? 假如,我们一天上课 8 小时,睡眠 8 小时,吃饭和走路花费 2 小时,每天至少还有 5 ~ 6 小时的闲暇时间,如果再算上周末,时间就更多了。那么,我们该如何最大限度地利用好这些闲暇时间呢? 有以下三点建议可供参考:

①利用成本思维分配时间。每一天的时间是固定的,如果花在这件事上的时间多了,那么花在其他事上的时间相应就减少了。这些时间就像金钱,可以用来投资,也可以用来消费。比如,在空闲时看书、学习或运动,这些就算是投资,因为它能给我们回报;如果只想把时间花在玩游戏、看电视剧上,这就属于消费,时间消费了就没有了,并不能给我们带来实际利益。所以,在决定做某件事前最好先判断一下,这件事有没有意义,能给我们带来什么样的回报。

②给自己定一个目标。当我们意识到有很多空闲时间可利用来做某一件事情时,效果通常不会太好。这件事能不能坚持下去,很大程度上要视心情而定。如果设定一个目标,然后将目标进行分解,让自己每天都知道要做的事情以及要达到的效果,就相当于给自己设定了一个监督机制。比如,你想在 15 天内读完一本专业书籍,那么可以先翻看这本书一共有多少页,再计算每天需要完成的阅读量,然后再坚持完成一个一个的小目标。

③重视你要做的事情。我们知道健身对我们有好处,也信誓旦旦地给自己定过目标,但为什么大多数人还是没能坚持下去呢? 是真的没有时间吗? 那为什么可以花一两个小时闲聊天、睡懒觉或者玩游戏? 很多时候,没有动力坚持做一件事,起因在于没有给予足够的重视。就拿健身来说,多一天或少一天好像没什么差别,但日积月累,长期健身的人和从不健身的人,体能和意志力方面的差异是很大的。所以,要重视且坚持你想要做的事情。

3. 养成良好的习惯

心理学有一项研究,让每位自愿参与的受试者选择每天在同样条件下进食、饮水或做其他活动,总共 12 周。试验结果发现,将一个行为变成习惯平均需要 66 天,而最初的 30 天是形成习惯最核心和最关键的时期,这将会耗费习惯养成过程中 99% 的能量,30 天后人只需进一步强化这一习惯即可。

时间管理专家史蒂夫·帕弗利纳也曾极力推荐人们运用 30 天试验法去改变一些不良习惯。他的这一方法背后的思想与上面的心理学试验思路有很多共通之处,操作也很简单:连续 30 天只专注于培养一个习惯,中间如果忘记或出错,则重新从第 1 天开始计算,直到 30 天后新的习惯形成,不需要费脑力去纠正为止。

这个方法看起来很简单,但真正坚持下来并不容易,中间很容易出现反复和中断。在执行过程中,坚持以下原则,可以助你顺利过关。

①每个"30 天计划"只坚持一个习惯。第一次使用这个方法时,千万不要贪多,同时培养多个习惯,这样容易引起混乱而导致失败。

②写下计划,作出承诺。适当的心理激励可以让自己更好地坚持下来。在开始"30 天计划"前,建议将计划和承诺写下来,粘贴在显眼的地方或者制成手机屏保,时刻提醒、监督和激励自己。

③顺利完成"30 天计划"。在执行"30 天计划"时会经历五个阶段,如表 6.10 所示。

表6.10 "30 天计划"执行阶段

前3天	全速起跑期	虽然有一定的阻力,但动力和信心较足,此时要避免因用力过猛而透支精力
第4~10天	疲惫放缓期	此时阻力仍然很大,但动力在消减,容易出现中断、反复甚至放弃,要注意心理激励
第2~3周	过渡期	你已慢慢适应了新的习惯,执行变得简单,但也容易因放松警惕而忘记执行计划,所以最好设置朋友圈打卡或手机提醒
第2~3周	颠簸期	计划容易因突发事件而被打乱导致失败,建议在整个计划制订前要兼顾简洁性、灵活性和突发事件
第4周	稳定期	潜意识里已经把习惯当成了常态,无须提醒,会自然而然地去做某件事,内心不再感到困扰,如果能顺利进入这个阶段,习惯已基本养成,后续只需注意保持就可以了

需要注意的是,30 天习惯养成过程中,任何一个阶段,一旦计划执行失败,就要重新从第 1 天开始"30 天计划",直到习惯养成。

4. 培养你的专注力

(1)一次只做好一件事情

生活中那些喜欢攀岩的人大多是做事专注的人,他们每次只关注一个目标,不管多高的山崖,目标确定,就会心无旁骛,一步一个脚印,哪怕脚下是万丈深渊,他们也不会害怕,这就是专注精神。

一次只专注于做一件事,听起来似乎很简单,但真正要做到却不容易。比如,很多人知道英语的重要性,也下决心记单词,但没坚持几天就放弃了;想要利用业余时间阅读一本专业书,提升自己的专业技能,然而每次刚翻开书,视线又不自觉地被微信上的小红点以及电视里播放的综艺节目吸引;"今年我要变瘦变美",结果刚锻炼几天又禁不住美食的诱惑放弃了……

计划很好,但在真正落实到行动上时,总是不自觉地被其他事情干扰,这是大多数人失败的主要原因。

将精力集中于一件事情往往比天资和技术更重要。正如洛克菲勒所说:"做事不抢时间,不求多,稳稳当当地做,就能做许多事情,这有多好!"做任何事情不能一味求多,把时间专注于一点,往往能做成很多事。要做到这一点,我们可以遵从以下建议:

①避免多任务处理。计算机可以同时运行两个甚至更多的程序,我们的大脑却很难做到"一心二用"。人的精力是有限的,在完成一个任务时,应该把全部的注意力都集中到这个任务上,如果你的注意力分散投入多个地方,最后可能顾此失彼,没有一件事情能做好。如

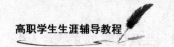

果你的职责要求你必须同时处理许多事情,那么最好给自己留出一点"独处"时间,别让他人来打扰你,抓紧处理重要且紧急的事情,然后再处理别的事情。

②目标尽量贴合实际。制订的目标太高且不切实际,这和没有目标一样让人茫然和犹豫。目标虽然要有一定的难度和挑战性,但也不能让人望而生畏,要尽量明确具体的实施计划,不能太笼统。最好从近期内能完成的目标出发,先努力做好当下想做的且能做的事情,然后在此基础上渐次加以提高。先把一个个小目标实现,大目标自然就水到渠成了。

(2)减少花费在网络工具上的时间

网络拉近了人与人之间的距离,各种网络工具可以帮助我们更快地获取资讯,给我们的工作和生活带来了极大的便利。人们花在各种网络工具上的时间越来越多。

德国数据统计互联网公司最新调查发现,现代人平均每天花费在看各种电子屏幕上的时间为6小时50分钟,在调查的30个国家中,上网时间最长的是印度尼西亚人,达到了每天9小时;中国人排第三,时长达到了每天8小时;最短的是意大利人,使用网络工具的时长是5小时17分钟。

此次调查对象的年龄集中在16~44岁,基本上是电子产品的主流使用人群。其中,中国人平均每天使用电脑的时间最长,为2小时41分钟。花费在手机上的时间最长的是巴西人,平均每天近5小时,中国人以每天3小时位居第二,法国人、德国人相对较短,约1.5小时。

从上面的统计数据看,中国人每天仅花费在电脑和手机上的时间就已长达5个多小时,可见这些网络工具正在无形中"吞噬"着我们的时间。因此,效率专家认为,我们应该采取措施严格控制花费在网络工具上的时间。那么,如何利用网络才能让我们不再沉迷于它?

①在固定的时间上网。如果把上网也当作例行公事,每天安排固定的时间上网,就容易养成一种习惯。比如,原来上网2小时,现在每天压缩到30分钟,这样节省时间的同时,也能提高我们获取信息的质量和效率。刚开始可能不习惯,我们可以在电脑或手机上安装一些限制时间的小程序来辅助自己,时间一到,电脑或手机就会给出提醒,或者自动关机,提示我们该做点别的事了。

②列出优先级,限制网页数量。先将你上网要做的事情一一列在纸上,然后按照重要程度依次进行排序,重要的先放到前面做,不太重要的放在后面。这样做可以让我们清楚地知道哪些事情是必须做的,哪些是可以推迟甚至是不做的。清单列好后,按照序号依次将相关的网站放到浏览器的书签工具栏中,这样可以减少重复输入网址的麻烦,也防止网页混乱对我们造成的干扰,方便又省时。

③采取一些硬性办法。如果你对自己的自控力没有信心,还可以采用一些强制办法。比如,工作时暂时不需用网络,又担心各种网络工具扰乱自己,可以将网线拔掉,或者将电脑置于目力不及的地方,将手机设置为静音或关机,待工作完成或到了固定使用的时间再打开。

当然,最重要的不是方法,而是你的自控力。只有真正认识到时间的重要性和紧迫性,才能主动去减少浪费在各种网络工具上的无效时间,真正做到做事有效率。

5.要做情绪的主人

(1)用行动赶走负面情绪

人的情绪是一种巨大的、神奇的力量,它既能催人奋进,让人精力充沛、心情愉快,又能让人心情烦躁,情绪低落,甚至万念俱灰,将人推向万劫不复的深渊。

在生活中,每个人都要与形形色色的人打交道,面对各种各样的困难和挑战。如果我们不懂得控制自己的坏情绪,就很容易给自己的人际关系带来困扰,给自己的工作和生活造成很大的负面影响。那么,出现负面情绪时该如何化解呢? 方法有很多,其中最有效的就是行动。《应谐录》中就有这样一则寓言故事。

从前,有兄弟二人。哥哥看见一只大雁在天上飞翔,就张弓搭箭,准备把它射下来,一边瞄准一边说:"一射下就煮来吃。"

弟弟听见了不同意,争辩着说:"家鹅煮着好吃,大雁还是烤着好吃。"

哥哥说:"不! 还是煮着好吃!"

弟弟说:"不! 还是烤着好吃!"

两人争论不休,互不相让,一直吵着到社伯面前,请他分辨是非。

社伯说:"这事好办,你们把雁剖开,煮一半,烤一半,问题不就解决了吗?"兄弟俩一听,觉得这个主意好,于是都同意了。当他们再去找雁时,雁早已飞得不见踪影了。

故事中的兄弟俩就是被不良情绪所累,完全没有意识到应当先采取行动,把大雁射下来再讨论如何烹饪,反而把时间浪费在了毫无意义的争论上。如果完全靠理智,人是很难战胜情绪的,能战胜情绪的只有行动。当你因为一些琐事而愤怒、悲伤、耿耿于怀时,不妨抓紧时间,立即行动,化悲愤、抱怨为动力,全身心地投入自己热爱的事业和梦想中,才能避免大雁早已飞走的遗憾。

(2)抵制诱惑,不为欲望所累

拥有过多的欲望其实是在透支生命的快乐,当人被过多的欲望蒙蔽了双眼时,就会陷入无止境的烦恼、劳累和困苦中。人心就像一个固定大小的容器,里面能装下的欲望只能这么多,超过了,人能感受到的就不是快乐,而是负担。

我们强调时间管理,是要合理利用时间,把时间合理分配到我们要做的每一件事情上。欲望太多,想要做的事情无止境,不仅影响整个时间安排,更影响自己当下的生活和工作状态。因为无论你怎么安排,一天只有 24 小时,事情太多,时间必然不够用,你做了这件事,必然会有另外的事没有时间做,时间长了,就会产生挫败感。

那么,我们如何管理自己的欲望呢?

①保持理智,为你的欲望留出一条防火线。合理的欲望能激发我们前进的动力,但是欲望太多或者不切实际则有可能成为你的噩梦。就像你在茂密的丛林中探索,你需要的是火把,而不是将丛林焚毁的火焰。所以,在诱惑面前,请保持理智,弄清楚什么是真正需要的,哪些是可有可无甚至是要坚决抵制的。用你的理智建构起一个真空地带,当不合理的欲望升腾时,确保它无法越过内心耸立的那道防火线。

②转移注意力。人们常会因为得不到某些东西或者达不到某个目标而深感苦恼,这时

可设法转移自己的注意力。比如,你现在很想购买一台精美的相机,但目前的经济状况并不允许,你内心很纠结,这时可以让自己听听音乐,或者用散步、慢跑来转移注意力,让身心放松一下。当心态放平和后,再理智地分析,自己是否真的需要这件东西或者的确有必要做成某件事。

③向人倾诉。诱惑面前,要做到从容转身并不容易,有时候越是得不到就越想要得到,思想很容易进入死胡同。所谓"当局者迷,旁观者清",此时不妨向家人或朋友倾诉,发泄一下苦闷的情绪,没准他们还能给你中肯的建议,协助你处理棘手的问题。

[探究与分享]

农夫早上起来,对妻子说要去耕地了。当他走到要耕的那片地时,发现耕地的机器需要加油了,于是,农夫就准备去加油。他刚想到机器要加油,就想起家里的四五头猪早上还没喂。机器没油不工作,猪没吃可是要饿瘦的,农夫决定先回家喂猪。当他经过仓库时看到几只土豆,一下子想到自家地里种的土豆可能要发芽了,应该去看看。农夫就朝土豆地走去。半路经过木柴堆,想起妻子提醒了几次,家里的木柴要用完了,需要抱一些木柴回去。当他刚走近木柴堆,却发现有只鸡躺在地下,仔细一看这是自己的鸡,但是脚受伤了……

总结:就这样,农夫一大早出门,直到太阳落山才回家,忙了一天,晕头转向,结果却是猪没喂,油没加,最重要的是,地也没耕。

同学们,请问农夫的时间都去哪儿了?请大家运用本节所学知识帮助农夫规划他的一天。

[探究与分享]

不同的人对时间的感觉不同,有的觉得快,有的觉得慢。同一个人在不同的年龄、不同的环境对时间的感觉也不同,小时候觉得时间很慢,长大后觉得时间很快;在黑暗和等待的时候觉得时间很慢,在游玩和与恋人在一起时又觉得时间太快。因此,进行时间管理时,不仅要审视客观的学习和工作需要,更重要的是要了解自己,分析自己做得好与不好之处,并阐述理由。

拿出纸笔,静下心来,写出以下内容:

1.思考并写下一个自己希望达成的目标

我的目标 A:＿＿＿＿＿＿＿＿＿＿＿＿＿＿＿＿＿＿＿＿＿＿＿

2.用 SMART 目标管理法评价你的目标

这个目标是具体的	□非常符合	□比较符合	□难以回答	□不太符合	□很不符合
这个目标是可实现的	□非常符合	□比较符合	□难以回答	□不太符合	□很不符合
这个目标是可测量的	□非常符合	□比较符合	□难以回答	□不太符合	□很不符合
这个目标具有相关性	□非常符合	□比较符合	□难以回答	□不太符合	□很不符合
我设定了完成期限	□非常符合	□比较符合	□难以回答	□不太符合	□很不符合

请对选择"难以回答""不太符合""很不符合"的几个方面进行调整,使之达到"比较符合"或"非常符合"。

3.分解任务

将目标进行逐层分解,变成一个个能在短期内完成的任务。

目标A	任务a:	任务1:
		任务2:
	任务b:	任务3:
		任务4:
	任务c:	任务5:

4.确定优先级

参考四象限时间管理法,将上述任务进行分类,确定自己目前最应该要做的事情。

	紧急	不紧急
重要		
不重要		

5.列出一些未实现的目标

如果你现在仍希望它们能够实现,请在未实现目标的左边写出导致你迟迟未开始处理问题的原因及结果,右边列出目标达成后可得到的好处,然后夸大右边列出的好处,鼓励自己马上着手追求"好处"。

参考文献

[1] 阿米特·索德. 压力管理指南[M]. 高文斌, 主译. 北京:北京科学技术出版社, 2021.

[2] 布茂勇, 唐玉琴. 构建高校大学生职业生涯规划教育体系[J]. 山东省青年管理干部学院学报, 2009(2):51-54.

[3] 陈洁瑜, 安启元, 陈泽伟, 等. 大学生压力管理与亚健康状态的相关性分析[J]. 中国健康教育, 2018,34(7):579-582,593.

[4] 陈亚鸿, 沈新华, 汤潜之. 高职学生职业发展与就业指导[M]. 南京:南京大学出版社, 2010.

[5] 陈勇. 大学生就业能力及其开发路径研究[D]. 杭州:浙江大学, 2012.

[6] 陈周付, 卫玮. 浅论社会主义核心价值观与高职生就业经济观[J]. 品牌, 2015(10):297-298.

[7] 答会明, 樊史红. 大学生时间管理研究综述[J]. 陇东学院学报, 2017,28(2):113-118.

[8] 董睿. 职业规划系统的设计与实现[D]. 北京:北京交通大学, 2010.

[9] 高寒. X集团员工职业发展通道优化设计研究[D]. 昆明:昆明理工大学, 2021.

[10] 高远. 对高职院校学生职业生涯规划问题的研究:以北京化工大学职业技术学院为例[D]. 北京:首都经济贸易大学, 2016.

[11] 顾程. 企业参与大学生职业生涯规划对大学生就业能力的研究[D]. 北京:北京化工大学, 2016.

[12] 国洪梅, 刘津铭, 李亚雯. 大学生职业生涯的兴趣探索[J]. 教育教学论坛, 2016(13):232-233.

[13] 何顺姣. "中国梦"视域下的大学生职业观教育研究[D]. 重庆:重庆工商大学, 2015.

[14] 黄金锋. "双创"背景下高职大学生职业生涯规划教育初探[J]. 大学, 2021(34):105-107.

[15] 黄天中. 生涯规划:体验式学习[M]. 北京:高等教育出版社, 2009.

[16] 季小燕. 大学生职业生涯的职业兴趣探索[J]. 现代职业教育, 2021(36):142-143.

[17] 加里·达德. 正念减压:一个运动者的自我修炼[M]. 张荣, 译. 北京:中华工商联合出版社, 2020.

[18] 蒋金玲. 兴趣探索助力职业思考[J]. 班主任之友:中学版(上半月), 2019(Z2):72-75.

[19] 金树人. 生涯咨询与辅导[M]. 北京:高等教育出版社, 2007.

[20] 雷晓莉. 高职生现代职业价值观教育研究[D]. 长沙:中南大学, 2013.

［21］李国军.高职院校大学生职业生涯规划问题与对策分析［J］.广西教育,2021（23）:
　　　161-162.

［22］李军凯.大学生就业能力与求职行为的关系研究［M］.北京:北京大学出版社,2013.

［23］李路,阮添舜.大学生职业生涯规划问题浅析及对策研究［J］.财富时代,2021（1）:
　　　50-51.

［24］李萍.唤醒生涯:生命成长视阈下的生涯教育［M］.北京:机械工业出版社,2020.

［25］李希,董丙剑.大学生职业生涯规划教育优化策略分析［J］.开封文化艺术职业学院学
　　　报,2021,41（10）:144-146.

［26］李志.高职院校学生职业生涯规划教育研究［D］.天津:天津大学,2010.

［27］刘博,张宇,孙雪菲.论社会主义核心价值观与高职生职涯教育融合［J］.辽宁高职学
　　　报,2015,17（10）:88-90.

［28］刘成倩.国有企业员工职业规划优化设计:以××集团公司总部为例［D］.长沙:湖南农
　　　业大学,2014.

［29］刘婧.高职职业生涯教育问题研究:基于舒伯自我概念发展理论［D］.济南:山东师范
　　　大学,2016.

［30］刘静.高职生职业生涯规划现状研究:以重庆市永川区高职院校为例［D］.重庆:第三
　　　军医大学,2015.

［31］刘炜,孔繁晨.高职院校学生职业兴趣探索［J］.产业与科技论坛,2011,10（20）:
　　　125-132.

［32］刘蕴莲.社会主义核心价值观与高职学生职业素质协同培养研究［J］.世纪桥,2014
　　　（11）:70-72.

［33］龙心义.L公司组织职业生涯管理体系优化研究［D］.济南:山东大学,2021.

［34］鲁婷婷.基于时间管理理论的高职学生职业生涯发展力研究［J］.郑州铁路职业技术学
　　　院学报,2019,31（3）:40-42.

［35］吕晶.新时代大学生职业观引导策略研究［D］.长春:东北师范大学,2021.

［36］罗红梅.企业员工职业发展通道研究［D］.镇江:江苏大学,2006.

［37］苗青.基于全球素养的大学生职业生涯规划教育［J］.黑龙江教育（高教研究与评估）,
　　　2022（1）:81-82.

［38］聂强,朱毓高,陈兴国.大学生职业生涯规划与就业指导［M］.上海:上海交通大学出版
　　　社,2017.

［39］宁波.高职学生职业生涯规划研究［D］.南昌:江西科技师范大学,2012.

［40］欧姣姣.论高校加强大学生职业生涯规划教育的重要性［J］.湖北经济学院学报（人文
　　　社会科学版）,2021,18（3）:143-145.

［41］庞辉.坚持社会主义核心价值观　促进高职学生顺利就业［J］.九江职业技术学院学
　　　报,2015（3）:62-63.

［42］邱孝述,帅培清.全程生涯教育实务手册［M］.重庆:重庆大学出版社,2018.

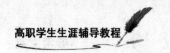

［43］饶芸."双创"背景下高职学生职业生涯规划有效性探究［J］.理论观察,2018（2）:146-148.

［44］申忠奇.大学生职业生涯规划策略分析［J］.黑龙江人力资源和社会保障,2021（18）:145-147.

［45］史纪宁.大学生职业生涯规划的现状及优化［D］.南京:南京师范大学,2012.

［46］舒蕾.大学生生涯发展概论［M］.北京:中国水利水电出版社,2021.

［47］宋剑祥.从国际视角看职业分类发展的现实意义［J］.广西职业技术学院学报,2012,5（5）:55-62.

［48］宋剑祥.中外职业分类发展完善的现实意义［J］.黄冈职业技术学院学报,2012,14（5）:62-67.

［49］宿春礼.给你插上梦的翅膀:情商教育的100个哲理故事［M］.北京:经济管理出版社,2005.

［50］孙丽霞.大学生职业生涯规划"知易行难"成因与破解路径［J］.中共济南市委党校学报,2020（5）:68-73.

［51］田丽.F公司员工职业发展双通道体系设计研究［D］.开封:河南大学,2020.

［52］汪永根.浅析高职生职业生涯规划的影响因素［J］.教育与职业,2008（36）:99-100.

［53］王本贤,吴宏刚.九型人格在大学生职业生涯规划自我探索中的启示［J］.职业技术教育,2011,32（32）:87-89.

［54］王芳.当压力来敲门:哈佛大学SMART压力管理本土化指导手册［M］.北京:华夏出版社,2020.

［55］王宏波.Y公司员工生涯发展管理对策研究［D］.邯郸:河北工程大学,2020.

［56］王建国,王献玲.大学生职业规划与就业指导教程［M］.郑州:郑州大学出版社,2012.

［57］王晶.高职学生职业生涯规划教育问题及对策:以河北建材职业技术学院为例［D］.秦皇岛:河北科技师范学院,2017.

［58］王科,姜雪丽.大学生职业生涯规划［M］.北京:清华大学出版社,2021.

［59］王丽霞.大学生元情绪、自我同一性与职业成熟度的关系研究［D］.赣州:赣南师范学院,2011.

［60］王璐琨.社会主义核心价值观融入高职就业指导工作具体举措探析［J］.文化创新比较研究,2019,3（36）:6-7.

［61］王派鸽.小组工作介入航海类专业大学生时间管理能力提升的实务研究:以D大学为例［D］.大连:大连海事大学,2020.

［62］王小刚.新生代企业员工工作压力管理的小组工作介入研究:以X香料公司为例［D］.吉安:井冈山大学,2018.

［63］王永刚,张标.社会主义核心价值观在高职学生就业中的引领作用［J］.桂林师范高等专科学校学报,2018,32（3）:45-47.

［64］王玉清,陈德良.辅导员如何有效帮助大学生进行自我探索［J］.学园,2014（23）:7-8.

[65] 王占军.大学生职业生涯规划咨询案例精编[M].上海:华东师范大学出版社,2017.

[66] 魏鹏程.大学生压力管理团体辅导的设计与实施[J].湖北科技学院学报,2013,33(5):167-169.

[67] 吴少龙.大学生职业生涯规划教育的重要性研究[J].教书育人(高教论坛),2021(6):32-33.

[68] 吴兴富,刘俊芳,陈梦薇.职业规划与职业发展[M].杭州:浙江大学出版社,2013.

[69] 吴志兰.第五讲:认清职业价值观[J].招生考试通讯(高考版),2017(2):50-51.

[70] 肖姣平,谢勇军.社会主义核心价值观对高职学生就业价值观的影响[J].学理论,2014(33):181-182.

[71] 肖颖秋.以社会主义核心价值观统领高职学生思想政治工作:部分高职院校学生思想状况调查与研究[J].中国校外教育,2012(13):24-25.

[72] 邢雅萍.时间管理倾向对大学生学业拖延的影响研究:自我控制的中介作用[D].太原:山西财经大学,2019.

[73] 徐长江.E公司员工职业生涯管理方案设计[D].济南:山东大学,2020.

[74] 徐浩.Y公司员工职业生涯管理研究[D].扬州:扬州大学,2021.

[75] 颜海.创业全程攻略[M].武汉:武汉大学出版社,2013.

[76] 杨冠军.论大学生压力源调查及压力管理对策[J].唐山师范学院学报,2011,33(1):143-145.

[77] 杨海燕.高职学生职业生涯规划探析[J].中国成人教育,2010(11):83-84.

[78] 杨金玉.以职业生涯规划促进高职院校就业指导工作的路径探讨[J].教育教学论坛,2018(18):275-276.

[79] 姚晓辉.高职院校学生职业生涯规划与就业取向分析[J].教育与职业,2018(20):81-83.

[80] 伊恩·罗伯森.挑战:压力如何塑造我们[M].龚思齐,译.长沙:湖南文艺出版社,2018.

[81] 翟雨翔,王佳,杨红娟.高校大学生职业生涯规划体系构建研究[J].大众标准化,2021(18):188-190.

[82] 张慧慧.基于职业生涯规划引导的高职学生就业能力提升研究[J].文化创新比较研究,2019,3(28):137-138.

[83] 张姣飞.时间管理:超好用的68个时间管理技巧[M].北京:中国纺织出版社,2020.

[84] 张丽琼.如何做好大学生职业生涯规划的兴趣探索[J].青年文学家,2016(14):195.

[85] 张萍.职业生涯咨询中的职业价值观探索[J].黑龙江人力资源和社会保障,2021(19):69-72.

[86] 张琼.大学生职业核心能力培养[M].上海:同济大学出版社,2010.

[87] 张思琴.A公司人才培养通道建设研究[D].南京:东南大学,2017.

[88] 张宗辉.制定新职业标准应秉持的原则[J].中国培训,2021(3):86-87.

[89] 赵林溪,杨晓芳,何小平.大学生职业生涯规划与就业指导课程体系现状及其课程思政

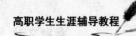

改革途径探索:以保山学院为例[J].创新创业理论研究与实践,2021,4(24):108-110.

[90] 赵顺清.沉迷手机的中国人[J].人民法治,2017(7):53.

[91] 赵洋.青年大学生职业发展能力提升对策[J].人才资源开发,2021(7):76-77.

[92] 钟思嘉,金树人.大学生职业生涯规划:自主与自助手册[M].北京:高等教育出版社,2017.

[93] 周广阔,陈丹,赵周娟.大学生职业生涯规划与就业指导教学研究:《高职大学生性格探索》教学设计[J].杨凌职业技术学院学报,2013,12(4):63-65.

[94] 周润.刍议社会主义核心价值观引领下的高职生敬业精神的培养[J].吕梁教育学院学报,2013,30(3):15-17,60.

[95] 诸雅琴.N电力企业员工职业发展通道体系设计[D].南京:东南大学,2015.

[96] 邹渝,张雪松.大学生职业生涯规划与就业指导手册:职业咨询经典案例[M].北京:中国经济出版社,2020.